CMMI

Dr. Ralf Kneuper studierte Mathematik in Mainz, Manchester (England) und Bonn. Von 1986 bis 1989 war er wiss. Mitarbeiter im Fachbereich Informatik der Universität Manchester und promovierte dort. Danach arbeitete er bis 1995 bei der Software AG im Bereich Qualitätssicherung/Qualitätsmanagement. Seit 1995 ist er beim Systemhaus der Deutschen Bahn AG (DB Systems GmbH) als Seniorberater für Vorgehensmodelle, Qualitätsmanagement und Projektmanagement tätig, derzeit als Projektleiter für ein eBusiness-Projekt und interner Berater für CMM(I). Außerdem ist er Sprecher der Fachgruppe »Vorgehensmodelle für die betriebliche Anwendungsentwicklung« in der Gesellschaft für Informatik.

Fachliche Beratung und Herausgabe von dpunkt.büchern
im Bereich Wirtschaftsinformatik:
Prof. Dr. Heidi Heilmann
Heidi.Heilmann@t-online.de

Ralf Kneuper

CMMI

Verbesserung von Softwareprozessen mit Capability Maturity Model Integration

 dpunkt.verlag

Als Ergänzung zum Buch ist unter <www.dpunkt.de/cmmi/> ein Poster mit einer übersichtlichen Darstellung der CMMI-Methode erhältlich.

Dr. Ralf Kneuper
ralf@kneuper.de

Lektorat: Christa Preisendanz
Copy-Editing: Ursula Zimpfer, Herrenberg
Herstellung: Birgit Bäuerlein
Umschlaggestaltung: Helmut Kraus, Düsseldorf
Druck und Bindung: Koninklijke Wöhrmann B.V., Zutphen, Niederlande

Bibliografische Information Der Deutschen Bibliothek
Die Deutsche Bibliothek verzeichnet diese Publikation in der Deutschen Nationalbibliografie; detaillierte bibliografische Daten sind im Internet über <http://dnb.ddb.de> abrufbar.

ISBN 3-89864-185-6
1. Auflage 2003
Copyright © 2003 dpunkt.verlag GmbH
Ringstraße 19B
69115 Heidelberg

5 4 3 2 1

Vorwort

Capability Maturity Model Integration (CMMI) ist das Anfang 2002 in Version 1.1 erschienene Nachfolgemodell des bekannten Capability Maturity Model (CMM) des Software Engineering Institutes (SEI) und als solches ein Werkzeug, um Software- und Systementwicklungsprojekte schneller, preiswerter und mit besseren Ergebnissen durchzuführen.

Dieses Buch gibt einen Überblick über das Modell und die ihm zugrunde liegenden Prinzipien. Damit dient es als Hilfestellung zum Verständnis und zur Einführung des Modells in einer Organisation. Unterstützt wird dies durch eine deutsche Übersetzung der Kernaussagen des Modells im Anhang. Ergänzend dazu wurde ein Poster mit einer strukturierten Darstellung dieser deutschen Übersetzung gestaltet, das über den Verlag zu beziehen ist (`www.dpunkt.de/cmmi/`).

Das Buch basiert auf den langjährigen Erfahrungen des Autors bei der Einführung und Umsetzung von CMM bei der DB Systems (früher TLC), dem Systemhaus der Deutschen Bahn AG, und dem dort laufenden Umstieg auf CMMI, ergänzt durch regelmäßigen Erfahrungsaustausch mit anderen CMM(I)-Anwendern. Leser dieses Buches, die an einem solchen Erfahrungsaustausch Interesse haben, sind herzlich eingeladen, Kontakt mit dem Autor aufzunehmen.

Das Buch wendet sich an das Management von Softwareentwicklungsgruppen, Verantwortliche für Software-Qualitätsmanagement sowie Mitarbeiter in Organisationen oder Unternehmen, die CMMI einführen. Angesprochen sind auch Einsteiger beim Thema CMMI, die aber Vorkenntnisse im Umfeld Projektmanagement, Qualitätsmanagement und Softwareprozesse haben. Vorkenntnisse über CMM sind nützlich, aber nicht notwendig.

An dieser Stelle ist es eine angenehme Aufgabe, all denen zu danken, die zum Gelingen dieses Werkes beigetragen haben. Frau Prof. Heilmann, die Herausgeberin, hat mir durch viele Anmerkungen und

Vorschläge geholfen, das Buch wesentlich zu verbessern. Von Jay Pickerill habe ich die Grundlagen zu dem in diesem Buch beschriebenen Thema gelernt. Ohne die Unterstützung und Betreuung durch Frau Preisendanz vom dpunkt.verlag wäre dieses Buch wahrscheinlich nie zustande gekommen. Das gilt erst recht für meine Familie, der ich für die Geduld danke, mit der sie ertragen hat, dass ich in letzter Zeit so häufig hinter meinem Notebook verschwunden war. Ich verspreche, dass ich jetzt wieder mehr Zeit für euch habe.

Vielen Dank auch an die Kollegen, die mir mit ihren Kommentaren zu den unterschiedlichen Entwicklungsständen des Buches geholfen haben, Fehler und Unklarheiten zu beseitigen: Günther Etz, Petra Hoffmann-Stascheck, Günter Holleis, Andreas Oberweis, Bernd Rehn, Manuela Wiemers.

Trotzdem bin ich sicher, dass es noch viele verbesserungswürdige Stellen in dem Buch gibt, und bitte alle Leser, mir diese mitzuteilen.

Darmstadt, im Oktober 2002
Ralf Kneuper

Inhaltsverzeichnis

Inhaltsverzeichnis (Langfassung)

1 Einführung

Bei der Entwicklung von Software oder allgemeiner von Systemen aus Hard- und Software hat fast jede Organisation Schwierigkeiten, in der vorgesehenen Zeit, im Budget und mit der zugesagten Qualität fertig zu werden. Die Ursachen dafür sind vielfältig und gerade das macht die Lösung der Probleme schwierig.

Für die Auftraggeber führt das dazu, dass sie Software nicht wie bestellt bekommen und dadurch typischerweise Zusatzkosten haben, sei es, weil die Entwicklung als solche teurer geworden ist oder weil der von der neuen Software erwartete Nutzen nicht oder zumindest erst später realisiert werden kann.

Probleme aus Auftraggebersicht

Der Auftragnehmer hat im günstigsten Fall, z.B. bei einem Dienstvertrag ohne vereinbarte Vertragsstrafen, »nur« einen Imageschaden, der alleine schon schlimm genug sein kann. Bei Festpreisprojekten, die aus dem Ruder laufen, kommt typischerweise noch ein erheblicher finanzieller Schaden dazu, der zumindest kleinere Unternehmen in den Ruin treiben kann.

Probleme aus Auftragnehmersicht

Derartige Probleme bei der Vergabe hochkomplexer Software im Rahmen des SDI-Projektes (*Strategic Defense Initiative*, das *Star War*-Programm) haben das amerikanische Verteidigungsministerium, Dept. of Defense (DoD), um 1986 dazu veranlasst, einen neuen Lösungsansatz dafür zu suchen, um bei der Vergabe einigermaßen sicher zu sein, dass der Auftragnehmer wie versprochen liefern kann. Aus dieser Arbeit entstand 1991 das *Capability Maturity Model*, kurz CMM.

Lösungsansatz des DoD

Nachdem das CMM in der Anfangszeit nur von Organisationen verwendet wurde, die vom DoD als ihrem Auftraggeber dazu gezwungen wurden, stellte sich aber heraus, dass auch der Auftragnehmer einen deutlichen Nutzen von einer solchen Vorgehensweise hat. Eine Reihe von Unternehmen begann daher, das CMM freiwillig zur eigenen Prozessverbesserung zu nutzen.

CMMI als Nachfolger des CMM

Das CMMI (*Capability Maturity Model Integration*) ist der Nachfolger des CMM[1]. Es wurde ebenfalls am Software Engineering Institute (SEI) der Carnegie-Mellon Universität in Pittsburgh im Auftrag des amerikanischen Verteidigungsministeriums entwickelt. In dieses neue CMMI sind viele Erfahrungen und Verbesserungsvorschläge zum CMM eingeflossen. Die Anforderungen sind einheitlicher strukturiert und der Anwendungsbereich ist über die Softwareentwicklung hinaus erweitert worden.

Stufenmodell

Das CMM besteht aus fünf Stufen, die den *Reifegrad* (*Maturity Level*) einer Organisation und ihrer Prozesse beschreiben. Im Nachfolgemodell CMMI gibt es zwei Darstellungen, nämlich eine stufenförmige (*Staged Representation*) mit ebenfalls fünf Stufen und eine kontinuierliche (*Continuous Representation*), bei der eine feinere, themenbezogene Darstellung der Reife einer Organisation möglich ist, indem es pro Thema oder »Prozessgebiet« je einen so genannten »Fähigkeitsgrad« auf einer Skala von 0 bis 5 gibt. Die Bezeichnung »Stufe« wird im Folgenden als Synonym zu Reifegrad oder Fähigkeitsgrad verwendet.

Die Einteilung in Stufen liefert ein Kriterium für die Beurteilung der Kompetenz einer Organisation, einen erteilten Auftrag erfolgreich durchzuführen.

Unterschiedliche Anwendungsbereiche des CMMI

Neben dieser Unterscheidung zwischen stufenförmiger und kontinuierlicher Darstellung gibt es mehrere unterschiedliche Varianten je nach Anwendungsbereich. Betrachtete Anwendungsbereiche sind u.a. Softwareentwicklung, Systementwicklung oder Kauf von Software. Die Betrachtung in diesem Buch konzentriert sich auf den direkten Nachfolger des CMM, nämlich das CMMI für die Softwareentwicklung in seiner stufenförmigen Ausprägung, wobei aber auch die anderen Varianten berücksichtigt werden.

CMMI als Werkzeug zur eigenen Verbesserung

Das CMMI hilft Softwareunternehmen bei der Verbesserung der eigenen Prozesse und zeigt auf, was für eine erfolgreiche Softwareentwicklung erforderlich ist. Durch die fünf Stufen wird ein Verbesserungspfad beschrieben. Dabei beruht das CMMI auf Vorgehensweisen, die sich in der Praxis bewährt haben (*Best Practices*) und nicht auf einem theoretischen Modell.

CMMI beschreibt »ordentliche Projektarbeit«

Dies führt gelegentlich zu Diskussionen bzw. Kritik am CMMI, dass hier nur Selbstverständlichkeiten der ordentlichen Projektarbeit beschrieben seien. In der Tat ist es ein Ziel von CMMI, den Begriff der

---

1. Wenn hier von »dem« CMM die Rede ist, dann ist immer das erste und bekannteste CMM gemeint, nämlich das CMM für Software. Im Laufe der Zeit wurden noch mehrere andere CMMs entwickelt, siehe Kapitel 2.2.

»ordentlichen Projektarbeit« zu konkretisieren und zu operationalisieren, auch wenn dies nicht so weit geht, fertige »Kochrezepte« zu liefern. Für die meisten tatsächlich existierenden Projekte stellt sich dabei heraus, dass sie noch mehr oder weniger große Lücken bei der ordentlichen Projektarbeit haben.

Die konkrete Umsetzung der Anforderungen wird im CMMI nicht beschrieben, sondern liegt bei der Organisation, die CMMI nutzen und damit ihre Vorgehensweise verbessern will. Dabei stellen sich für das Unternehmen weniger technische oder methodische Fragen, die meist relativ leicht zu lösen sind, sondern im Vordergrund steht die Interaktion zwischen definierten Prozessen und den Menschen, die sie umsetzen (sollen). Hilfestellung bei der konkreten Umsetzung (für das Vorgängermodell CMM) gibt z.B. [Capu98][2] oder, auf einer allgemeineren Ebene, [Brid91].

Umsetzung des CMMI

Obwohl das Vorgängermodell CMM zuerst für Softwareentwicklungsprojekte formuliert wurde, ist vieles davon mit nur geringfügigen Anpassungen auch für andere Projekte wie z.B. Wartungs- oder Beratungsprojekte (vgl. Kap. 6.3.2) nutzbar, ja zum großen Teil für völlig andere Projekttypen wie z.B. Bauprojekte. Im CMMI gilt das entsprechend, zumal hier der Anwendungsbereich gegenüber dem CMM noch erweitert wurde. Voraussetzung ist lediglich, dass die Arbeit in Form von Projekten organisiert ist.

CMMI und Nicht-Entwicklungsprojekte

1.1 Qualitätsmanagementmodelle

Es gibt eine Reihe von anderen Modellen für das Qualitätsmanagement, die dem CMMI verwandt sind:

▪ ISO 900x ist, zumindest in Europa, wahrscheinlich das am weitesten verbreitete und bekannteste Modell. Es kommt ursprünglich aus der Fertigungsindustrie und ist sehr viel allgemeiner formuliert als das CMMI. Dadurch deckt es einerseits alle Branchen ab, von der Schraubenproduktion über Dienstleistungen bis hin zur Softwareentwicklung, ist aber andererseits wesentlich weniger konkret und bietet weniger direkt anwendbare Hilfestellung bei der Nutzung als das CMMI. Ein Vorteil von ISO 900x ist, dass es alle wesentlichen Geschäftsprozesse abdeckt: Auch eine Softwareentwicklungsorganisation muss schließlich nicht nur die von CMMI abgedeckten Softwareentwicklungsprozesse beherrschen, sondern

ISO 900x

---

2. Angaben der Form [AAAAnn] verweisen auf das Literaturverzeichnis am Ende des Buches, Verweise der Form [URL: ...] auf Einträge im URL-Verzeichnis ebenfalls am Ende des Buches.

beispielsweise auch Marketing und Vertrieb oder Personalgewinnung. Da die Anforderungen beider Modelle zueinander kompatibel sind, kann man beide Ansätze kombinieren, um von jedem die Vorteile zu erhalten (Kapitel 6.1.5).

Bootstrap

Bootstrap ([StEn96], [URL: Bootstrap]) wurde von einigen europäischen Organisationen im Auftrag der EU entwickelt, um den Unternehmen ein Modell an die Hand zu geben, das besser auf die europäischen Belange zugeschnitten sei als das CMM. Bootstrap nutzt eine kontinuierliche Darstellung, wie sie jetzt im CMMI als eine Variante angeboten wird. Um Bootstrap zu nutzen, benötigt man eine Lizenz vom Bootstrap Institute, während bei CMM und CMMI nur die Schulungen sowie die Durchführung »offizieller« Assessments mit Lizenzkosten verbunden sind. Dies ist einer der Gründe, warum Bootstrap sich nicht durchsetzen konnte und auch in Europa weniger verbreitet ist als CMM.

ISO 15504 (SPICE)

ISO 15504, besser bekannt unter dem Namen SPICE (*Software Process Improvement and Capability dEtermination* [URL: SPICE]), soll einen einheitlichen Rahmen für verschiedene Modelle wie CMM bzw. CMMI und Bootstrap geben. An SPICE wird seit vielen Jahren gearbeitet, bisher liegt nur ein Entwurf vor. Eine Verabschiedung ist für Ende 2002 angekündigt. Es war ein Ziel bei der Entwicklung des CMMI, das CMMI konsistent und kompatibel zu ISO 15504 zu halten, soweit das bei einem noch nicht verabschiedeten Standard möglich ist.

European Foundation for Quality Management (EFQM)

Das Business Excellence Model der EFQM ist ein Modell für ganzheitliches Qualitätsmanagement (*Total Quality Management*, TQM), das die Grundlage bildet für den jährlich vergebenen Europäischen Qualitätspreis. Es besteht je zur Hälfte aus »Befähigern«, die dazu dienen, Qualität zu ermöglichen, und aus »Ergebnissen« dieser Befähiger (siehe Abb. 1–1). Zu diesen so genannten Befähigern gehört »Prozesse«, also die Nutzung definierter und kontinuierlich verbesserter Prozesse. Dieser Bereich wird durch das CMMI zu einem großen Teil abgedeckt, während die anderen Aspekte des EFQM-Modells in CMMI kaum behandelt werden.

IT Infrastructure Library (ITIL)

Die IT Infrastructure Library (ITIL) ist ein Modell für Aufbau und Einsatz von IT-Infrastruktur und umfasst Themen wie Problem- und Änderungsmanagement, Service Level Management, Kapazitätsmanagement etc. ([ITSM00], [URL: ITIL]). Im Gegensatz zu CMMI befasst ITIL sich mit dem Management von Software und allgemeiner IT-Infrastruktur, nicht mit der Entwicklung.

PSP und TSP

Der Personal Software Process (PSP [Hump97], [URL: PSP]) und der Team Software Process (TSP [URL: TSP], [Hump00]) sind zwei

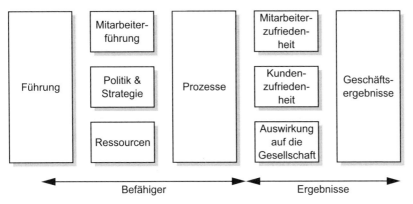

Abb. 1–1

Das Business Excellence Model der EFQM

Modelle, die die Grundideen des CMM auf einzelne Entwickler bzw. auf Entwicklerteams abbilden. Damit unterstützen sie einerseits die Nutzung von CMM auf Ebene der Organisation, andererseits bieten sie auch einzelnen Entwicklern bzw. Teams einen Ansatz zur Prozessverbesserung, selbst wenn die Organisation, der sie angehören, CMM nicht nutzt.

1.2 Aufbau dieses Buches

Nach dieser Einführung gibt Kapitel 2 einen kurzen Überblick über die Entstehung des CMMI. *Kapitel 2*

Kapitel 3 beschreibt die einzelnen Modellbestandteile und wie sie zu unterschiedlichen Varianten des Modells zusammengesetzt werden können. *Kapitel 3*

Wichtige Bausteine des CMMI sind die so genannten Prozessgebiete, die jeweils die Anforderungen zu einem Thema (z.B. Projektplanung oder Entscheidungsanalyse und -findung) zusammenfassen. Dies ist das Thema von Kapitel 4. *Kapitel 4*

Ein Vergleich des CMMI mit dem Vorgängermodell CMM ist in Kapitel 5 enthalten. *Kapitel 5*

Ein Qualitätsmanagementmodell ist schön und gut — wirklich nützlich wird es aber erst, wenn es genutzt wird. Einführung und Nutzung des CMMI werden in Kapitel 6 behandelt. *Kapitel 6*

Grenzen des CMMI sind das Thema von Kapitel 7, in dem es darum geht, teilweise berechtigte, teilweise nicht berechtigte Kritikpunkte am CMMI darzustellen und zu analysieren. *Kapitel 7*

Kapitel 8 schließlich befasst sich mit den verschiedenen Möglichkeiten, die Einhaltung der CMMI-Anforderungen zu überprüfen. Hauptwerkzeug dafür sind verschiedene Varianten von Begutachtungen und Assessments. *Kapitel 8*

Kapitel 9 Das abschließende Kapitel 9 gibt einen Ausblick und Hinweise auf vertiefende Informationen zum CMMI.

Anhang A Mehrere Anhänge unterstützen die Arbeit mit dem CMMI, angefangen mit Anhang A, der eine Zusammenstellung der Anforderungen des CMMI (ohne erläuternde Kommentare) in deutscher Übersetzung enthält. Genau genommen handelt es sich hierbei um die Übersetzung der stufenförmigen Darstellung des CMMI für die System- und Softwareentwicklung (siehe Kapitel 3 für eine Erläuterung der verschiedenen Varianten des CMMI).

Anhang B Im Anhang B wird dies ergänzt um die Übersetzung der generischen Ziele und Praktiken sowie eine Abbildung von Anhang A auf die kontinuierliche Darstellung des CMMI.

Anhang C Anhang C enthält eine Liste der wichtigsten Begriffe im englischsprachigen Original des CMMI zusammen mit ihrer deutschen Übersetzung, wie sie in diesem Buch verwendet wurde. Dazu gehört auch eine Aufstellung der Benennungen der Prozessgebiete in deutsch – englisch sowie englisch – deutsch.

Anhang D, Verzeichnisse Ergänzt wird das Buch durch eine Übersicht über die Varianten des CMMI (Anhang D), ein Abkürzungsverzeichnis, ein Literaturverzeichnis inklusive eines Verzeichnisses der URLs und einen Index.

1.3   Wer sollte dieses Buch lesen?

Dieses Buch richtet sich vor allem an das Management von Softwareentwicklungsorganisationen, das einen Ansatz zur Verbesserung der Organisation und ihrer Ergebnisse sucht, sowie an Verantwortliche für Software-Qualitätsmanagement, die eine mehr auf Softwareentwicklung und Projektarbeit ausgerichtete Alternative zu ISO 9001 suchen. Dritte Zielgruppe sind Mitarbeiter in Organisationen oder Unternehmen, die mit CMMI arbeiten (wollen oder müssen) und genauer wissen möchten, wie sich ihre Arbeit dadurch verändert.

Angesprochen sind Einsteiger beim Thema CMMI, die nach Möglichkeit Vorkenntnisse im Umfeld Projektmanagement, Qualitätsmanagement und Softwareprozesse haben. Vor allem aber sollte der Leser schon etwas Projekterfahrung besitzen, um die Probleme zu verstehen, die CMMI zu lösen hilft.

Angesprochen sind auch Studierende und Lehrende, die sich einen praxisnahen Überblick über das Thema verschaffen wollen. Auch hier ist allerdings eine gewisse Projekterfahrung wünschenswert.

Wer sich schon mit dem CMM auskennt und jetzt vor allem herausfinden möchte, was sich mit dem CMMI ändert, der sollte in erster Linie die Kapitel 2, 3 und 5 sowie den Anhang A lesen.

2 Entstehung des CMMI

2.1 Historie des CMM

Das CMM wurde ursprünglich entwickelt, um dem amerikanischen Verteidigungsministerium ein Hilfsmittel bei der Beurteilung seiner Lieferanten von Software zu geben. Diese Arbeit begann 1986 am Software Engineering Institute (SEI) der Carnegie-Mellon University in Pittsburgh und führte 1987 zum *Software Process Maturity Framework*.

Auslöser dafür waren Probleme bei der Vergabe bzw. genauer gesagt der Lieferung komplexer Softwaresysteme, vor allem im Zusammenhang mit der *Strategic Defense Initiative* (SDI).

Ähnlich den etwa zur gleichen Zeit entstandenen Normen der ISO-9000-Reihe kam man bei der Suche nach Lösungsansätzen für diese Probleme zu dem Schluss, dass man an der Qualität der Arbeitsprozesse ansetzen muss, um die Qualität der Arbeitsergebnisse zuverlässig zu verbessern. Eine Projektgruppe am SEI, unter Leitung von Watts Humphrey, begann daher, die Arbeitsprozesse und Vorgehensweisen zusammenzutragen, die erfolgreiche von erfolglosen Projekten unterscheiden. Zur Strukturierung der so gefundenen *Best Practices* wurde die von Phil Crosby ([Cros80, Kap. 3]) eingeführte Gliederung in fünf Stufen oder Reifegrade verwendet.

In den Folgejahren wurde das Modell weiterentwickelt und 1991 als *Capability Maturity Model* 1.0 herausgegeben. Aufgrund der Erfahrungen beim Einsatz dieser Version entstand 1993 die lange Zeit gültige Version 1.1. *CMM 1.0 und 1.1*

Im Jahr 1997 gab es zwar eine Version 2.0, die allerdings kurz vor der Verabschiedung auf Veranlassung des amerikanischen Verteidigungsministeriums zurückgezogen wurde. Da sich der Ansatz des CMM bewährt hatte, waren inzwischen neben dem bekannten CMM *für Software*[1] noch mehrere andere CMMs, z.B. für Systementwick- *CMM 2.0* lung, entwickelt worden. Diese verschiedenen *Capability Maturity Models* hatten aber unterschiedliche Strukturen, die kaum zusammenpassten und nur schwierig gemeinsam einsetzbar waren, auch dort, wo das inhaltlich sinnvoll gewesen wäre.

CMMI   Aus diesem Grund wurde die Version 2.0 zurückgezogen und ein neues Projekt *Capability Maturity Model Integration* (CMMI), aufgesetzt mit der Aufgabe, die verschiedenen CMMs zu integrieren.

2.2   Entwicklung des CMMI

Das CMMI-Projekt   Ziel des 1997 gestarteten CMMI-Projektes war es, erstens einen einheitlichen Rahmen für eine Reihe verwandter Reifegradmodelle zu schaffen und diese Modelle so zu integrieren, dass sie gemeinsam anwendbar sind. Dabei handelt es sich um die folgenden drei nicht endgültig verabschiedeten Modelle:

- das CMM für Software (SW-CMM, Version 2 – also nicht die verbreitete Version 1.1)
- das Capability Model für Systementwicklung EIA/IS 731 der Electronics Industry Alliance
- das CMM für die integrierte Produktentwicklung (IPD-CMM)

Die genannten drei Modelle bildeten die Grundlage des CMMI-Projektes.

Zweitens sollten die im Lauf der Jahre gesammelten Erfahrungen und Verbesserungsideen zu den Vorgängermodellen eingearbeitet werden, soweit das nicht schon in den drei genannten Versionen der Vorgängermodelle geschehen war.

CMMI Version 1.0   Im Herbst 2000 wurde die Pilotversion 1.0 dieses neuen CMMI (unter dem Titel *Capability Maturity Model – Integrated*) herausgegeben, die sowohl die Software- als auch die Systementwicklung abdeckt. Wenig später kam eine Version, in der zusätzlich zur Software- und Systementwicklung die integrierte Entwicklung von Produkten und Prozessen (*Integrated Process and Product Development*, IPPD) beschrieben wurde.

CMMI Version 1.1   Die aufgrund von Praxiserfahrungen mit dem neuen Modell überarbeitete Version 1.1 des CMMI (jetzt unter dem gleichen Titel *Capability Maturity Model Integration* wie das Projekt zur Erstellung des CMMI) für Software- und Systementwicklung sowie IPPD erschien im Januar 2002. Sie ist für den breiteren Einsatz gedacht und soll mittel-

---

1.   Diese Qualifizierung »für Software« wird meist weggelassen und man spricht von »dem« CMM.

fristig nach der Planung des SEI u.a. die drei genannten Modelle ablösen. Diese Version bildet die Grundlage des vorliegenden Buches.

Eine Reihe weiterer, ähnlicher Modelle wurde bzw. wird ebenfalls integriert, insbesondere das CMM für den Kauf von Software (Software Acquisition CMM), das den Kauf von Software aus Sicht des Käufers beschreibt und dabei inhaltlich wesentliche Überschneidungen mit dem CMM für die Softwareentwicklung aufweist. Ergebnis dieser Integration ist das CMMI-SE/SW/IPPD/SS, wobei »SS« für »Supplier Sourcing« steht. *Integration weiterer Modelle*

Diese weiteren Modelle einschließlich dem für Supplier Sourcing wurden bzw. werden aber erst später in das CMMI integriert und gehören nicht zum ursprünglichen Kern des CMMI.

Weitere Ziele bei der Entwicklung des CMMI, neben der Integration der oben genannten drei Modelle sowie der leichten Erweiterbarkeit um weitere Modelle/Anwendungsgebiete, waren *Ziele der Entwicklung von CMMI*

- Konsistenz und Kompatibilität mit ISO 15504 (SPICE) sowie
- geringe Aufwände für den Umstieg von den vorherigen Modellen auf CMMI.

2.3 Ablösung des SW-CMM durch CMMI

Die Entwicklung des CMMI hatte das Ziel, die oben genannten Vorgängermodelle abzulösen. Speziell für das SW-CMM ist eine Auslaufzeit (»Sunset Period«) bis Ende 2003 geplant. Danach soll es vom SEI keine weitere Unterstützung des CMM geben ([URL: CMM-Sunset]).

Allerdings gibt es bei Anwendern des CMM, die nicht als Auftragnehmer des amerikanischen Dept. of Defense (DoD) unter direktem Druck zur Einführung des CMMI stehen, noch einige Widerstände gegen das CMMI: *Widerstände gegen CMMI*

- Organisationen, die an der Entwicklung des SW-CMM V2.0 mitgearbeitet oder zumindest mit der Nutzung der Ergebnisse begonnen hatten, waren verärgert über die Vorgehensweise des DoD, die neue Version kurz vor Freigabe zurückzuziehen, ohne Rücksicht darauf, dass bereits viel Aufwand und »Herzblut« in der neuen Version steckte. Das gilt besonders für Organisationen aus dem kommerziellen, nichtmilitärischen Bereich.
- Die Kosten für die offizielle Nutzung des CMMI, insbesondere die Anforderungen an die Qualifikation als Assessmentleiter, sind gestiegen (vgl. Kap. 8.2.2). Manche Anwender des CMM führen das auf den zunehmenden Einfluss der etablierten Assessment-Organisationen zurück und sprechen von der »Assessment-Mafia«.

Gerade die Integration der Modelle führt dazu, dass Organisationen, die »nur« Software entwickeln, sich vom CMMI weniger angesprochen fühlen. Da diese Organisationen von vornherein nur ein CMM verwenden, ziehen sie aus der Integration der verschiedenen CMMs weniger Nutzen als eine Organisation, die mehrere CMMs parallel einsetzt. Im Gegenteil, die Integration wird hier durch größere Abstraktion und damit einem größeren Interpretationsbedarf für den konkreten Einzelfall »bezahlt«.

Die hier genannten Widerstände und Schwierigkeiten sind nur schwer zu belegen, da sie kaum »offiziell« formuliert werden. Man hört sie mehr in Gesprächen, z.B. am Rande von Konferenzen. Daher ist es schwierig abzuschätzen, welche Bedeutung und welche Auswirkungen sie haben werden. Zusammen mit den üblichen Kosten bei der Einführung der neuen Version eines Modells werden sie aber voraussichtlich dazu führen, dass das CMM auch nach 2003 weiterleben wird.

Trotzdem ist damit zu rechnen, dass das CMM nach und nach vom CMMI abgelöst werden wird (sonst wäre auch dieses Buch nicht geschrieben worden), auch wenn das wahrscheinlich nicht so schnell gehen wird wie vom SEI gewünscht.

3 Aufbau und Varianten des CMMI

3.1 Varianten des CMMI

Das CMMI ist ein *integriertes* Modell, daher das »I« in CMMI. Im CMMI sind verschiedene Vorgängermodelle integriert, die zwar die gleichen Grundideen und Ziele haben, sich aber in Aufbau und Anwendungsgebiet unterscheiden.

Die Integration dieser Modelle wird durch zwei voneinander unabhängige Konzepte umgesetzt:

- Einerseits sind zwei Darstellungsformen des CMMI definiert, nämlich eine stufenförmige Darstellung (siehe Kap. 3.4) und eine kontinuierliche Darstellung (siehe Kap. 3.5). *Stufenförmige und kontinuierliche Darstellung*
- Andererseits gibt es verschiedene Anwendungsgebiete, auf die sich das CMMI beziehen kann, wie z.B. Software- und Systementwicklung (CMMI-SE/SW), integrierte Prozess- und Produktentwicklung (CMMI-IPPD) oder Kauf von Software (CMMI-SS, Supplier Sourcing).[1] *Anwendungsgebiete des CMMI*

Für jedes Anwendungsgebiet gibt es also zwei Varianten (stufenförmig und kontinuierlich), die die gleichen Inhalte unterschiedlich strukturieren. Für verschiedene Anwendungsgebiete gibt es unterschiedliche Inhalte, die sich jeweils dort überschneiden, wo gleiche Aufgaben in verschiedenen Anwendungsgebieten auftreten. Das ist ein Fortschritt gegenüber den Vorgängermodellen, wo auch bei gleicher Aufgabe die Beschreibung und die Inhalte teilweise unterschiedlich waren. Typisches Beispiel sind die Themengebiete im Projektmanagement; z.B. ist Projektplanung im CMMI, im Gegensatz zu den Vorgängermodellen, *Integration der Anwendungsgebiete*

---

1. CMMI-IPPD und CMMI-SS sind nicht als eigene Varianten des CMMI veröffentlicht, sondern als Bestandteile von CMMI-SE/SW/IPPD bzw. CMMI-SE/SW/IPPD/SS.

für alle Anwendungsgebiete gleich beschrieben und unterscheidet sich nur dort, wo das inhaltlich notwendig ist.[2]

Eine Aufstellung der verschiedenen CMMI-Varianten des SEI ist in Anhang D des Buches enthalten. Es ist damit zu rechnen, dass es darüber hinaus weitere CMMI-Varianten vom SEI und von anderen Institutionen geben wird, genau wie es weitere CMM-Varianten gab.

3.2 Struktur der Prozessgebiete

Prozessgebiete (*Process Areas*, PAs[3]) sind eines der wichtigsten Strukturelemente im CMMI. Ein Prozessgebiet ist jeweils eine Zusammenfassung aller Anforderungen zu einem Thema, z.B. zu Projektplanung, organisationsweitem Training oder Ursachenanalyse und Problemlösung. Eine inhaltliche Beschreibung der verschiedenen Prozessgebiete folgt in Kapitel 4, hier geht es um die gemeinsame Struktur dieser Prozessgebiete.

Jedes Prozessgebiet umfasst eine Reihe von Zielen, die dabei erreicht werden sollen:

Spezifische Ziele   ▨ Spezifische Ziele gelten nur für das jeweilige Prozessgebiet.

Generische Ziele   ▨ Generische Ziele beschreiben die *Institutionalisierung* des Prozessgebietes, also all das, was zu tun ist, damit die spezifischen Ziele regelmäßig, dauerhaft und effizient umgesetzt werden. Diese Ziele sind übergreifend für die verschiedenen Prozessgebiete formuliert und werden daher als generisch bezeichnet. Die verschiedenen generischen Ziele beschreiben die unterschiedliche Intensität, mit der das jeweilige Prozessgebiet institutionalisiert wird. Sie haben damit eine enge Beziehung zum Reifegrad bzw. zum Fähigkeitsgrad:

   ◦ In der stufenförmigen Darstellung gibt es zwei verschiedene Ziele, nämlich eines für alle Prozessgebiete der Stufe 2 und eines für alle Prozessgebiete der Stufen 3 bis 5.

   ◦ In der kontinuierlichen Darstellung gibt es für jeden der fünf Fähigkeitsgrade (außer 0) je ein generisches Ziel.

Jedem Ziel sind ein oder mehrere Praktiken zugeordnet, mit denen das Ziel erreicht werden soll. Es gibt spezifische Praktiken, die zu jeweils einem Prozessgebiet gehören und dazu dienen, ein spezifisches Ziel zu

---

2. Für Leser mit CMM-Vorkenntnissen: Das kann man in etwa mit dem Schritt von Stufe 2 auf 3 vergleichen: Auf Stufe 2 hat jedes Projekt/Anwendungsgebiet ein eigenes Vorgehen, auf Stufe 3 werden diese verschiedenen Vorgehensweisen soweit sinnvoll möglich vereinheitlicht.

3. Im CMM wurden diese als »Key Process Areas« (KPAs) bezeichnet.

erreichen, und generische Praktiken, die dazu dienen, ein generisches Ziel zu erreichen.

Die Prozessgebiete werden im CMMI zu Reifegraden (in der stufenförmigen Darstellung, siehe Kap. 3.4) bzw. zu Kategorien (in der kontinuierlichen Darstellung, siehe Kap. 3.5) zusammengefasst.

3.3 Geforderte, erwartete und informative Modellbestandteile

Die geforderten und erwarteten Bestandteile, enthalten in Anhang A dieses Buches, stellen den Kern des Modells dar, nämlich die Forderungen des CMMI an eine Organisation.

Geforderte Modellbestandteile sind die (generischen oder spezifischen) *Ziele* der einzelnen Prozessgebiete. Ist eines der Ziele nicht erreicht, dann sind die Anforderungen an das gesamte Prozessgebiet nicht erfüllt und damit die entsprechende Stufe nicht erreicht.

Geforderte Bestandteile

Erwartete Modellbestandteile sind die Praktiken, die jeweils einem Ziel zugeordnet werden. Es wird erwartet, dass ein Ziel erreicht wird, indem die zugeordneten Praktiken umgesetzt werden. In Einzelfällen ist es aber zulässig, dass eine Praktik nicht umgesetzt wird, solange das zugehörige Ziel trotzdem erreicht wird, z.B. durch eine alternative, also nicht im Modell vorgesehene Praktik.

Erwartete Bestandteile

Daneben enthält das Modell *informative* Modellbestandteile, die nicht gefordert oder erwartet werden, die aber helfen, das Modell zu verstehen und umzusetzen. In der Praxis bedeutet das, dass auch diese Modellbestandteile in den meisten Fällen umgesetzt werden müssen, da sie die angemessene Interpretation der geforderten und erwarteten Modellbestandteile beschreiben. Diese informativen Modellbestandteile sind wesentlich umfangreicher als die geforderten und erwarteten Bestandteile und umfassen:

Informative Bestandteile

- Zweck eines Prozessgebietes
- Einführende Beschreibungen
- Referenzen
- Namen von Zielen und Praktiken
- Tabellen mit der Zuordnung von Praktiken zu Zielen
- Erläuternde Beschreibungen
- Typische Arbeitsergebnisse
- Sub-Praktiken, also eine detailliertere Untergliederung der beschriebenen Praktiken
- Anwendungsgebietsspezifische Ergänzungen
- Erläuterungen der generischen Praktiken für einzelne Prozessgebiete

Anhang A enthält neben den geforderten und erwarteten Modellbestandteilen nur eine Beschreibung des Zwecks eines Prozessgebietes (erster Punkt der Aufzählung) sowie die Namen der einzelnen Ziele und Praktiken (vierter Punkt der Aufzählung), die den Verweis erleichtern.

3.4 Stufenförmige Darstellung des CMMI

3.4.1 Reifegrade

In der stufenförmigen Darstellung des CMMI gibt es fünf Reifegrade, nämlich (vgl. Abb. 3–1):

Die fünf Reifegrade des CMMI

- Reifegrad 1: **initial** (*initial*)
- Reifegrad 2: **gemanagt** (*managed*)[4]
- Reifegrad 3: **definiert** (*defined*)
- Reifegrad 4: **quantitativ gemanagt** (*quantitatively managed*)
- Reifegrad 5: **optimierend** (*optimizing*)

Abb. 3–1
Die Stufen des CMMI

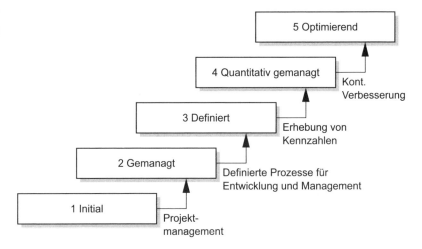

Prozessgebiete (Process Areas, PAs)

Jedem dieser Reifegrade (ausgenommen Reifegrad 1) sind eine Reihe von Prozessgebieten mit konkreten Anforderungen zugeordnet, deren Erfüllung jeweils einen wichtigen Aspekt des Softwareentwicklungsprozesses unterstützt.

---

4. Ein wichtiger Hinweis für diejenigen, die sich bereits mit dem CMM auskennen: »Managed« bezeichnet im CMMI nicht mehr wie im CMM die Stufe 4, sondern die Stufe 2.

Auf Stufe 1 des CMMI sind die Prozesse als ad hoc oder sogar cha-otisch charakterisiert. Prozesse sind wenig oder nicht definiert und der Erfolg eines Projektes hängt in erster Linie vom Einsatz und der Kompetenz einzelner Mitarbeiter ab (»Helden«). Man spricht daher vom Lastwagen-sensitiven Prozess (wenn der »Held« unter einen Lastwagen gerät, bricht das ganze Projekt zusammen) oder, freundlicher formuliert, vom Lotterie-sensitiven Prozess (ein Hauptpreis in der Lotterie hat für das Projekt den gleichen Effekt). Selbst wenn man davon ausgeht, dass wichtige Mitarbeiter, einschließlich Projektleiter, selten völlig ausfallen, kommt es vor, dass diese Urlaub nehmen oder krank werden. Ein Schritt zur Verbesserung ist daher, wichtige Informationen nachvollziehbar zu dokumentieren. *Stufe 1: Helden*

Der Stufe 1 sind keine Anforderungen und damit keine Prozessge-biete zugeordnet. Die typischen Probleme, die für die Stufe 1 immer wieder genannt werden, sind

- ungenügende Steuerung der Projekte mit Soll-Ist-Vergleich,
- unklare und wechselnde Anforderungen,
- unvollständige oder unrealistische Planung, insbesondere der Aufwände,
- unklare Vorgehensweise und damit starke Abhängigkeit von einzelnen Mitarbeitern.

Es gibt übrigens eine inoffizielle Erweiterung des CMM ([Fink92]) um die Stufen 0 bis -2, die zwar nicht ganz ernst, aber auch nicht nur spaß-haft gemeint ist. Stufe -2 ist u.a. dadurch charakterisiert, dass der Erfolg von Projekten aktiv verhindert wird, im Glauben, ihn zu unter-stützen. Hinter dieser »Erweiterung« steckt u.a. die Kritik, dass der Schritt von Stufe 1 auf Stufe 2 zu groß ist (vgl. Kap. 7).

Ohne funktionierendes Projektmanagement ist es kaum möglich, andere Verbesserungen einzuführen, da dafür die Grundlagen fehlen. So kann man z.B. kaum einheitliche Entwicklungsprozesse einführen, solange man nicht in der Lage ist, seine Projekte zu planen und diese Planung umzusetzen. Stufe 2 fordert daher, die wesentlichen Manage-mentprozesse zu etablieren, um Kosten, Zeitplan und Funktionalität von Projekten zu planen und zu steuern. Vereinfacht gesagt besteht die Stufe 2 aus einer detaillierten Beschreibung dessen, was Projektma-nagement ausmacht. Die Prozessgebiete der Stufe 2 sind in Tabelle 3–1 aufgelistet. *Stufe 2: Projektmanagement*

Zwar ist der Schwerpunkt bei jedem Prozessgebiet im CMMI unterschiedlich, aber ein Motiv durchzieht das Modell wie ein roter Faden, nämlich »Disziplin« oder »Konsequenz«. Bei einem Softwareunternehmen, das eine gewisse Reife erreicht hat, gehen die Mit- *CMMI fordert Disziplin* arbeiter in ihrer Arbeit konsequent vor. Das ist umgekehrt ein Grund dafür, warum gerade die Erreichung von Stufe 2 in einem Unternehmen meist sehr lange dauert – es ist häufig ein Kulturwandel notwendig.

Stufe 3:
Definierte Prozesse

Auf Stufe 3 verlagert sich der Schwerpunkt der Arbeit von den einzelnen Projekten auf die Organisation als Ganzes und von den Management-Aktivitäten zu den Entwicklungsaktivitäten. Die meisten Anforderungen der Stufe 3 beziehen sich darauf, einheitliche Prozesse für die gesamte Organisation einzuführen, während auf Stufe 2 noch jedes Projekt weitgehend eigene, individuelle Prozesse nutzen konnte. Dabei geht es in erster Linie (aber nicht nur) um die Entwicklungsprozesse im Lebenszyklus eines Softwaresystems. Stufe 3 entspricht ganz grob den Anforderungen von ISO 9001, soweit es um die Softwareentwicklung selbst geht, wobei es allerdings viele Unterschiede im Detail gibt ([CMM94, Anh. F]).

Stufe 4:
Metriken

Wenn eine Organisation einheitliche Prozesse eingeführt hat, dann empfiehlt das CMMI als nächsten Schritt auf Stufe 4 die intensive Nutzung von Metriken und Kennzahlen, um eine bessere Entscheidungsgrundlage für Verbesserungsaktivitäten zu bekommen. Auf den niedrigeren Stufen werden zwar schon Metriken verwendet, aber vollen Nutzen kann man erst daraus ziehen, wenn man auf Stufe 3 einheitliche Prozesse eingeführt hat und unterschiedliche Kennzahlen nicht mehr auf unterschiedliche Prozesse oder gar Messmethoden zurückzuführen sind.

Stufe 5:
Kontinuierliche
Verbesserung

Stufe 5, die höchste Stufe im Modell, legt das Hauptaugenmerk auf die kontinuierliche Verbesserung mit der systematischen Auswahl und Einführung von Verbesserungen sowie der systematischen Analyse von noch auftretenden Fehlern und Problemen.

Die zugehörigen Prozessgebiete zu diesen fünf Stufen sind in Tabelle 3–1 aufgelistet, wobei die Liste für Stufe 1 wie beschrieben leer ist.

Tab. 3–1
Prozessgebiete des
CMMI-SE/SW in der
stufenförmigen
Darstellung

Reifegrad		Prozessgebiete	Kürzel
5	Optimierend	Organisationsweite Innovation und Verbreitung (*Organizational Innovation and Deployment*)	OID
		Ursachenanalyse und Problemlösung (*Causal Analysis and Resolution*)	CAR
4	Quantitativ gemanagt	Performanz der organisationsweiten Prozesse (*Organizational Process Performance*)	OPP
		Quantitatives Projektmanagement (*Quantitative Project Management*)	QPM

Reifegrad		Prozessgebiete	Kürzel
3	Definiert	Anforderungsentwicklung (*Requirements Development*)	RD
		Technische Umsetzung (*Technical Solution*)	TS
		Produktintegration (*Product Integration*)	PI
		Verifikation (*Verification*)	VER
		Validation (*Validation*)	VAL
		Organisationsweiter Prozessfokus (*Organizational Process Focus*)	OPF
		Organisationsweite Prozessdefinition (*Organizational Process Definition*)	OPD
		Organisationsweites Training (*Organizational Training*)	OT
		Integriertes Projektmanagement (*Integrated Project Management*)	IPM
		Risikomanagement (*Risk Management*)	RSKM
		Entscheidungsanalyse und -findung (*Decision Analysis and Resolution*)	DAR
2	Gemanagt	Anforderungsmanagement (*Requirements Management*)	REQM
		Projektplanung (*Project Planning*)	PP
		Projektverfolgung und -steuerung (*Project Monitoring and Control*)	PMC
		Management von Lieferantenvereinbarungen (*Supplier Agreement Management*)	SAM
		Messung und Analyse (*Measurement and Analysis*)	MA
		Qualitätssicherung von Prozessen und Produkten (*Process and Product Quality Assurance*)	PPQA
		Konfigurationsmanagement (*Configuration Management*)	CM
1	Initial		

3.4.2 Generische und spezifische Ziele

In der stufenförmigen Darstellung des CMMI gibt es zwei generische Ziele (*Generic Goals* GG), oder anders ausgedrückt, es gibt zwei Stufen der Institutionalisierung eines Prozessgebietes:

Generische Ziele in der stufenförmigen Darstellung

- GG 2: Einen gemanagten Prozess institutionalisieren
- GG 3: Einen definierten Prozess institutionalisieren

GG 2 ist allen Prozessgebieten des Reifegrades 2 zugeordnet, GG 3 allen Prozessgebieten der höheren Reifegrade. Für eine inhaltliche Erläuterung dieser generischen Ziele siehe Kapitel 4.5.

Abbildung 3–2 beschreibt die interne Struktur des CMMI in der stufenförmigen Darstellung in Form eines Datenmodells: Jeder Reifegrad umfasst ein oder mehrere Prozessgebiete, mit Ausnahme von Reifegrad 1, der keine Anforderungen und damit auch keine Prozessgebiete umfasst. Jedes Prozessgebiet enthält ein oder mehrere spezifische Ziele, die selbst durch jeweils ein oder mehrere spezifische Praktiken umgesetzt werden. Außerdem enthält jedes Prozessgebiet genau ein generisches Ziel, das selbst einem oder mehreren Prozessgebieten zugeordnet ist. Da es eine eindeutige Beziehung zwischen Reifegraden und generischen Zielen gibt (jedem Reifegrad ist, unabhängig vom Prozessgebiet, jeweils ein generisches Ziel zugeordnet), könnte man die generischen Ziele aus Datenmodellsicht auch als Eigenschaft des Reifegrades modellieren. Diese Darstellung wurde in der stufenförmigen Darstellung des CMMI nicht gewählt, um die Bedeutung der generischen Ziele stärker zu betonen.

Abb. 3–2
Metamodell der
stufenförmigen
Darstellung für ein
Anwendungsgebiet

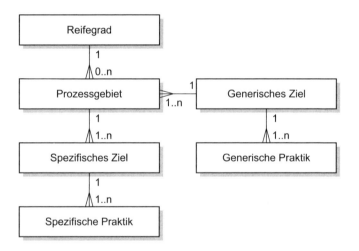

Tabelle 3–2 gibt einen Überblick über den Umfang des Modells, gemessen in Anzahl der Ziele und Praktiken. Dabei ist zu beachten, dass die Anforderungen des CMMI kumulativ sind, d.h., um Reifegrad n zu erreichen, muss man nicht nur die Anforderungen der Prozessgebiete des Reifegrades n erfüllen, sondern ebenso die der niedrigeren Reifegrade. Tabelle 5–1 auf S. 68 enthält einen Größenvergleich zwischen CMM, CMMI und verwandten Modellen.

Prozess-gebiet	spezifische Ziele	spezifische Praktiken	generische Ziele	generische Praktiken
Stufe 2				
REQM	1	5	1	10
PP	3	4+7+3=14	1	10
PMC	2	7+3=10	1	10
SAM	2	3+4=7	1	10
MA	2	4+4=8	1	10
PPQA	2	2+2=4	1	10
CM	3	3+2+2=7	1	10
Summe	15	55	7	70
Stufe 3				
RD	3	2+3+5=10	1	12
TS	3	3+4+2=9	1	12
PI	3	3+2+4=9	1	12
VER	3	3+3+2=8	1	12
VAL	2	3+2=5	1	12
OPF	2	3+4=7	1	12
OPD	1	5	1	12
OT	2	4+3=7	1	12
IPM	2	5+3=8	1	12
RSKM	3	3+2+2=7	1	12
DAR	1	6	1	12
Summe	25	81	11	132
Stufe 4				
OPP	1	5	1	12
QPM	2	4+4=8	1	12
Summe	3	13	2	24
Stufe 5				
OID	2	4+3=7	1	12
CAR	2	2+3=5	1	12
Summe	4	12	2	24
Gesamt-summe	47	161	22	250

Tab. 3–2

Umfang des CMMI-SE/SW, stufenförmige Darstellung

3.5   Kontinuierliche Darstellung des CMMI

3.5.1   Kategorien von Prozessgebieten

Kategorien von Prozessgebieten

In der kontinuierlichen Darstellung sind die Anforderungen des CMMI in vier Kategorien von Prozessgebieten gegliedert. Die Prozessgebiete sind die gleichen wie in der stufenförmigen Darstellung:

- *Prozessmanagement* umfasst alle Prozessgebiete, die sich mit dem Management der für die gesamte Organisation gültigen Prozesse, der so genannten organisationsweiten Prozesse, befassen. Dazu gehört u.a. die Definition und kontinuierliche Verbesserung dieser Prozesse.
- *Projektmanagement* umfasst die Prozessgebiete, die sich mit dem Management des einzelnen Projektes befassen.
- *Ingenieurdisziplinen* sind die (technischen) Entwicklungsthemen und umfassen neben einem einfachen Lebenszyklusmodell noch die Verifikation und Validation der Ergebnisse.
- *Unterstützung* schließlich beinhaltet eine Reihe von Querschnittsthemen, die die Arbeit in den anderen Prozessgebieten unterstützen.

Tabelle 3–3 enthält eine Auflistung aller Prozessgebiete und ihrer Zuordnung zu diesen Kategorien.

Tab. 3–3
Prozessgebiete des CMMI-SE/SW in der kontinuierlichen Darstellung

Kategorie	Prozessgebiet	Kürzel
Prozessmanagement	Organisationsweiter Prozessfokus	OPF
	Organisationsweite Prozessdefinition	OPD
	Organisationsweites Training	OT
	Performanz der organisationsweiten Prozesse	OPP
	Organisationsweite Innovation und Verbreitung	OID
Projektmanagement	Projektplanung	PP
	Projektverfolgung und -steuerung	PMC
	Management von Lieferantenvereinbarungen	SAM
	Integriertes Projektmanagement	IPM
	Risikomanagement	RSKM
	Quantitatives Projektmanagement	QPM

Kategorie	Prozessgebiet	Kürzel
Ingenieurdisziplinen	Anforderungsmanagement	REQM
	Anforderungsentwicklung	RD
	Technische Umsetzung	TS
	Produktintegration	PI
	Verifikation	VER
	Validation	VAL
Unterstützung	Konfigurationsmanagement	CM
	Qualitätssicherung von Prozessen und Produkten	PPQA
	Messung und Analyse	MA
	Entscheidungsanalyse und -findung	DAR
	Ursachenanalyse und Problemlösung	CAR

3.5.2 Generische Ziele und Fähigkeitsgrade

In der kontinuierlichen Darstellung des CMMI gibt es fünf generische Ziele, oder anders ausgedrückt, es gibt fünf Stufen der Institutionalisierung eines Prozessgebietes, plus die Stufe 0, falls keines der generischen Ziele erfüllt ist:

Generische Ziele in der kontinuierlichen Darstellung

- GG 1: Spezifische Ziele erreichen
- GG 2: Einen gemanagten Prozess institutionalisieren
- GG 3: Einen definierten Prozess institutionalisieren
- GG 4: Einen quantitativ gemanagten Prozess institutionalisieren
- GG 5: Einen optimierenden Prozess institutionalisieren

Jedes generische Ziel ist einem Fähigkeitsgrad (*Capability Level*, im Gegensatz zum Reifegrad, *Maturity Level*, in der stufenförmigen Darstellung) zugeordnet. Dieser bezieht sich allerdings auf jeweils ein Prozessgebiet und nicht die Gesamtheit der Prozessgebiete, wie im stufenförmigen Modell. Damit ist eine wesentlich feingranularere Beschreibung möglich.

Fähigkeitsgrad und Reifegrad

Es gibt also in der kontinuierlichen Darstellung einen Fähigkeitsgrad mehr als Reifegrade in der stufenförmigen Darstellung. Während in der stufenförmigen Darstellung der Reifegrad 1 als Einstiegsstufe mit keinen Anforderungen verbunden ist, ist das Erreichen von Fähigkeitsgrad 1 auf einem Prozessgebiet schon eine echte Leistung, da dafür alle spezifischen Ziele des Prozessgebietes erfüllt sein müssen.

Fähigkeitsgrad *n* ist für ein Prozessgebiet erreicht, wenn das generische Ziel GG *n* erfüllt ist. Ist kein generisches Ziel erreicht, so hat die Organisation auf diesem Prozessgebiet den Fähigkeitsgrad 0. Folgende Fähigkeitsgrade sind definiert:

- Fähigkeitsgrad 0: **unvollständig** (*incomplete*)
- Fähigkeitsgrad 1: **durchgeführt** (*performed*)
- Fähigkeitsgrad 2: **gemanagt** (*managed*)[5]
- Fähigkeitsgrad 3: **definiert** (*defined*)
- Fähigkeitsgrad 4: **quantitativ gemanagt** (*quantitatively managed*)
- Fähigkeitsgrad 5: **optimierend** (*optimizing*)

Beispiel Eine Organisation, die sich im Wesentlichen mit dem Projektmanagement beschäftigt, könnte sich z.B. auf die relevanten Projektmanagementthemen wie »Projektplanung« (PP) und »Projektverfolgung und -steuerung« (PMC) konzentrieren und hier einen hohen Fähigkeitsgrad erreichen und dokumentieren, während Themen mit geringerer Bedeutung, z.B. »Konfigurationsmanagement« (CM), nur rudimentär bearbeitet werden (vgl. Abb. 3–3).

Abb. 3–3
Beispielprofil der
Fähigkeitsgrade einer
Organisation

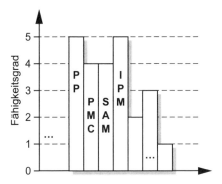

Damit ergibt sich die in Abbildung 3–4 dargestellte Struktur: Jede der vier genannten Kategorien enthält ein oder mehrere Prozessgebiete (genau genommen sind es im CMMI-SE/SW jeweils fünf oder sechs).

Der zweite Unterschied gegenüber der stufenförmigen Darstellung ist die Beziehung zwischen Prozessgebieten und generischen Zielen. Hier beschreibt das jeweils erfüllte generische Ziel den Fähigkeitsgrad der Organisation im betrachteten Prozessgebiet. Zu jedem Prozessgebiet gibt es daher fünf generische Ziele, nicht nur eines wie in der stufenförmigen Darstellung. Die Beziehung zwischen Prozessgebiet und generischen Zielen ist allerdings implizit und nicht explizit formuliert und wurde daher mit einer gestrichelten Linie dargestellt.

---

5.   Ein wichtiger Hinweis für diejenigen, die sich bereits mit dem CMM auskennen: »Managed« bezeichnet im CMMI nicht mehr wie im CMM die Stufe 4, sondern die Stufe 2.

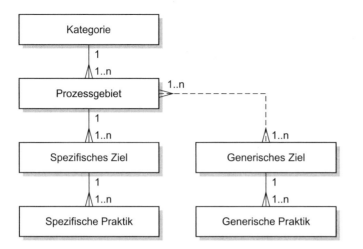

Abb. 3–4

*Metamodell der
kontinuierlichen
Darstellung für ein
Anwendungsgebiet*

Einen Überblick über den Umfang des Modells in der kontinuierlichen Darstellung, gemessen in Anzahl der Ziele und Praktiken, gibt Tabelle 3–4.

Die beiden mit (*) markierten Prozessgebiete Anforderungsentwicklung (RD) und Technische Umsetzung (TS) haben in der kontinuierlichen Variante je zwei Praktiken mehr als die stufenförmige Variante. In der stufenförmigen Darstellung sind diese Praktiken aus anderen spezifischen Praktiken plus den generischen Praktiken der Stufe 3 ableitbar.

Kategorie	Prozessgebiete	spezifische Ziele	spezifische Praktiken
Prozess-management	OPF	2	3+4=7
	OPD	1	5
	OT	2	4+3=7
	OPP	1	5
	OID	2	4+3=7
Summe	5	8	31
Projekt-management	PP	3	4+7+3=14
	PMC	2	7+3=10
	SAM	2	3+4=7
	IPM	2	5+3=8
	RSKM	3	3+2+2=7
	QPM	2	4+4=8
Summe	6	14	54

Tab. 3–4

*Umfang des CMMI-SE/SW,
kontinuierliche
Darstellung
(*) markiert Unterschiede
zur stufenförmigen
Darstellung*

Kategorie	Prozessgebiete	spezifische Ziele	spezifische Praktiken
Ingenieur-disziplinen	REQM	1	5
	RD	3	3+3+6=12 (*)
	TS	3	4+5+2=11 (*)
	PI	3	3+2+4=9
	VER	3	3+3+2=8
	VAL	2	3+2=5
Summe	6	15	50
Unterstützung	CM	3	3+2+2=7
	PPQA	2	2+2=4
	MA	2	4+4=8
	DAR	1	6
	CAR	2	2+3=5
Summe	5	10	30
Gesamtsumme	22	47	165

3.5.3 Fortgeschrittene Praktiken

Normalerweise sind spezielle Praktiken dem Fähigkeitsgrad und dem generischen Ziel 1 zugeordnet. Im Gegensatz zu diesen »Basispraktiken« werden als »fortgeschrittene Praktiken« solche speziellen Praktiken bezeichnet, die nicht dem Fähigkeitsgrad 1, sondern einem höheren Fähigkeitsgrad zugeordnet sind. Fortgeschrittene Praktiken gibt es nur in der kontinuierlichen Darstellung, denn in der stufenförmigen Darstellung sind die spezifischen Praktiken jeweils als Bestandteil ihres Prozessgebietes einem Reifegrad zugeordnet.

Erkennbar sind die fortgeschrittenen Praktiken an der Nummerierung: Jede Praktik hat eine Nummer der Form SP $<n>.<m>-<f>$, wobei $<n>$ die Nummer des zugehörigen spezifischen Ziels ist, $<m>$ die laufende Nummer und $<f>$ der zugeordnete Fähigkeitsgrad. $<f>$ hat also den Wert 1 für Basispraktiken und den Wert 2, 3, 4 oder 5 für fortgeschrittene Praktiken.[6] In der stufenförmigen Darstellung wird der Wert $<f>$ weggelassen, d.h., dort haben spezifische Praktiken eine Nummer der Form SP $<n>.<m>$, mit gleichen Werten für $<n>$ und $<m>$ in beiden Darstellungen.

---

6. Wirklich verwendet werden derzeit nur die Werte 2 und 3. Die Werte 4 und 5 sind prinzipiell möglich, werden aber bisher nicht genutzt.

Im Detail ist die Behandlung fortgeschrittener Praktiken in Kapitel 2 des CMMI in der kontinuierlichen Darstellung (bei jedem Anwendungsgebiet) beschrieben ([URL:CMMI]).

3.5.4 Beziehung zwischen stufenförmiger und kontinuierlicher Darstellung

Bei der Definition des CMMI wurde Wert darauf gelegt, in beiden Darstellungen einheitliche Anforderungen zu stellen. Dadurch gibt es eine Abbildung, die beschreibt, welche Kombination von Prozessgebieten und Fähigkeitsgraden einem bestimmten Reifegrad entspricht (*Equivalent Staging*).

Für die Reifegrade 2 und 3 ist die Abbildung offensichtlich (siehe Tab. 3–5):

	GG 2	GG 3	GG 4	GG 5
Prozessgebiete des Reifegrades 5	5	5	(5)	(5)
Prozessgebiete des Reifegrades 4	4	4	(4)	(5)
Prozessgebiete des Reifegrades 3	3	3	(4)	(5)
Prozessgebiete des Reifegrades 2	2	3	(4)	(5)

Tab. 3–5
Beziehung zwischen Reifegrad und Fähigkeitsgrad/Erfüllung der generischen Ziele

- Um Reifegrad 2 zu erreichen, muss eine Organisation auf allen Prozessgebieten dieses Reifegrades mindestens Fähigkeitsgrad 2 erreichen, d.h. das generische Ziel GG 2 erfüllen.
- Um Reifegrad 3 zu erreichen, muss eine Organisation auf allen Prozessgebieten dieses Reifegrades mindestens Fähigkeitsgrad 3 erreichen, d.h. das generische Ziel GG 3 erfüllen.

Für die Reifegrade 4 und 5 ist die Beziehung nicht mehr so klar, denn Reifegrad 4 fordert den Einsatz von Metriken zum quantitativen Management bei manchen, aber nicht notwendigerweise bei allen Prozessgebieten der Stufe 4:

- Um Reifegrad 4 zu erreichen, muss eine Organisation auf allen Prozessgebieten dieses Reifegrades mindestens Fähigkeitsgrad 3 erreichen, d.h. das generische Ziel GG 3 erfüllen, zusätzlich auf einigen Prozessgebieten Fähigkeitsgrad 4.
- Um Reifegrad 5 zu erreichen, muss eine Organisation auf allen Prozessgebieten dieses Reifegrades mindestens Fähigkeitsgrad 3 erreichen, d.h. das generische Ziel GG 3 erfüllen, zusätzlich auf einigen Prozessgebieten Fähigkeitsgrad 5.

In Tabelle 3–5 sind die Felder in Klammern gesetzt, bei denen ein Ziel nur für einige und nicht für alle Prozessgebiete gefordert ist.

3.6   Anwendungsgebiete

Derzeit (Stand September 2002) gibt es das CMMI für vier Anwendungsgebiete:

- »Systementwicklung« (*Systems Engineering* SE), also Entwicklung von Systemen aus Hard- und Software: Hierin ist im Wesentlichen das *Capability Maturity Model* für Systementwicklung EIA/IS 731 aufgegangen, das eine kontinuierliche Struktur hatte.
- »Softwareentwicklung« (*Software Engineering* SW): Hier ist im Wesentlichen das stufenförmig aufgebaute Modell CMM für Software V. 2.0 bzw. 1.1 enthalten.
- »Integrierte Prozess- und Produktentwicklung« (*Integrated Process and Product Development* IPPD): Schwerpunkt ist die Integration und Zusammenarbeit der verschiedenen Beteiligten an der Entwicklung von Prozessen und Produkten. Vorläufer war das CMM für die integrierte Produktentwicklung (IPD-CMM).
- »Beschaffung über Lieferanten« (*Supplier Sourcing* SS) behandelt die Beschaffung von Software oder anderen Produkten als eigenständiges Ergebnis oder als Teil eines größeren Ergebnisses. Diese Variante des CMMI ist hauptsächlich relevant für Organisationen, die häufig Software oder Systeme kaufen bzw. beauftragen. CMMI-SS ist damit Nachfolger des Software Acquisition CMM. Es gehört nicht zum Kern der drei Modelle, die gemäß Auftrag von Anfang an im CMMI integriert sein sollten (siehe Kap. 2.2), wurde aber unmittelbar anschließend veröffentlicht.

Diese Modelle wurden nicht einzeln, sondern in Kombination veröffentlicht:

- CMMI-SE/SW fasst die Varianten für System- und Softwareentwicklung zusammen, wobei die Unterschiede zwischen beiden Modellen minimal und im Text markiert sind. Sie betreffen nur die informativen und nicht die geforderten oder erwarteten Modellbestandteile. Seit August 2002 gibt es allerdings auch eine Variante, die nur CMMI-SW enthält.

Zwei zusätzliche Prozessgebiete für IPPD

- CMMI-SE/SW/IPPD erweitert diese erste Variante um das Thema IPPD: Hier sind die Unterschiede im Vergleich deutlich größer, u.a. sind die folgenden beiden Prozessgebiete sowie zwei spezifische Ziele hinzugekommen:

- »Integrierte Teambildung« (*Integrated Teaming* IT, Reifegrad 3, Kategorie Projektmanagement)
- »Organisationsweite Umgebung für die Integration« (*Organizational Environment for Integration* OEI, Reifegrad 3, Kategorie Unterstützung)

CMMI-SE/SW/IPPD/SS erweitert diese Variante um das zusätzliche Thema der Beschaffung über Lieferanten. Hier kommt ein weiteres Prozessgebiet hinzu:[7]

Ein zusätzliches Prozessgebiet für SS

- »Integriertes Management der Lieferanten« (*Integrated Supplier Management* ISM, Reifegrad 3, Kategorie Projektmanagement)

3.7 Auswahl der Variante

Bei der Auswahl der zu nutzenden Variante des CMMI sind zwei Entscheidungen zu fällen, nämlich erstens entweder für die stufenförmige oder die kontinuierliche Darstellung und zweitens für ein bestimmtes Anwendungsgebiet.

Zur Auswahl der Darstellung gibt es eine Reihe von Empfehlungen (Kap. 1 von CMMI v1.1, [URL: CMMI-FAQ], [Shru00]).

Für die stufenförmige Darstellung spricht:

Stufenförmig oder kontinuierlich?

- Pfad für Verbesserungen ist klarer vorgegeben. Insbesondere ist es in dieser Darstellung schwieriger, wichtige Themen zurückzustellen, um zuerst einfachere, aber weniger wichtige Themen anzugehen. Die durch die Reifegrade vorgegebene Reihenfolge der Prozessthemen hat sich über viele Jahre bewährt und sollte nicht ohne Not geändert werden.
- Die Migration vom SW-CMM ist einfacher.
- Der Vergleich zwischen Organisationen oder Teilorganisationen ist einfacher. Besonders aus Managementsicht ist dies ein wesentlicher Vorteil, da Ziele leichter formuliert werden können (»Alle Teilorganisationen sollen bis ... Reifegrad ... erreichen«). Damit verbunden ist allerdings die Gefahr, das CMMI nicht zur Verbesserung, sondern nur zur Erreichung eines Reifegrades einzuführen.

---

7. In Version 1.0 des CMMI gab es noch drei zusätzliche Prozessgebiete für SS, wobei eines davon Management von Lieferantenvereinbarungen SAM ersetzt hat. In Version 1.1 hat man aber eine stärkere Integration erreicht und die Unterschiede auf ein Prozessgebiet reduziert.

Für die kontinuierliche Darstellung spricht:

  Größere Flexibilität bei der Verbesserung, um sich auf die Themen mit dem größten Nutzen zu konzentrieren.
  Die Migration von EIA/IS 731 ist einfacher.

Bei der Wahl der Darstellung gibt es noch die dritte Möglichkeit, eine Kombination aus stufenförmiger und kontinuierlicher Darstellung zu wählen. Beispielsweise kann eine Organisation, die sich hauptsächlich mit Projektmanagement befasst, sich dafür entscheiden, dass sie nur die Prozessgebiete von Reifegrad 2 umsetzt und damit auch nur Reifegrad zwei erreichen kann. Diese Prozessgebiete kann sie aber sehr intensiv bearbeiten und damit auf diesen Gebieten einen höheren Fähigkeitsgrad erreichen.

Die Wahl des zu nutzenden Anwendungsgebietes ist meist relativ einfach, da es sich direkt aus dem Arbeitsgebiet der Organisation ableiten lässt. Etwas anders sieht es aus, wenn das Arbeitsgebiet der Organisation eine Kombination mehrerer Anwendungsgebiete im Sinne des CMMI umfasst, wenn z.B. Software zum Teil entwickelt wird, ein wesentlicher Teil aber zugekauft wird. In diesem Fall kommt der Vorteil des CMMI im Vergleich zu seinen Vorgängermodellen zum Tragen, und zwar dass die Varianten des CMMI integriert sind und man die Varianten relativ einfach gemeinsam nutzen kann. Im genannten Beispiel nutzt man also das CMMI-SW für die Softwareentwicklung und das CMMI-SS für die Beauftragung von Software gemeinsam in der Variante CMMI-SE/SW/IPPD/SS.

4 Die Prozessgebiete des CMMI

Dieses Kapitel gibt einen Überblick über die Prozessgebiete des CMMI, sortiert nach den Stufen der stufenförmigen Darstellung. Es enthält für jedes Prozessgebiet eine Erläuterung der wichtigsten Ideen, die hinter diesem Prozessgebiet stecken, und Hinweise zur praktischen Umsetzung der manchmal recht abstrakt-theoretisch formulierten Anforderungen. Die Beschreibung der Prozessgebiete sollte jeweils im Zusammenhang mit den Anforderungen des Prozessgebietes gelesen werden, wie sie in Anhang A enthalten sind. Diese Anforderungen werden nur in Ausnahmefällen in der Beschreibung wiederholt.

Um den Bezug herzustellen, wird stellenweise auf die in Anhang A wiedergegebenen spezifischen Ziele (SG *n*) und Praktiken (SP *n.m*) sowie die in Anhang B wiedergegebenen generischen Ziele (GG *n*) und Praktiken (GP *n.m*) verwiesen.

Spezifische und generische Ziele und Praktiken (SG, SP, GG, GP)

Ergänzt wird die Beschreibung der Prozessgebiete durch eine Erläuterung der generischen Ziele und Praktiken in Kapitel 4.5.

Bei der Lektüre von Anhang A stößt man häufig auf den Begriff »erstellen und pflegen« (»Establish and Maintain«), wie z.B. in der generischen Praktik GP 2.2 (Prozess planen) »Den Plan für die Umsetzung des Prozesses erstellen und pflegen«. In diesem Begriff ist ausdrücklich (Kap. 3 des CMMI) die Dokumentation und Nutzung eingeschlossen, d.h., im genannten Beispiel genügt es nicht, den Plan zu erstellen, sondern er muss auch nachvollziehbar dokumentiert sein, und dieser Plan muss genutzt und umgesetzt werden sowie bei Bedarf aktualisiert werden.

»Erstellen und pflegen«

4.1 Prozessgebiete auf Stufe 2 (gemanagt)

Die Prozessgebiete (*Process Areas*, PA) der Stufe 2 befassen sich mit dem Projektmanagement und enthalten daher in erster Linie Anforderungen, die von einzelnen Projekten zu erfüllen sind. Dabei gibt es starke Interaktionen zwischen den einzelnen PAs, insbesondere zwischen den ersten dreien.

4.1.1   Anforderungsmanagement

»Anforderungsmanagement« (*Requirements Management*, REQM) sorgt dafür, dass alle Anforderungen, die an das Projekt gestellt werden, erfasst, analysiert und bewertet werden. Dazu gehören also in erster Linie die direkten Anforderungen des Kunden (»die Liste soll alphabetisch geordnet sein«), aber auch Anforderungen aus Sicht der Betriebsführung (»wenn die Netzverbindung zu mehr als $n\%$ ausgelastet ist, soll eine Warnmeldung gegeben werden« oder »als Datenbank ist das Produkt X in der Version $n.m$ einzusetzen«), vom Gesetzgeber (z.B. Datenschutz, Grundsätze ordnungsmäßiger Buchführung), von der eigenen Entwicklungsorganisation (»es ist ein wöchentlicher Statusbericht nach vorgegebener Vorlage zu erstellen«) oder evtl. von anderen. Zusätzlich zu diesen Anforderungen gibt es noch Rahmenbedingungen, die genauso berücksichtigt werden müssen, z.B. maximal zur Verfügung stehendes Budget und Ressourcen.

Entscheidung über
Anforderungen

Typische Ergebnisse der Bewertung der Anforderung sind:

- Die Anforderung wird im laufenden Projekt umgesetzt.
- Die Anforderung wird später (in einem Folgeprojekt oder einer Folgeversion) umgesetzt.
- Die Anforderung wird nicht umgesetzt.
- Die Anforderung wird zurückgestellt und später entschieden.

Wird beschlossen, die Anforderung umzusetzen, so muss dabei festgelegt werden, wer die Kosten für die Umsetzung trägt (typischerweise der Kunde oder die Entwicklungsorganisation).

Nach der Bewertung der Anforderung werden alle Beteiligten informiert und die Anforderung wird ggf. umgesetzt. Aufgabe des Anforderungsmanagements ist es, sicherzustellen, dass die Anforderung korrekt umgesetzt wird.

Wer ist der Kunde?

Eine Schwierigkeit beim Anforderungsmanagement ist oft die nur scheinbar klare Kundenrolle: Häufig haben Endbenutzer des zu erstellenden Systems und Entscheider sehr unterschiedliche Ansichten darüber, was das System können soll. Die Endbenutzer wollen typischerweise viele kleine Verbesserungen an den vorhandenen Prozessen, stellen aber nur ausnahmsweise das gesamte Vorgehen in Frage. Kosten der Umsetzung der einzelnen Anforderungen stehen für sie eher im Hintergrund. Entscheider dagegen sehen den quantifizierbaren Nutzen

und die Kosten im Vordergrund und betrachten eher den Gesamtzu-
sammenhang, manchmal auf Kosten der Akzeptanz des Systems. Das
einzelne Projekt hat die schwierige Aufgabe, aus den verschiedenen
Ansichten eine konsistente Anwendung zu erstellen.

Anforderungsmanagement beinhaltet die Anforderungsanalyse, *Anforderungsmanage-*
die am Anfang eines Projektes durchgeführt wird, geht aber darüber *ment ist Daueraufgabe*
hinaus, da auch die Bearbeitung der im laufenden Projekt gestellten
Anforderungen dazu gehört. »Bearbeitung« der Anforderung kann
dabei natürlich heißen, dass die Anforderung bewusst nicht umgesetzt
wird – entscheidend ist, dass es sich um eine *bewusste* Entscheidung
handelt und die Anforderung nicht beispielsweise im Schreibtisch des
Projektleiters vergessen wurde.[1]

Teil der weiteren Bearbeitung im laufenden Projekt ist oft die Ver- *Verfeinerung von*
feinerung von Anforderungen, die zu Projektbeginn nur unvollständig *Anforderungen*
bekannt waren und später konkretisiert werden. Besonders krass gilt
dies für Beratungs- oder Wartungsprojekte: Bei Beratungsprojekten
kennt man oft das globale Ziel, dass bestimmte Geschäftsprozesse verbessert werden sollen, aber das ist nicht operationalisiert und man
kann zu Beginn nicht absehen, welche konkreten Ergebnisse aus dem
Projekt erstellt werden sollen. Ähnliches gilt für Wartungsprojekte:
Hier weiß man zu Beginn nur, dass die im Laufe des Projektes gefundenen Änderungswünsche und Fehler bearbeitet werden sollen, aber man
kann im Voraus nicht sagen, welche und wie viele das sein werden. In
diesem Fall kann man also sehr wenig planen; stattdessen bekommt
das Anforderungsmanagement eine besondere Bedeutung und man
benötigt genau festgelegte und abgestimmte Prozesse für die Genehmigung von Anforderungen (vgl. Kap. 6.3.2).

4.1.2   Projektplanung

Die »Projektplanung« (*Project Planning*, PP) basiert auf den anfangs *Schätzung von Aufwand*
erfassten Anforderungen und setzt diese um in einen Projektplan. Be- *und Kosten*
sonders Wert legt CMMI dabei auf nachvollziehbare Schätzungen
von Aufwand und Kosten, die u.a. die Größe der Arbeitsergebnisse (in
Codezeilen, Funktionspunkten, Anzahl Anforderungen etc.) mit berücksichtigen. Dies geschieht normalerweise auf Basis von historischen
Daten, die dazu aber erst einmal erfasst werden müssen. Ein weiterer
Parameter für die Schätzung ist das verwendete Lebenszyklusmodell.
Es wird kein konkretes Modell vorgeschrieben, sondern CMMI for-

---

1. Dieses Beispiel ist leider nicht so absurd wie es klingt, sondern stammt wie die
    meisten anderen Beispiele in diesem Buch aus dem wahren Leben.

dert die Nutzung eines Lebenszyklusmodells (Wasserfall, Spiralmodell o.Ä.) mit Stufen von handhabbarer Größe. Aus Sicht des Managements und des Kunden haben Verbesserungen der Schätzgenauigkeit oft ähnlich große Bedeutung wie Verbesserungen der Produktivität. Wenn die geschätzten Kosten verlässlich sind und nicht anschließend mit vielen Nachforderungen zu rechnen ist, ist es vielfach akzeptabel, insgesamt etwas teurer zu sein. Wird ein Projekt dagegen teurer bzw. später fertig als geplant, so muss, je nach Vertrag und Rahmenbedingungen, der Auftraggeber oder der Auftragnehmer die zusätzlichen Kosten tragen, was im Endergebnis meist für beide Parteien ziemlich unerfreulich ist. Dazu kommt, dass bei zu niedrigen Schätzungen meist im Lauf des Projektes ein erheblicher Druck entsteht, die definierten Prozesse und Vorgehensweisen zu überspringen oder nur unvollständig umzusetzen.

Inhalte Projektplan

Im nächsten Schritt wird der Projektplan erstellt, der die üblichen Faktoren wie Budget, Zeitplan, Projektrisiken, Projektressourcen etc. umfasst.

Genehmigung Projektplan

Schließlich wird eine »Verpflichtung auf den Plan« herbeigeführt, d.h., der Plan wird von allen Beteiligten genehmigt, üblicherweise also Auftragnehmer und Auftraggeber.

GP 2.2 »Prozess planen«

Neben dem Prozessgebiet »Projektplanung« gibt es noch die verwandte generische Praktik GP 2.2 »Prozess planen« in jedem Prozessgebiet. Während Projektplanung sich auf die Planung des gesamten Projektes bezieht, vertieft die generische Praktik die Planung des einzelnen Prozessgebietes. Je nach Prozessgebiet ist das ebenfalls ein Teil der Projektplanung, wenn auch nicht Teil des Prozessgebietes »Projektplanung« (vor allem die Prozessgebiete der Kategorie Projektmanagement), oder auch eine Aufgabe auf Ebene der gesamten Organisation (vor allem die Prozessgebiete der Kategorie Prozessmanagement). Manche dieser Planungen werden häufig als eigenständige Pläne erstellt, so z.B. der Konfigurationsmanagementplan oder der Qualitätssicherungsplan, während die anderen eher als Bestandteil des Gesamtprojektplanes bzw. der Gesamtplanung der Organisation betrachtet werden.

Darüber hinaus gibt es in einigen Prozessgebieten Forderungen in Bezug auf Planung, z.B. zur Planung bestimmter konkreter Aufgaben beim »Risikomanagement« (Kap. 4.2.10). Diese spezifischen Praktiken ergänzen die allgemeinen Anforderungen an die Planung um einzelne konkrete Aspekte.

4.1.3   Projektverfolgung und -steuerung

»Projektverfolgung und -steuerung« (*Project Monitoring and Control*, PMC) dient dazu, ein Projekt entsprechend der Planung durchzuführen und bei Abweichungen von der Planung zu reagieren.

Wie bei allen anderen Prozessgebieten fordert das CMMI auch hier nichts Überraschendes, sondern formuliert als Anforderungen, was sich in der Praxis als wesentliche Faktoren für den Projekterfolg herausgestellt hat und was man zum großen Teil in fast jedem Lehrbuch über Projektmanagement nachlesen kann. Vieles klingt wie eine Selbstverständlichkeit und erst wenn man versucht, alle diese Selbstverständlichkeiten gleichzeitig umzusetzen, wird einem bewusst, wie schwierig dies ist.

CMMI fordert nichts Überraschendes

Die wichtigsten geforderten Aktivitäten bei der Projektverfolgung und -steuerung nach CMMI sind:

- **Die laufende Überwachung des Projektes anhand des Plans** (SG 1). Dazu gehört der laufende Abgleich aller wichtigen Projektparameter, also in erster Linie Größe der Ergebnisse, Aufwand, Kosten, Zeitplan und Risiken. Im Normalfall wird man dazu regelmäßige Statusberichte erstellen. Es reicht also nicht, einen Plan zu haben, sondern man muss ihn umsetzen bzw. bei Bedarf explizit anpassen. In der Praxis passiert es natürlich immer wieder, dass die Rahmenbedingungen sich ändern. Die Gefahr ist, dass man den Plan dann ignoriert, statt ihn anzupassen, und doch wieder planlos arbeitet.

  Laufende Überwachung gegen Projektplan

- **Die Durchführung von Korrekturmaßnahmen bei Bedarf,** d.h. bei gravierenden Abweichungen vom Plan (SG 2). Dies ist der wichtigste Aspekt der Projektverfolgung und -steuerung, denn natürlich wird es, auch bei sehr guter Planung, immer wieder solche Abweichungen vom Plan geben. Durch den laufenden Abgleich stellt man diese Abweichungen frühzeitig fest, solange sie noch klein sind und eine Möglichkeit besteht, einzugreifen und sie zu beheben. Je nach konkreter Situation können sehr unterschiedliche Korrekturmaßnahmen angemessen sein und das CMMI schreibt bewusst keine konkreten Maßnahmen vor. In Frage kommende Maßnahmen sind z.B. stärkere Fokussierung auf die wichtigsten Projektaufgaben, zusätzliche Ressourcen (oder auch Abgabe von Ressourcen), Anpassung der Zeitplanung oder der zugesagten Funktionalität. Auch wenn dies natürlich alles keine Allheilmittel sind, so haben sie doch (bei realistischer Planung) eine gute Chance, das Problem zu beheben, wenn die Maßnahmen frühzeitig durchgeführt werden und nicht erst kurz vor Projektende festgestellt wird, dass noch ein erheblicher Teil der geplanten Ergebnisse fehlt. Im Extremfall kann

  Korrekturmaßnahmen

aber auch eine komplette Neuplanung oder Einstellung des Projektes als Korrekturmaßnahme angemessen sein.

Ähnlich der Projektplanung gibt es auch bei der Projektsteuerung und -verfolgung eine generische Praktik (GP 2.8), die die Steuerung und Verfolgung der Aktivitäten der einzelnen Prozessgebiete im Vergleich zum Plan fordert.

4.1.4   Management von Lieferantenvereinbarungen

Vergabe von Aufträgen an Unterauftragnehmer

Wird ein Teil des Projektes nicht von der Entwicklungsorganisation selbst durchgeführt, sondern an einen Unterauftragnehmer weitergegeben, so muss man sicherstellen, dass auch diese Arbeit und ihre Ergebnisse den Anforderungen entsprechen. Dabei kann es sich um fertige Standardprodukte[2] handeln, um komplette Individualentwicklung durch einen Unterauftragnehmer oder, als Mittelweg, die individuelle Anpassung einer Standardsoftware.

Dieses Thema wird im »Management von Lieferantenvereinbarungen« (*Supplier Agreement Management*, SAM) behandelt. Es umfasst die Auswahl geeigneter Lieferanten sowie deren Steuerung, beginnend mit der Vereinbarung von Rechten und Pflichten beider Seiten. Zu dieser Vereinbarung gehört üblicherweise die Erstellung eines Projektplanes durch den Unterauftragnehmer, der vom Auftragnehmer überprüft und genehmigt wird und gegen den er den Fortschritt überprüft. Diese regelmäßige Überprüfung umfasst beispielsweise Reviews auf Managementebene, technische Reviews sowie Reviews auf den Projektfortschritt.

Abnahme von Ergebnissen

Zum Abschluss werden die gelieferten Ergebnisse abgenommen. Sinnvollerweise wird dabei die Leistung des Unterauftragnehmers als Grundlage für die Lieferantenauswahl bei zukünftigen Aufträgen bewertet.

Die Aufgaben des Auftragnehmers bei einem Unterauftrag entsprechen also in etwa (wenn auch nicht im Detail) denen des Managements bei einer Entwicklung im eigenen Haus.

4.1.5   Messung und Analyse

Ziel von »Messung und Analyse« (*Measurement and Analysis*, MA) ist es, dem Management Informationen als Basis von Entscheidungen bereitzustellen. Im CMM gab es zu jedem Schlüsselprozessgebiet die Anforderung, Metriken zu erfassen[3].

---

2. CMMI spricht hier von *Commercial off-the-shelf* (COTS)-Software.
3. Im CMM ist »Messung und Analyse« eine Rubrik in der einheitlichen Struktur der Schlüsselprozessgebiete, den *Common Features* (vgl. Kap. 5.4).

Im CMMI wurden diese einzelnen Anforderungen in einem eigenen Prozessgebiet auf Stufe 2 in der Kategorie »Unterstützung« zusammengefasst. Das verleiht ihnen einerseits eine größere Bedeutung, andererseits erlaubt es mehr Flexibilität, da man jetzt nicht mehr notwendigerweise zu jedem Prozessgebiet Metriken benötigt; stattdessen wird die Festlegung der zu erhebenden Metriken am Informationsbedarf ausgerichtet, während im CMM vor allem Metriken zum Status der verschiedenen Aktivitäten gefordert waren.

Messung und Analyse als eigenes Prozessgebiet

Dieses Vorgehen ist stark am *Goal-Question-Metric*-Ansatz (GQM, siehe [BaRo88]) orientiert, bei dem man ausgehend von den Zielen der Messung Fragen identifiziert, die zum Erreichen der Ziele beantwortet werden müssen. Diese Fragen werden im nächsten Schritt weiter heruntergebrochen in konkrete Metriken.

Goal-Question-Metric

Als unterstützendes Prozessgebiet hat Messung und Analyse die Aufgabe, Informationsbedarf aus den anderen Prozessgebieten zu befriedigen, also Fragen zu diesen zu beantworten. Messung und Analyse stellt den Rahmen zur Verfügung, wie die Metriken nach einem einheitlichen Vorgehen definiert und Messwerte erhoben und ausgewertet werden.

Typischer mit Metriken abzudeckender Informationsbedarf bezieht sich auf

Mit Metriken abzudeckender Informationsbedarf

▨ Statusinformation, z.B. Budgetverbrauch, erreichte Ergebnisse, gefundene und behobene Fehler,
▨ Erfahrungswerte als Grundlage für Schätzungen,
▨ Verbesserungsmöglichkeiten und Probleme in den genutzten Prozessen. Beispielsweise können Metriken helfen, zwischen zwei Prozessalternativen zu entscheiden oder Probleme zu identifizieren und ihre Behebung zu überwachen. Ein konkretes Beispiel: Werden in einer Organisation Projekte oft relativ spät genehmigt, so ist es beispielsweise sinnvoll, die Zeitdauer von der Idee/Anfrage des Kunden bis zum Projektvorschlag/Angebot und weiter bis zum tatsächlichen Beginn der Arbeit und der Projektgenehmigung/Auftrag zu messen. Auf diese Weise erhält man einen Einblick, wie groß das vermutete Problem tatsächlich ist und ob die angestoßenen Maßnahmen das Problem verringern.

Metriken zur Identifizierung von Verbesserungsmöglichkeiten

Auf Stufe 4 werden diese Themen wesentlich weiter ausgebaut und die Nutzung von Metriken für Qualitätsmanagement und Prozessverbesserung wird zum zentralen Thema. Dort sind Metriken sehr viel aussagekräftiger, da sie sich auf (in Stufe 3 eingeführte) einheitliche Prozesse beziehen. Vorher ist die Gefahr sehr groß, durch Metriken zwar Daten zu bekommen, die aber nicht sinnvoll ausgewertet werden können bzw. bei denen man Äpfel mit Birnen vergleicht.

Beispiel: Auswertung von
Fehlerstatistiken

Klassisches Beispiel: Eine Auswertung der Fehlerdatenbank ergibt, dass die Anzahl der Fehler von Version n zu Version $n+1$ wesentlich gestiegen ist. Mögliche Schlussfolgerungen, solange man noch keine einheitlichen definierten Prozesse und weitere Informationen hat:

- Version $n+1$ ist »schlechter« als Version n und enthält tatsächlich mehr Fehler.
- Version $n+1$ wurde gründlicher getestet als Version n.
- Ohne die relative Größe beider Versionen zu kennen, kann man keine sinnvollen Aussagen über deren Qualität machen.
- Der Fehlermeldeprozess hat bei Version $n+1$ besser funktioniert und gefundene Fehler werden jetzt einheitlich erfasst.
- Version $n+1$ wird wesentlich stärker genutzt als Version n, und Kunden machen sich häufiger die Mühe, gefundene Fehler zu melden. Das spricht dafür, dass die Qualität tatsächlich gestiegen ist.

Dieselben Daten erlauben also völlig widersprüchliche Interpretationen.

Erhebung von Metriken
beeinflusst den
gemessenen Prozess

Neben dieser Gefahr der Fehlinterpretation von Metrikdaten muss man berücksichtigen, dass allein die Erhebung einer Metrik schon den gemessenen Prozess beeinflusst (ähnlich der Heisenberg'schen Unschärferelation in der Physik).

Das kann zu einer lokalen Optimierung des Prozesses führen, auf Kosten des Gesamtprozesses. Auch hier ein Beispiel »aus dem wahren Leben«:

Ein Softwarehaus hat für die Bearbeitung von Kundenanfragen zu seinen Produkten, insbesondere Problemmeldungen, einen Kundendienst mit zwei Ebenen eingeführt. Die erste Ebene (*First-Level Support«*) nimmt die Meldungen entgegen, versucht die Probleme zu reproduzieren und bearbeitet die einfacheren selbst. Schwierige Probleme werden an die zweite Ebene (*Second-Level Support*) weitergegeben und dort bearbeitet. In diesem Softwarehaus wurde nun begonnen, die Zeit zu messen, die ein Bearbeiter für die Bearbeitung einer Meldung benötigte. Die Bearbeiter der ersten Ebene wurden daraufhin im Durchschnitt tatsächlich schneller; allerdings stieg gleichzeitig der Anteil der Probleme an, die an die zweite Ebene weitergeleitet wurden, da die Bearbeiter jetzt im Zweifelsfall Probleme lieber weiterleiteten, statt sie selbst zu lösen. In der Summe stiegen die Kosten an, da die Bearbeiter der zweiten Ebene höher qualifiziert und teurer waren.

Insgesamt kann man also sagen, dass die Einführung von Metriken zwar sehr nützlich sein kann, aber mit erheblichen Risiken behaftet ist, vor allem auf den niedrigeren CMMI-Stufen. Man muss bei der Einführung entsprechend vorsichtig vorgehen und darauf achten, dass man nicht zu viel in die Daten hinein interpretiert. Wenn man andererseits mit der Nutzung von Metriken anfängt, dann muss man dies auf einer einigermaßen breiten Basis tun, um die Gefahr der lokalen Optimierung auf Kosten der Gesamtqualität zumindest zu reduzieren. Ein verbreiteter Ansatz dafür ist beispielsweise die *Balanced Scorecard*, BSC ([KaNo96]).

Ob ein Ausbau von Metriken schon auf Stufe 2, wie im CMMI gegenüber CMM umgesetzt, tatsächlich sinnvoll ist, ist daher zumindest zweifelhaft.

4.1.6 Qualitätssicherung von Prozessen und Produkten

Qualitätssicherung nach CMMI umfasst nur einen Teil dessen, was üblicherweise unter Qualitätssicherung verstanden wird. Thema der Qualitätssicherung nach CMMI ist die Prüfung, dass Vorgaben für Prozesse und Arbeitsergebnisse eingehalten werden, also eher die formale Korrektheit (Einhaltung von definierten Prozessen, Programmierstandards, Namenskonventionen etc.). Dies wird üblicherweise durch Reviews abgedeckt.

Andere Maßnahmen zur Qualitätssicherung wie beispielsweise inhaltliche Reviews oder Tests werden im CMMI nicht als Teil der »Qualitätssicherung von Prozessen und Produkten« (*Process and Product Quality Assurance*, PPQA) gesehen. Inhaltliche Reviews werden im CMMI in erster Linie in Form von so genannten Partnerreviews (*Peer Reviews*) umgesetzt, bei denen ein »Partner«, meist ein Kollege aus dem gleichen Projekt, ein Arbeitsergebnis inhaltlich prüft. Diese Partnerreviews gehören als Teil des Prozessgebietes »Verifikation« (vgl. Kap. 4.2.4) zur Stufe 3, was aufgrund des hohen Nutzens dieser Reviews aber immer wieder kritisiert wird.

Qualitätssicherung nach CMMI

In dem Prozessgebiet »Qualitätssicherung von Prozessen und Produkten« wird die objektive Prüfung der Arbeitsergebnisse und der zugehörigen Entwicklungsprozesse gefordert. Zusätzlich fordern alle Prozessgebiete im Rahmen der generischen Praktik GP 2.9 die objektive Bewertung der Einhaltung des jeweiligen Prozesses.

Gegenüber dem CMM wurden im CMMI die Anforderungen an die Unabhängigkeit gelockert und durch die Forderung nach einer »objektiven« Prüfung durch die PPQA-Gruppe ersetzt ([URL: CMMI-FAQ]). Dahinter steckt der permanente Konflikt zwischen einer wirklich unabhängigen Prüfung, die sich sehr schwer tut, Kompetenz über das zu prüfende Ergebnis aufzubauen, und einer Prüfung durch dem Projekt nahe stehende Prüfer oder Reviewer, die sehr viel mehr Kom-

Objektivität/ Unabhängigkeit der Qualitätssicherung

petenz über das zu prüfende Ergebnis aufbauen können, gleichzeitig aber nicht mehr wirklich unabhängig sind.

Diese Reviews können z.B. als ein Review über alle Themen durchgeführt werden, der dann in relativ kurzen Zeitabständen (Wochen bis wenige Monate) wiederholt werden muss, oder sich auf jeweils eines der Themen konzentrieren und in größeren Zeitabständen durchgeführt werden. Der angemessene zeitliche Abstand zwischen Reviews hängt u.a. davon ab, inwieweit die überprüften Vorgehensweisen eingeführt sind und wie viele Fehler dementsprechend in den Reviews gefunden werden.

4.1.7 Konfigurationsmanagement

Aufgabe des »Konfigurationsmanagements« (*Configuration Management*, CM) ist es, die Integrität der Arbeitsergebnisse sicherzustellen, also von Plänen, der Dokumentation und den verschiedenen Codeteilen. Um das umzusetzen, richtet man üblicherweise ein Bibliothekssystem ein, in dem die einzelnen Teile abgelegt und verwaltet werden. Je nach individuellem Bedarf muss eine solche Bibliothek notwendige Zugriffsbeschränkungen, Versionierung, Sicherung und Wiederherstellung sowie Auswertungen unterstützen. In den meisten (nichttrivialen) Fällen wird dazu ein geeignetes Werkzeug für das Konfigurationsmanagement notwendig sein, aber aus CMMI-Sicht ist z.B. auch die Ablage im Dateisystem akzeptabel, wenn sie durch entsprechende organisatorische Maßnahmen unterstützt wird.

Identifizierung von Arbeitsergebnissen als Grundlage für das Konfigurations-management

Ein anderer wesentlicher Aspekt, der schon bei der Planung beachtet werden muss, ist die Identifizierung der Arbeitsergebnisse, die dem Konfigurationsmanagement unterliegen. Grundsätzlich gibt es neben den »üblichen« Ergebnissen, insbesondere Quellcode, in jedem Prozessgebiet die generische Praktik GP 2.6, die ein Konfigurationsmanagement für die Arbeitsergebnisse des Prozessgebietes fordert. Üblicherweise ist es nicht sinnvoll, alle Arbeitsergebnisse von Diskussionspapieren bis hin zum auszuliefernden Code dem gleichen Konfigurationsmanagement zu unterwerfen. Daher wird man bei der Identifizierung die Arbeitsergebnisse in Gruppen einteilen, die jeweils gleich behandelt werden. Beispielsweise könnten Arbeits- und Diskussionspapiere ohne Zugriffsbeschränkungen und mit einer einfachen Versionierung durch Namenskonventionen im Dateisystem auf einem gemeinsamen Laufwerk abgelegt werden. Der Quellcode des erstellten Produktes würde dagegen in einem Konfigurationsmanagement-Werkzeug verwaltet, mit Zugriffsschutz und ausgefeilter Statusverwaltung, z.B. von »in Arbeit« über »unter Review«, »im Systemtest«, »von der

Qualitätssicherungsgruppe freigegeben« bis zu »in Produktion« (mit beliebig vielen Zwischenstufen).

Wichtig ist aus CMMI-Sicht nicht ein bestimmter Prozess oder ein bestimmtes Werkzeug, sondern die bewusste und der eigenen Situation angemessene Definition und Umsetzung des Konfigurationsmanagements.

Wichtige Grundlage des Konfigurationsmanagements, die gleich im ersten spezifischen Ziel angesprochen wird, ist der Begriff der *Base-line*[4]. In einer Baseline werden die einzelnen Pläne, Dokumente und Codeteile – man spricht hier von Konfigurationseinheiten – zu einer Konfiguration zusammengefasst. Diese Baseline wird anschließend als Ganzes weiterbearbeitet, z.B. in den Systemtest gegeben oder an den Kunden ausgeliefert.

Baseline

Eine solche Weiterbearbeitung ist nur sinnvoll, wenn gewisse Mindestanforderungen erfüllt sind. Aus diesem Grund wird in SP 1.3 die Freigabe und damit die Prüfung der Baseline gegen definierte Kriterien gefordert. Wie üblich im CMMI werden die Kriterien dafür nicht vorgegeben, sondern man legt sie selbst fest, abhängig von der weiteren Verwendung der Baseline.

Prüfung und Freigabe von Baselines

Alle Änderungen an einer Baseline, weil z.B. beim Systemtest Fehler gefunden wurden und jetzt behoben werden, dürfen nur streng kontrolliert und gemäß einem Freigabeverfahren durchgeführt werden.

4.2 Prozessgebiete auf Stufe 3 (definiert)

Auf Stufe 3 verschiebt sich der Fokus von den einzelnen Projekten zur gesamten Organisation und vom Projektmanagement zu den Entwicklungsprozessen.

Der Entwicklungsprozess ist im CMMI in die drei Schritte

- **Anforderungsentwicklung** (Kap. 4.2.1), entspricht etwa der Erstellung von Grobkonzept/Lastenheft und Fachkonzept/Pflichtenheft[5],
- **Technische Umsetzung** (Kap. 4.2.2), umfasst Entwurf und Implementierung des zu erstellenden Systems, und
- **Produktintegration** (Kap. 4.2.3)

Gliederung des Entwicklungsprozesses

aufgegliedert, ergänzt durch die parallel laufenden Aktivitäten zur »Verifikation« (Kap. 4.2.4) und »Validation« (Kap. 4.2.5).

---

4. Auch dies ist ein schwer ins Deutsche zu übersetzender Begriff: Gelegentlich spricht man von einer »Referenzkonfiguration«, aber üblicherweise nutzt man auch im Deutschen den englischen Begriff der »Baseline«, siehe beispielsweise das V-Modell ([DrWi00, S. 79]).

5. Siehe [Balz96] für eine Definition dieser Begriffe.

In der kontinuierlichen Darstellung ist beim Fähigkeitsgrad 3 nicht von einzelnen konkreten Prozessen die Rede, sondern es gibt die allgemeine Forderung nach definierten Prozessen (GP 3.1) und der Sammlung von Verbesserungsinformationen (GP 3.2).

4.2.1   Anforderungsentwicklung

»Anforderungsentwicklung« (*Requirements Development*, RD) ist der Einstieg in den Entwicklungsprozess und gleichzeitig die Vertiefung des »Anforderungsmanagements« (Kap. 4.1.1), bei dem es darum geht, die einzelnen Anforderungen zu managen, also sicherzustellen, dass sie erfasst, analysiert, entschieden und ggf. umgesetzt werden. Anforderungsmanagement geht also von bekannten Anforderungen aus. Thema der Anforderungsentwicklung sind die Methoden für die Identifizierung und Analyse der Anforderungen. Anforderungsentwicklung beginnt mit der Entwicklung der Anforderungen des Kunden, also damit, herauszufinden, was der Kunde tatsächlich will. Ausgangspunkt dafür sind die »Bedürfnisse der Betroffenen, Erwartungen, Einschränkungen und Schnittstellen«, die im Normalfall zuerst nur unvollständig bekannt und inkonsistent sind und zunächst einmal identifiziert, vervollständigt und konsolidiert werden müssen. Das Ergebnis dieser Aktivität geht üblicherweise in ein Dokument wie das Grobkonzept oder Lastenheft ein.

Im V-Modell des Bundes ([DrWi00]) entspricht die Anforderungsentwicklung etwa den Aktivitäten SE 1 »System-Anforderungsanalyse«, SE 2 »System-Entwurf« und SE 3 »SW-/HW-Anforderungsanalyse«.

Eine vor allem im Umfeld der objektorientierten Entwicklung verbreitete Methode zur Identifizierung der Kundenanforderungen ist der Einsatz von Anwendungsfällen (*Use Cases*). Einen eher linguistischen Ansatz beschreibt [RuSo01].

Auch die Festlegung, wie Anforderungen mit dem Kunden abgestimmt und validiert werden, z.B. durch gemeinsame Workshops oder durch aktive Beteiligung von Kundenmitarbeitern im Projekt, gehört zur Anforderungsentwicklung.

CMMI unterscheidet zwischen Kundenanforderungen, die sich direkt auf die Wünsche des Kunden beziehen, und Produktanforderungen, in denen die Kundenanforderungen verfeinert sind und die sich meist auf einzelne Teile des Produktes beziehen.

Ein Beispiel: Die Kundenanforderung bestehe darin, die für die Schwerbehindertenmeldung nach Schwerbehindertengesetz geforderten Berichte zu erstellen. Diese sehr pauschale Anforderung muss vor einer Implementierung erst detailliert werden. Die Produktanforderungen brechen diese Kundenanforderung herunter in Anforderungen an die einzelnen Produktkomponenten wie Datenbank (die benötigten Daten sollen aus dem vorhandenen Personalverwaltungssystem übernommen werden), Benutzungsschnittstelle (Festlegung der benötigten Masken und Dialoge) und Druckkomponente (Layout der Berichte).

4.2.2   Technische Umsetzung

Basierend auf den Ergebnissen der Anforderungsentwicklung wird in der »Technischen Umsetzung« (*Technical Solution*, TS) das spezifizierte System entworfen und implementiert. Hier wird die Verlagerung des Schwerpunktes von Projektleitung und Management auf Stufe 2 zu Entwicklung und Entwickler auf Stufe 3 besonders deutlich.

Der erste Schritt bei der technischen Umsetzung ist die Auswahl von Lösungen für Produktkomponenten (SG 1), basierend auf einer Untersuchung der Lösungsalternativen. Damit soll verhindert werden, dass man sich gleich auf einen Lösungsansatz festlegt, ohne die Alternativen zu betrachten. Dazu gehört beispielsweise (SP 2.4) eine bewusste Entscheidung auf Basis selbst festgelegter Kriterien, ob man ein benötigtes System bzw. benötigte Software selbst erstellt (Individualsoftware), fertig kauft (Standardsoftware) oder Vorhandenes wiederverwendet. Um diese Entscheidungen nachvollziehbar zu machen, sollten die wichtigsten Entscheidungskriterien in Entwurfsdokumenten dokumentiert werden.

Untersuchung von Lösungsalternativen

Im Rahmen der Auswahl von Lösungen werden die in der Anforderungsentwicklung erstellten Betriebskonzepte und Szenarien weiterentwickelt (SP 1.2).

Weiterentwicklung von Betriebskonzepten und Szenarien

Die weiteren spezifischen Ziele der technischen Umsetzung sind Design sowie dessen Implementierung. Dies ist also die »normale« Entwicklung, wie sie beispielsweise im V-Modell ([DrWi00]) oder im *Rational Unified Process*, RUP ([Kruc99]), behandelt wird.

Schwerpunkt bei diesem Prozessgebiet ist das Design des zu erstellenden Produktes, das dann in der Implementierung mündet. Die Integration der einzelnen Produktkomponenten zu einem funktionierenden Gesamtprodukt ist Aufgabe des nächsten Prozessgebietes »Produktintegration«.

Wichtig ist in diesem Zusammenhang der Begriff des »technischen Datenpaketes«. Unter dem technischen Datenpaket für ein Produkt oder eine Produktkomponente versteht CMMI die Sammlung der relevanten Anforderungs- und Designdokumente wie z.B. Produktarchitektur, Anforderungen an das Produkt, Schnittstellenanforderungen, Verifikationskriterien, Randbedingungen zum Einsatz (Umgebung)

Technisches Datenpaket

sowie Begründungen der Designentscheidungen. Das Produkt oder die Produktkomponente selbst und der zugehörige Programmcode sind nicht Teil des technischen Datenpaketes.

4.2.3   Produktintegration

Unter »Produktintegration« (*Product Integration*, PI) versteht CMMI die Integration der einzelnen Komponenten zu einem Produkt. Diese Integration geschieht üblicherweise iterativ, von der untersten Ebene der Klassen/Programme/Funktionen über die Ebene der Architektur-bausteine wie Clientteil, Serverteil, Datenbank und DBMS sowie Netzwerk bis hin zur Integration des neuen Produktes in seine typischerweise aus verschiedenen anderen Produkten oder Anwendungen bestehende Umgebung. Hier kommen beispielsweise Techniken wie *Enterprise Application Integration*, EAI ([Kell02]), Web-Services oder XML zum Einsatz.

Daneben gibt es noch die Ebene des Gesamtproduktes, das die Software, Hardware, Dokumentation, Schulung und Einführung umfasst bzw. durch Integration dieser Komponenten entsteht.

Produktintegration als iterativer Prozess

Aufgabe der Produktintegration ist es, auf jeder Ebene die Integration vorzubereiten und durchzuführen und das Ergebnis zu evaluieren, bevor man die nächste Integrationsebene erreicht. Produktintegration ist also ein iterativer Prozess, bei dem jeweils die einzelnen Komponenten integriert werden, das Ergebnis gegen vorher definierte Kriterien geprüft wird (kommt z.B. die erwartete Antwort auf eine Anfrage vom Client an den Server zurück?) und nach erfolgreicher Integration der nächste Integrationsschritt kommt.

Technisch gesehen wird ein Integrationsschritt (zumindest auf den unteren Ebenen) meist durch Werkzeuge wie `make` o.Ä. unterstützt. Auf dieser Ebene ist Produktintegration eine Erweiterung des »Konfigurationsmanagements« von Stufe 2 (Kap. 4.1.7).

Häufige Integration verringert Risiko

Eine Integration der einzelnen Bausteine am Schluss stellt ein erhebliches Risiko dar, weil möglicherweise vorhandene gravierende Fehler erst sehr spät sichtbar werden und dann den Zeitplan des Projektes gefährden. Eine Lösungsmöglichkeit, wie sie beispielsweise im Rahmen des *Extreme Programming* (Kap. 6.5.1) propagiert wird, ist die häufige Integration (*Daily Build* oder *Nightly Build*) schon ab einem sehr frühen Zeitpunkt, sobald rudimentäre Versionen der einzelnen Komponenten vorliegen.

Schnittstellen und Schnittstellen-vereinbarungen

Damit die Produktintegration funktionieren kann, müssen u.a. die Schnittstellen zwischen den einzelnen Komponenten, innerhalb des Produktes und nach außen, festgelegt werden. Aus diesem Grund gehören auch ein Review der Schnittstellen auf Vollständigkeit sowie das Management der Schnittstellen zur Produktintegration: Für alle wesentlichen Schnittstellen sollte eine Schnittstellenvereinbarung getroffen werden, die die anzuwendenden Protokolle festlegt. Festzulegen sind Syntax (Format)[6] und Semantik (Bedeutung – dieser Teil wird häufig vergessen und führt dann später zu Missverständnissen) der auszutauschenden Daten, technische Übertragungswege, Häufigkeit und Zeitpunkt oder Auslöser des Datenaustausches sowie Fragen zur IT-Sicherheit, z.B. Verschlüsselung der übertragenen Daten, Authentifizierung der Schnittstellenpartner und Vereinbarungen über den Umgang mit den übertragenen Daten, z.B. vertrauliche Behandlung.

Auf Ebene des Gesamtprojektes sollte eine Schnittstellenvereinbarung (die dort aber meist nicht so genannt wird) Fragen wie die Bereitstellung geeigneter, ausreichend leistungsstarker Hardware oder die Unterstützung des Schulungsteams durch Entwickler (Beantwortung von Fragen, Bereitstellung Schulungsumgebung etc.) behandeln.

4.2.4 Verifikation

Unter »Verifikation« (*Verification,* VER) versteht man die Prüfung eines Ergebnisses auf Übereinstimmung mit seiner Spezifikation (vgl. »Validation« in Kap. 4.2.5). Bei der Verifikation ist es prinzipiell möglich, wenn auch in den meisten Fällen nicht praktikabel, die Korrektheit einer Implementierung gegen ihre Spezifikation nachzuweisen. Voraussetzung für die Verifikation ist eine Spezifikation, gegen die geprüft werden kann.

Definition Verifikation

Die Anforderungen des CMMI zur Verifikation sind relativ allgemein formuliert; gefordert wird die Vorbereitung der Verifikation inklusive der Auswahl der zu verifizierenden Arbeitsergebnisse, die Durchführung von Partnerreviews (siehe unten) sowie allgemein die Durchführung der Verifikation.

Wichtigste Methoden zur Verifikation sind Test[7] und Review, wobei nicht jeder Test und jeder Review zur Verifikation, also zur Prüfung gegen eine vorher erstellte (funktionale oder nichtfunktionale)

---

6. Für die Definition von Datenaustauschformaten wird heute häufig XML, genauer gesagt eine Document Type Definition (DTD) oder ein XML-Schema, verwendet.

7. Test wird hier, wie in einem großen Teil der Fachliteratur, im Sinne der dynamischen Prüfung verwendet, also der Ausführung von Programmcode und Überprüfung der Ergebnisse gegen Sollwerte, die nach Möglichkeit vorab definiert wurden. Man spricht daher auch vom dynamischen Test. Nicht dazu zählen statische analytische Methoden wie Reviews oder statische Analyse.

Spezifikation, dient. Eine weitere, wesentlich seltener verwendete Verifikationsmethode ist die statische Analyse.

Review

Partnerreviews sind nach Einschätzung des Autors diejenige Maßnahme auf Stufe 3, die den größten Nutzen bringt und bei der immer wieder diskutiert wird, ob sie nicht eigentlich schon auf Stufe 2 gehört. Partnerreviews sind Reviews durch Gleichgestellte (»Partner«) auf die Inhalte eines ausgewählten Arbeitsergebnisses. Im Gegensatz zu der mehr formalen Sichtweise der »Qualitätssicherung von Prozessen und Produkten« (siehe Kap. 4.1.6) steht hier die fachlich-inhaltliche Prüfung des Ergebnisses im Vordergrund. Die Vorgehensweise orientiert sich an Inspektionen nach Fagan ([Faga86]), aber bei der Umsetzung besteht ausreichend Spielraum für andere, weniger formale Ansätze.

Einen Überblick über verschiedene Vorgehensweisen bei Reviews und Untersuchungen zu deren Nutzen gibt [Lait02].

Partnerreviews waren im CMM ein eigenes Schlüsselprozessgebiet, im CMMI sind sie Teil des Prozessgebietes »Verifikation« geworden und dort als einzige Methode explizit mit einem eigenen Ziel (SG 2) verankert.

Test

Tests ermöglichen eine Beurteilung eines Systems in einer Umgebung, die der späteren Einsatzumgebung des Systems zumindest sehr ähnlich ist. Dabei kann man das tatsächliche Verhalten des Systems einschließlich seiner Benutzungsschnittstelle betrachten und muss nicht mit Modellen des geplanten Verhaltens arbeiten.

Einschränkung bei der Nutzung von Tests

Der Nachteil von Tests ist, dass sie erst sehr spät durchgeführt werden können, so dass grundlegende Fehler, die z.B. im Grobkonzept gemacht wurden, nur noch mit sehr hohem Aufwand, wenn überhaupt, korrigiert werden können. Veröffentlichte Schätzungen besagen, dass die Kosten für die Korrektur eines Fehlers mit jeder Phase, in der der Fehler unentdeckt bleibt, um einen Faktor zwischen 2 und 10 steigen, da inzwischen viel Arbeit auf dem fehlerhaften Ergebnis aufbaut.

Dazu kommt, dass man beim Test naturgemäß immer nur eine relativ kleine Anzahl von Fällen betrachten kann und ein vollständiger Test aufgrund der Vielzahl der möglichen Parameter normalerweise unmöglich ist.

Aus diesen Gründen reichen Tests alleine nicht aus zur Verifikation oder gar zur Qualitätssicherung; sie stellen aber aber trotzdem einen sehr wichtigen, in der Praxis den wichtigsten Ansatz zur Verifikation dar.

Qualitätssicherung ist mehr als Test

Wie oben angesprochen gehören nicht alle Tests zur Verifikation. Grob gesprochen zählen Tests auf den tieferen Ebenen (Modultest/ Unit Test, Integrationstest, Funktionstest) zur Verifikation, da hier gegen vorher definierte Anforderungen geprüft wird. Anwendertests dagegen gehören eher zur »Validation« (siehe Kap. 4.2.5), da hier mehr die Benutzbarkeit und die tatsächlichen, nicht unbedingt vorher formulierten Anforderungen im Vordergrund stehen.

Statische Analyse

Neben der manuellen statischen Analyse in Form eines Reviews gibt es die Möglichkeit, bestimmte Prüfungen zu automatisieren. Dies eignet sich in erster Linie für stark strukturierte Ergebnisse wie Quellcode oder eine in einem CASE-Werkzeug abgelegte Informationsstruktur.

Der Hauptvorteil der automatisierten statischen Analyse liegt darin, dass bestimmte Klassen von Fehlern vollständig gefunden werden können, was weder mit Reviews (Fehler wird eventuell übersehen) noch mit Tests (fehlerhafter Pfad wird eventuell nicht getestet) möglich ist.

Statische Analyse findet bestimmte Fehler zu 100%

Typische Anwendungsbeispiele für automatisierte statische Prüfungen sind:

- Prüfung von Querbezügen zwischen Programmteilen, z.B.: Ist jede aufgerufene Funktion/Prozedur definiert? Zeigen Hyperlinks auf existierende URLs? Bei entsprechender Notation sind derartige Prüfungen auch in Entwurfsmodellen möglich.
- Einhaltung von Programmierrichtlinien, Namenskonventionen und ähnlichen Vorgaben, z.B.: Handelt es sich um korrektes HTML? Derartige Vorgaben lassen sich zwar nicht vollständig, aber teilweise automatisiert überprüfen.
- Vermeidung bestimmter »gefährlicher« Sprachkonstrukte. Insbesondere in C und C++ gibt es eine Reihe von Sprachkonstrukten, die syntaktisch legal sind und daher vom Compiler nicht als Fehler gemeldet werden, die aber praktisch immer fehlerhaft sind.

Derartige Prüfungen sind zwar nicht sehr verbreitet, können aber für ein kleines eingegrenztes Gebiet sehr nützlich sein.

4.2.5   Validation

Definition Validation

Unter »Validation« (*Validation*, VAL) versteht man die Prüfung eines Ergebnisses gegen die (expliziten oder impliziten) Anforderungen des Kunden. Im Gegensatz zur Verifikation (vgl. Kap. 4.2.4) ist Validation also ein prinzipiell informeller Schritt, da man hier gegen die informellen Anforderungen, nicht gegen die formell dokumentierten Anforderungen prüft.

Eine andere Formulierung des Unterschiedes ist folgende:

> Validation prüft, ob man »das Richtige« implementiert hat.
> Verifikation prüft, ob man richtig implementiert hat.

Es gibt einen engen Zusammenhang zwischen Validation und den Anforderungen des Kunden (und anderer Beteiligter). Aufgabe ist daher laufend immer wieder zu überprüfen, ob die definierten Ergebnisse und Anforderungen wirklich den gewünschten Nutzen liefern. Aus diesem Grund ist Validation ein Schritt bei der »Anforderungsentwicklung« (siehe Kap. 4.2.1).

Umgekehrt gilt: Wenn »Anforderungsentwicklung« und »Verifikation« gut funktioniert haben, dann gibt es bei der Validation nur noch wenig zu tun, nämlich im Wesentlichen das »Abhaken« des Systems durch den Benutzer.

Die Anforderungen des CMMI zur Validation sind sehr ähnlich denen zur Verifikation, sie bestehen in der Vorbereitung und Durchführung der Validation (wobei im Gegensatz zur Verifikation keine einzelne Vorgehensweise zur Validation herausgehoben wird).

4.2.6   Organisationsweiter Prozessfokus

Aufgabe des »Organisationsweiten Prozessfokus« (*Organizational Process Focus*, OPF) ist die kontinuierliche Verbesserung der Prozesse der Organisation. OPF ist damit die Weiterführung der Definition der Prozesse, wie sie durch GP 3.1 in allen Prozessgebieten ab Stufe 3 gefordert wird, und nutzt dazu die gemäß GP 3.2 gesammelten Verbesserungsinformationen.

Verbesserungs-informationen

Verbesserungsinformationen als Grundlage für Entscheidungen über Verbesserungen können aus vielen Quellen stammen:

▨ **Rückmeldungen der Benutzer der Prozesse**, also der Mitarbeiter, die nach diesen Prozessen arbeiten (sollen). Wenn man es schafft, dass die Mitarbeiter sofort ihre Anmerkungen zu den Prozessen geben, wenn ihnen ein Fehler, eine unvollständige Beschreibung o.Ä. auffällt, dann bekommt man auf diese Weise hilfreiche Rückmeldung zur Qualität und zur Nutzung der Prozesse und eine ständige Quelle von Verbesserungsvorschlägen. Um das zu erreichen ist es wichtig, den Mitarbeitern die Rückmeldung einfach zu machen. Wer erst ein umständliches Formular ausfüllen und dann lange suchen muss, bis er einen Verantwortlichen für die Bearbeitung der Verbesserung findet, wird sich die Mühe nur bei hohem Leidensdruck oder großem Engagement machen. Ist es dagegen einfach, von der (elektronischen) Prozessbeschreibung aus per Knopfdruck eine Nachricht an den Verantwortlichen zu erstellen, dann wird man sehr viel mehr Rückmeldungen bekommen (siehe z.B. [Grou00]). Ebenso wichtig ist es, diese Vorschläge ernst zu nehmen und möglichst schnell umzusetzen (bzw. deren Ablehnung zu begründen), damit die Motivation der Mitarbeiter erhalten bleibt.

Rückmeldungen der Benutzer

Einschränkend muss man sagen, dass man bei diesen Rückmeldungen fast nur kleine Verbesserungsvorschläge erhält, die meistens dazu führen, dass die Beschreibung der Prozesse ausgebaut und damit größer wird. Eine Reduzierung und Vereinfachung ist auf diesem Weg eher die Ausnahme.

▨ **Messdaten aus Messungen** an den Prozessen, die beispielsweise belegen, dass ein bestimmtes Problem besteht und der Prozess verbessert werden sollte. Muss beispielsweise das entwickelte Produkt sehr oft aus der Entwicklungsumgebung in die Systemtestumgebung übergeben werden, bis es komplett und fehlerfrei dort ankommt und kompilierbar ist, dann deutet das auf einen Verbesserungsbedarf im Konfigurationsmanagement hin.

Messdaten

▨ **Ergebnisse von Reviews und Qualitätssicherungsmaßnahmen.** Treten die gleichen Probleme immer wieder auf, dann sollte man geeignete Prozessverbesserungen prüfen. Zu diesen Qualitätssicherungsmaßnahmen gehören auch CMMI-Assessments in ihren verschiedenen Ausprägungen (vgl. Kap. 8). Die Durchführung von Assessments (üblicherweise, wenn auch nicht notwendigerweise, anhand des CMMI) wird in SP 1.2 gefordert.

Ergebnisse von Reviews und Qualitätssicherung

Wenn man die Nutzung der definierten Prozesse und die Sammlung der Verbesserungsvorschläge ernsthaft angeht, bekommt man sehr schnell mehr Vorschläge zusammen, als man umsetzen kann und will. Manche davon werden sich widersprechen oder keine echte Verbesse-

Auswahl, Planung und Umsetzung von Verbesserungen

rung sein bzw. zumindest nicht den Aufwand rechtfertigen. Aus diesem Grund umfasst die Forderung SP 1.3 zuerst die Sammlung der vorgeschlagenen Prozessverbesserungen und anschließend die Entscheidung, welche davon tatsächlich umgesetzt werden sollen. Daraus folgt der nächste Schritt, nämlich die Planung und Umsetzung der ausgewählten Verbesserungen. Dabei umfasst die Umsetzung die Einführung der Verbesserung in der Organisation und die Einarbeitung in die Prozess-Assets der Organisation.

Prozess-Assets der
Organisation
Unter den »Prozess-Assets der Organisation« versteht CMMI die Erzeugnisse (*Artifacts*), die sich auf die Beschreibung, Umsetzung und Verbesserung der Prozesse beziehen, also neben den Standardprozessen selbst und ihren Beschreibungen die Bibliothek (siehe SP 1.5 der »Organisationsweiten Prozessdefinition«, Kap. 4.2.7), die diese Standardprozesse und Beschreibungen sowie Vorlagen, Beispiele, Checklisten und Schulungsmaterial enthält. Außerdem gehören zu den Prozess-Assets noch die gesammelten Daten erhobener Metriken.

Asset
Mit dem Begriff »Asset« soll dabei verdeutlicht werden, dass es sich bei den Prozess-Assets um Werte handelt, in die die Organisation investiert hat.

4.2.7   Organisationsweite Prozessdefinition

Im Prozessgebiet »Organisationsweite Prozessdefinition« (*Organizational Process Definition*, OPD) werden die in der Organisation zu nutzenden Prozesse bereitgestellt, damit die Projekte diese (im Rahmen des »Integrierten Projektmanagements«, Kap. 4.2.9) für den eigenen Bedarf anpassen und nutzen können.

Dazu gehört vor allem die Aufgabe, alle wichtigen Prozesse der Organisation zu definieren und diese Definition zu pflegen. Welche Prozesse als ausreichend wichtig angesehen werden und wie detailliert die Definition sein soll, muss jeweils individuell entschieden werden. Wichtigstes Kriterium ist dabei wie üblich der Nutzen, den die Organisation aus der Definition der Prozesse zieht, was allerdings einen großen Interpretationsspielraum lässt. Einen hohen Nutzen zieht man typischerweise vor allem aus der Definition solcher Prozesse, die ein hohes Risiko beinhalten oder die sehr häufig durchgeführt werden, sowie gruppenübergreifender Prozesse, bei denen ein hoher Abstimmungsbedarf herrscht.

Vorgehensmodelle
Zu den von OPD behandelten Prozessen gehören in erster Linie das Projektmanagement sowie die Entwicklungsprozesse. Die Definition derartiger Prozesse ist auch unter der Bezeichnung »Vorgehensmodell« verbreitet ([KnMO98], [URL: VGM]); die im deutschen

Sprachraum bekanntesten Vorgehensmodelle sind das V-Modell des Bundes ([DrWi00]) sowie der *Rational Unified Process*, RUP ([Kruc99]).

Neben der Festlegung und Umsetzung geeigneter Prozesse zur Definition, Abnahme und Verbesserung von organisationsweiten Prozessen umfasst OPD die Einrichtung einer Bibliothek, in der diese Prozesse den Benutzern, d.h. in erster Linie den Projektleitern und Entwicklern, bereitgestellt werden. Die Umsetzung dieser definierten Prozesse ist nicht Bestandteil dieses Prozessgebietes, sondern von »Integriertem Projektmanagement«.

Aus der generischen Praktik GP 2.3 »Ressourcen bereitstellen« ergibt sich die Forderung, eine Gruppe von Mitarbeitern zu benennen, die die Verantwortung für die Erarbeitung und Bereitstellung der Prozesse trägt. Diese Gruppe wird z.B. als VM-Gruppe oder *Software Engineering Process Group*, SEPG, bezeichnet. *VM-Gruppe*

4.2.8 Organisationsweites Training

Aufgabe des »Organisationsweiten Trainings« (*Organizational Training*, OT) ist es, dafür zu sorgen, dass die Mitarbeiter und andere Personen qualifiziert sind, ihre Aufgaben wahrzunehmen.[8]

Unter Training wird im CMMI nicht nur Schulung im engeren Sinne verstanden, sondern Training umfasst alle Maßnahmen zur Qualifizierung der Mitarbeiter. Dazu gehören beispielsweise:

▪ **Training-on-the-Job,** allerdings im Sinne eines echten systematischen Trainings und nicht als Vorwand, Mitarbeiter ohne Training »ins kalte Wasser zu werfen«. Systematisches Training-on-the-Job umfasst eine Planung der zu trainierenden Inhalte, eine Aufstellung der Vorgehensweise beim Training sowie eine Überprüfung des Trainingserfolges zum Abschluss. *Training-on-the-Job*

▪ **Coaching,** also die Durchführung der zu trainierenden Aufgaben mit Unterstützung und Anleitung eines »Coaches«, üblicherweise einem erfahrenen Mitarbeiter. Coaching ist vor allem geeignet für Aufgaben, bei denen weniger Fachwissen gefragt ist als Erfahrung, bzw. als Ergänzung einer theoretischen Ausbildung. Beispielsweise *Coaching*

---

8. Im Gegensatz zu CMM liegt im CMMI der Schwerpunkt beim Thema Training auf der Ebene der Organisation, also der Klärung und Deckung des Trainingsbedarfes der Organisation. Der Trainingsbedarf aus Sicht des einzelnen Projektes wird nur noch implizit (in SP 1.2) angesprochen, während der Trainingsbedarf und die Weiterentwicklung aus Sicht des einzelnen Mitarbeiters nicht mehr behandelt wird.

hat es sich bewährt, Projektleiter-Kandidaten in Schulungen das theoretische Rüstzeug für ihre zukünftige Aufgabe zu vermitteln und anschließend als Stellvertreter eines erfahrenen Projektleiters zu coachen und so in ihre Rolle allmählich hineinwachsen zu lassen, oder, falls das nicht möglich ist, unter Anleitung eines erfahrenen Projektleiters die Leitung eines kleinen unkritischen Projektes übernehmen.

Training durch Studium von Dokumentation

Training durch Studium von Dokumentation ist eine weitere Schulungsmethode, die im entsprechenden Rahmen sehr sinnvoll sein kann, aber bei der die Gefahr besteht, sie als Deckmantel dafür zu benutzen, dass keine Schulung stattfindet. Andererseits ist es gerade der Sinn der Dokumentation von Prozessen, dass man sie nachlesen kann und nicht darauf angewiesen ist, sie von jemand anderem, z.B. einem Trainer, erläutert zu bekommen.

Im ersten Schritt wird der Trainingsbedarf der Organisation identifiziert, basierend u.a. auf der strategischen Planung der Organisation und auf den Trainingsbedarfen, die sich aus der in jedem Prozessgebiet in GP 2.5 geforderten Schulung der beteiligten Personen ergeben. Dazu müssen beispielsweise die an den Prozessen beteiligten Rollen (z.B. Projektleiter, Java-Entwickler, Konfigurationsmanagement-Verantwortlicher) und die für diese Rollen benötigten Qualifikationen geklärt werden.

Trainingsplan

Im nächsten Schritt wird ein »taktischer Trainingsplan« der Organisation erstellt. Darunter versteht CMMI einen Plan der von der Organisation verantworteten Trainingsaktivitäten, in dem gemeinsame Trainingsbedarfe der verschiedenen Projekte, aber nicht projektspezifische Trainingsbedarfe, enthalten sind.

Im letzten Vorbereitungsschritt (SP 1.4) wird das benötigte Training bereitgestellt. Für Organisations-spezifische Themen wird man dieses Training selbst entwickeln und durchführen müssen, während man für Standardthemen meist besser externe Standardschulungen nutzt.

Durchführung des Trainings

Auf Grundlage dieser Vorbereitung wird dann das benötigte Training durchgeführt. Neben dem Training im engeren Sinne gehört dazu auch, dass man Aufzeichnungen über die durchgeführten Trainings führt, um nachvollziehen zu können, dass die benötigten Trainingsmaßnahmen tatsächlich stattgefunden haben, sowie die Bewertung der Effektivität des Trainings.

Bewertung der Effektivität des Trainings

Bei dieser Bewertung wird überprüft, ob die Mitarbeiter tatsächlich die benötigte Qualifikation bekommen haben und nicht nur die geplanten Trainingsmaßnahmen durchgeführt wurden. Es ist empfehlenswert, wenn auch nicht von CMMI gefordert, dabei nicht nur die Effektivität, sondern auch die Effizienz zu prüfen, ob also der Trainingseffekt mit angemessenem Aufwand erzielt worden ist. Eine häufig verwendete Methode zur Bewertung von Trainingsmaßnahmen sind Fragebögen, die die Teilnehmer am Schluss ausfüllen. Diese sind aber nur begrenzt aussagekräftig zur Effektivität der Trainingsmaßnahme, da das Ergebnis stark von anderen Faktoren wie der Stimmung der Teilnehmer abhängt. Aussagekräftiger, aber wesentlich schwieriger umzusetzen, sind ähnliche Fragebögen, die nach mehreren Monaten Umsetzung der Trainingsinhalte ausgefüllt werden, evtl. sogar nicht nur von den Teilnehmern selbst, sondern auch von deren Vorgesetzten.

4.2.9 Integriertes Projektmanagement

Auf Stufe 2 wurden die verschiedenen Projektmanagementthemen auf Ebene des einzelnen Projektes betrachtet. Das »Integrierte Projektmanagement« (*Integrated Project Management*, IPM) bindet diese Aktivitäten in die Organisation ein und umfasst folgende Punkte:

- Die **Anpassung** der allgemein gültigen (organisationsweiten) Prozesse, wie sie im Rahmen der organisationsweiten Prozessdefinition (Kap. 4.2.7) erstellt und festgelegt wurden, auf das einzelne Projekt (*Tailoring*) und die Durchführung des Projektes gemäß diesen angepassten Prozessen. *Tailoring*

- Die **Integration** der verschiedenen für das Projekt relevanten Pläne zu einem gemeinsamen Projektplan. Solche verschiedenen Pläne (Meilensteinplan, Budgetplan, Ressourcenplan, Qualitätsmanagementplan, Konfigurationsmanagementplan, Abnahmeplan etc.) ergeben sich u.a. aus der generischen Praktik GP 2.2, die für jedes Prozessgebiet eine Planung fordert. Der geforderte gemeinsame und integrierte Projektplan muss nicht unbedingt ein einziges Dokument sein, sondern kann auch aus einem groben Gesamtplan und dazu passenden, abgestimmten Detailplänen für die Einzelthemen bestehen. Wie immer im CMMI geht es auch hier darum, die CMMI-Anforderung *sinnvoll* umzusetzen, so dass sie einen echten Nutzen bringt. *Integration der Projektpläne*

- Die **Zusammenarbeit** der Entwicklungsgruppe mit den anderen am Erfolg eines Softwareprojektes beteiligten Gruppen, wie z.B. technische Architektur, Vertrieb, Qualitätswesen oder Rechenzentrum und Betriebsführung. Um ein Softwareprojekt erfolgreich durchführen zu können, fordert CMMI hier die klare und abgestimmte Aufteilung der Verantwortlichkeiten und die laufende Kommunikation der beteiligten Gruppen. *Zusammenarbeit der Beteiligten*

Verbesserung der Prozesse
der Organisation

Die **Verbesserung** und den Ausbau der organisationsweiten Prozesse (SP 1.5), indem vom Projekt erstellte und von anderen nutzbare Arbeitsergebnisse der Organisation zur Verfügung gestellt werden. Das gleiche gilt für Ergebnisse von Messungen, die dann auf der Ebene der Organisation ausgewertet werden und z.B. in ein verbessertes Schätzmodell einfließen, sowie für dokumentierte Erfahrungen, die dazu beitragen, identifizierte Probleme zu vermeiden und die definierten Prozesse zu verbessern und zu ergänzen. Dieser Punkt ist oft schwierig umzusetzen, da er zu einem Aufwand für das einzelne Projekt führt, ohne dass dieses Projekt selbst einen Nutzen davon hat. Aus diesem Grund sollte der Beitrag des Projektes zu den Prozess-Assets der Organisation (vgl. Kap. 4.2.6) von vornherein als Aufgabe des Projektes mit eingeplant werden; hilfreich ist auch, wenn das dafür benötigte Budget von der Organisation bereitgestellt wird und z.B. über Gemeinkostenzuschläge finanziert wird, damit das Projekt selbst »nur« noch die Arbeitskraft bereitstellen muss.

4.2.10 Risikomanagement

Risiko = mögliches
Schadensereignis

Ein Risiko ist definiert als ein mögliches, noch nicht eingetretenes Ereignis, das eine (Schadens-)Auswirkung hat. Die Größe eines Risikos ist gegeben durch:

> Risiko = (Höhe des potenziellen Schadens)
> * (Wahrscheinlichkeit des Eintretens)

In der Sprache der Wahrscheinlichkeitslehre handelt es sich um den Erwartungswert für die Schadenshöhe.

Beim »Risikomanagement« (*Risk Management*, RSKM) geht es darum, Projektrisiken, also Risiken, die den Projekterfolg beeinträchtigen oder sogar verhindern können, zu managen und den Projekterfolg trotz der Risiken sicherzustellen.

Risikomanagement
im CMM

Im CMM war Risikomanagement als je eine Praktik in den Schlüsselprozessbereichen Softwareprojektplanung und Softwareprojektverfolgung und -überwachung enthalten, außerdem auf Stufe 3 im Integrierten Softwaremanagement. Im CMMI hat es jetzt eine größere Bedeutung bekommen und wurde zusätzlich als eigenes Prozessgebiet auf Stufe 3 aufgenommen. Die Anforderungen an die Identifikation (PP-SP 2.2) und Überwachung (PMC-SP 1.3) der Risiken bleiben im CMMI erhalten.

Ziel des Risikomanagements ist es, potenzielle Probleme zu identifizieren, bevor sie eingetreten sind, und nach Bedarf Korrekturmaßnahmen zu planen und umzusetzen. Wichtigste Parameter für die Entscheidung über mögliche Korrekturmaßnahmen sind üblicherweise

- die Größe des Risikos bzw. genauer gesagt der durch die Korrekturmaßnahme erreichte Unterschied in der Größe des Risikos und
- die Kosten der Korrekturmaßnahme.

Entscheidung über Maßnahmen gegen Risiken

Auf dieser Basis entscheidet man, inwieweit man bereit ist, ein bestimmtes Risiko zu tragen bzw. inwieweit man Korrekturmaßnahmen ergreift. Korrekturmaßnahmen können an jeder der beiden Komponenten der Definition des Begriffs Risiko ansetzen, also

- die Höhe des potenziellen Schadens reduzieren oder
- die Wahrscheinlichkeit reduzieren, dass der Schaden eintritt.

Eine aus der Systementwicklung stammende und dort verbreitete Technik zur Identifizierung, Bewertung und Priorisierung von Risiken, die auch in der Softwareentwicklung sinnvoll anwendbar ist, ist die Fehlermöglichkeits- und Einflussanalyse, FMEA[9] ([Dunn90], S. 166 f.). Eine FMEA besteht im Wesentlichen aus der Identifizierung potenzieller Probleme, ihrer potenziellen Folgen und Ursachen und der derzeitigen Vermeidungs- und Prüfmaßnahmen. Im nächsten Schritt werden die Risiken bewertet nach der Wahrscheinlichkeit des Eintretens des Fehlers, ihrer Auswirkung auf den Kunden und der Wahrscheinlichkeit ihrer Entdeckung vor der Auslieferung. Diese drei Faktoren werden auf einer Skala von 1 bis 10 bewertet und zu einer Risikoprioritätszahl, RPZ ($1 \leq RPZ \leq 1000$), multipliziert. Abhängig von der Höhe von RPZ werden Gegenmaßnahmen definiert.

Fehler-Möglichkeiten und -Einfluss-Analyse (FMEA)

Diese Identifikation von Risikomaßnahmen zu Beginn eines Projektes ist wichtig, stellt aber nur den ersten Schritt beim Risikomanagement dar. Mindestens genauso wichtig ist die laufende Überwachung der Risiken, um zu prüfen, ob neue Risiken dazugekommen sind und ob bestehende Risiken größer oder kleiner geworden sind, ob also neue Gegenmaßnahmen notwendig sind oder bereits gestartete Gegenmaßnahmen eingestellt werden können.

Laufende Überwachung des Risikomanagements

---

9. Ursprünglich unter dem englischen Namen *Failure Mode and Effects Analysis* bei der NASA entwickelt. In Deutschland auch bekannt unter dem Namen Ausfalleffektanalyse (DIN 25448).

4.2.11   Entscheidungsanalyse und -findung

»Entscheidungsanalyse und -findung« (*Decision Analysis and Resolution*, DAR) dient der Unterstützung der anderen Themen, indem es eine systematische Vorgehensweise bei der Entscheidungsfindung fordert und unterstützt. Genutzt wird dies beispielsweise bei der »Technischen Umsetzung«, wo in SG 1 die Auswahl von Lösungen für Produktkomponenten gefordert wird.

Bewertung von Altenativen

DAR hat ein einziges spezifisches Ziel, nämlich die Bewertung von Alternativen. Die erste spezifische Praktik bezieht sich auf die gesamte Organisation und fordert eine Richtlinie für die Entscheidungsanalyse, in der u.a. festgelegt wird, bei welchen Entscheidungen ein systematisches Vorgehen genutzt werden soll und bei welchen das übertrieben wäre (»nehme ich heute den blauen oder den schwarzen Kugelschreiber?«).

Die weiteren Praktiken beschreiben das Vorgehen bei einer konkreten Entscheidung, von der Festlegung der Bewertungskriterien über die Identifikation der Lösungsalternativen bis hin zur Entscheidung für eine bestimmte Lösung.

Geeignete Methoden zur Entscheidungsfindung sind beispielsweise die Kräftefeldanalyse ([BrRi94]) oder die Entscheidungsanalyse nach Kepner-Tregoe ([KeTr81]).

4.3   Prozessgebiete auf Stufe 4 (quantitativ gemanagt)

Stufe 4 des CMMI, ob als Reifegrad 4 in der stufenförmigen Darstellung oder als Fähigkeitsgrad 4 in der kontinuierlichen Darstellung, ist gekennzeichnet durch den intensiven Ausbau der in »Messung und Analyse« eingeführten Messungen (vgl. Kap. 4.1.5) und darauf aufbauend ein quantitatives Management der eingesetzten Prozesse.

Stufenförmige Darstellung

In der stufenförmigen Darstellung wird dies erreicht durch die beiden Prozessgebiete »Performanz der organisationsweiten Prozesse« (Kap. 4.3.1), das u.a. die benötigten Messungen und die zugehörigen Ziele festlegt, und »Quantitatives Projektmanagement« (Kap. 4.3.2), das auf dieser Basis Projekte unter Nutzung der Messungen managt.

Kontinuierliche Darstellung

Die kontinuierliche Darstellung hat ähnlich dazu die beiden generischen Praktiken GP 4.1, die quantitative Prozessziele für das jeweils betrachtete Prozessgebiet festlegt, und GP 4.2, die der Umsetzung dieser Prozesse dient.

Stufe 4 führt also schwerpunktmäßig die Aktivitäten von »Messung und Analyse« auf Stufe 2 sowie von »Organisationsweitem Prozessfokus« und »Organisationsweiter Prozessdefinition« auf Stufe 3 weiter.

4.3.1   Performanz der organisationsweiten Prozesse

»Performanz der organisationsweiten Prozesse« (*Organizational Process Performance*, OPP) hat die Aufgabe, Messungen zur Leistung (Performanz) der verwendeten Prozesse aufzusetzen und die zugehörigen Rahmenbedingungen festzulegen. Dies beginnt mit der Auswahl der zu betrachtenden Prozesse, damit man sich auf die Prozesse konzentrieren kann, bei denen der größte Nutzen zu erwarten ist.

Für diese Prozesse setzt man geeignete Messungen auf (SP 1.2), die beispielsweise den Zeit-, Ressourcen- oder Budgetbedarf als Basis für Schätzungen oder den Vergleich von Prozessvarianten messen, oder man verwendet Fehlerquoten als Basis für Korrekturmaßnahmen.

Unter dem Begriff »Prozessperformanz« (*Process Performance*) versteht CMMI ein Maß für die Leistung[10] eines Prozesses. Die Performanz eines Prozesses umfasst sowohl Prozesskennzahlen wie Aufwand als auch Produktkennzahlen wie Fehlerdichte und Antwortzeit.

Prozessperformanz

Wie schon beim Prozessgebiet »Messung und Analyse« (Kap. 4.1.5) beschrieben, sind derartige Zahlen alleine nicht sehr aussagekräftig. Auf Stufe 4 kann man davon ausgehen, dass die Organisation einheitliche Prozesse verwendet und die Aussagekraft der Zahlen daher wesentlich höher ist als auf Stufe 2. Um die Interpretation der Messdaten zu unterstützen, fordert »Performanz der organisationsweiten Prozesse« eine Reihe zusätzlicher Informationen:

Aussagekraft von Messwerten

- Zielwerte für die Messdaten mit einer Festlegung, welche Ziele man durch die Nutzung der Messungen erreichen will.
- Richtwerte für die Messdaten, also eine Festlegung, welche Messwerte als akzeptabel gelten und welche als problematisch und ein Eingreifen erfordern. Methoden zur Festlegung sinnvoller Richtwerte sind z.B. Regelkarten und ähnliche Ansätze in der statistischen Prozesskontrolle bzw. statistischen Qualitätssicherung ([RiMi91]).
- Modelle, die der Interpretation und der gezielten Verbesserung der Werte dienen. Wodurch werden hohe/niedrige Werte verursacht und mit welchen Maßnahmen kann man sie reduzieren bzw. erhöhen?

4.3.2   Quantitatives Projektmanagement

»Quantitatives Projektmanagement« (*Quantitative Project Management*, QPM) nutzt die Ergebnisse des Prozessgebietes »Performanz der organisationsweiten Prozesse« zur Steuerung der Projekte. Abgeleitet

---

10. Tatsächliche Leistung, also nicht nur Leistungsfähigkeit

von den dort festgelegten Zielen der Organisation werden die Ziele des einzelnen Projektes festgelegt. Die im Projekt genutzten Prozesse werden laut »Integriertem Projektmanagement« (Kap. 4.2.9) auf Stufe 3 von den organisationsweit definierten Prozessen abgeleitet. »Quantitatives Projektmanagement« fordert zusätzlich, dass die Auswahl und Anpassung der im einzelnen Projekt genutzten Prozesse auf Basis historischer Daten über Stabilität[11] und Fähigkeit der Prozesse (siehe unten) erfolgen soll. Während die Entscheidung beim »Integrierten Projektmanagement« noch weitgehend auf qualitativen Kriterien basierte, werden im quantitativen Projektmanagement auch quantitative Aspekte mit einbezogen.

Prozessstabilität   Unter Stabilität eines Prozesses versteht man, dass es keine wesentlichen Anzeichen von besonderen Gründen für Prozessvarianz, über die normale Streuung hinaus, gibt (siehe Erläuterung zu GP 4.2 in den CMMI-Originaldokumenten, vgl. Anhang D). Anders ausgedrückt bedeutet das, dass die statistischen Eigenschaften, also Verteilung[12], Mittelwert und Streuung, der betrachteten Eigenschaften des Prozesses (Aufwand, Dauer, Fehlerquote etc.) weitgehend konstant sind. Man spricht in diesem Fall auch von einem beherrschten Prozess.

Prozessfähigkeit   Unter dem oben verwendeten Begriff der Fähigkeit eines Prozesses versteht man in der statistischen Qualitätssicherung verschiedene Kennzahlen, die angeben, in welchem Umfang der Prozess Ergebnisse liefert, deren Werte für ein gegebenes Qualitätsmerkmal innerhalb definierter Toleranzgrenzen liegen. Ein Beispiel: Als Qualitätsmerkmal sei die Zeit definiert, die man für die Projektplanung benötigt, gemessen von der Anfrage des Kunden bis zur Abgabe einer Planung, die dann Basis eines Angebotes ist. Als ersten Schritt zur Prüfung der Fähigkeit des Planungsprozesses in Bezug auf dieses Merkmal überprüft man, wie die gemessenen Werte verteilt sind – die üblichen Formeln zur Berechnung der Prozessfähigkeit gehen von einer Normalverteilung aus. Der Prozess ist als fähig definiert, wenn die Streuung hinreichend klein ist und der Mittelwert der Verteilung nahe genug der Mitte des Toleranzbereiches liegt, so dass eine ausreichend hohe Zahl von Werten im Toleranzbereich liegt ([RiMi91]).

---

11. Zur Definition von Prozessstabilität siehe Kapitel 4.5.5
12. Die am weitesten verbreitete Verteilung ist die Normalverteilung, es gibt aber für spezielle Anwendungen auch andere Verteilungen wie Binomial- oder Poisson-Verteilung.

4.4   Prozessgebiete auf Stufe 5 (optimierend)

4.4.1   Organisationsweite Innovation und Verbreitung

Um besser zu werden, muss man sich ändern. Das gilt auch für eine Organisation und passiert normalerweise nicht von allein, sondern die Änderung muss aktiv eingeführt und gemanagt werden. Dies ist das Thema der »Organisationsweiten Innovation und Verbreitung« (*Organizational Innovation and Deployment*, OID), bei der es um die kontinuierliche Verbesserung durch systematische Auswahl und Einführung von Änderungen an Prozessen und Technologien geht.

Quellen für solche Änderungen sind

Quellen von Verbesserungen

- Verbesserungsvorschläge, die aus anderen Aktivitäten stammen, beispielsweise aus den Aktivitäten zum »Organisationsweiten Prozessfokus« (vgl. Kap. 4.2.6) und den anderen Prozessgebieten zu organisationsweiten Prozessen,
- Verbesserungsvorschläge auf Grund der gemäß GP 3.2 in jedem Prozessgebiet gesammelten Verbesserungsinformationen,
- festgestellte (immer wieder auftretende) Fehler und
- neue Technologien.

Zusätzlich fordert OID selbst in SP 1.2 die Identifikation und Analyse von innovativen Verbesserungen.

Nach der Analyse werden Änderungen/Verbesserungen in Pilotprojekten erprobt (SP 1.3) und bei Erfolg in der Breite eingeführt. Je nach Umfang der Änderung geschieht die Einführung als Einzelaktivität, vielleicht im Rahmen eines größeren Verbesserungsprojektes, oder als eigenes Projekt. Unabhängig davon gehören zur Einführung die Schritte Planung, Management der Umsetzung und Messung des Erfolgs zur Überprüfung, dass die erwarteten Verbesserungen tatsächlich erreicht werden konnten.

Pilotprojekte

Die Einführung von CMMI oder einzelnen Aspekten davon ist in Kapitel 6 ausführlicher beschrieben.

4.4.2   Ursachenanalyse und Problemlösung

»Ursachenanalyse und Problemlösung« (*Causal Analysis and Resolution*, CAR) hat eine ähnliche Rolle wie die »Entscheidungsanalyse und -findung« (Kap. 4.2.11) als Unterstützung bei der Umsetzung anderer Prozessgebiete. Aufgabe der »Ursachenanalyse und Problemlösung« ist es, die Ausgangsursachen (*Root Cause*), nicht nur die Symptome, von Fehlern zu ermitteln und zu beheben. Dazu gehört (siehe SG 1) zuerst einmal die Entscheidung, welche Fehler man überhaupt bearbeiten will – üblicherweise handelt es sich um Fehler, die häufig vorkommen oder schwerwiegende Auswirkungen haben und ähnlich einer Risikoanalyse (vgl. Kap. 4.2.10) ermittelt werden. Hier kommen also die auf den niedrigeren Stufen eingeführten Maßnahmen zur Erhebung von Metriken zur Geltung. Nächster Schritt ist die Analyse der Ursachen des Fehlers oder Problems inkl. der Auswahl von Korrekturmaßnahmen.

Methoden zur
Problemanalyse
Verbreitete Ansätze zur Problemanalyse sind die FMEA (vgl. Kap. 4.2.10), das Ursache-Wirkungs-Diagramm (auch bekannt als Fischgrätdiagramm oder Ishikawa-Diagramm, siehe [BrRi94], [Walt86]) oder die Vorgehensweise nach Kepner-Tregoe mit einer Checkliste von Fragen zur Eingrenzung der Ursachen ([KeTr81]).

Zum nächsten Schritt (SG 2) gehört nicht nur die Umsetzung der ausgewählten Korrekturmaßnahmen, sondern auch, analog zu »Organisationsweiter Innovation und Einführung«, die Überprüfung, dass das ursprüngliche Problem tatsächlich behoben wurde.

4.5   Generische Ziele und Praktiken

4.5.1   Gemeinsame Struktur (Common Features)

Institutionalisierung
Generische Ziele beschreiben die Institutionalisierung der in den Prozessgebieten aufgeführten Ziele und Praktiken. Dieser Begriff der Institutionalisierung wird heruntergebrochen in eine so genannte gemeinsame Struktur (*Common Features*):

- **Verpflichtungen zur Umsetzung** (*Commitments*, CO), die die Organisation sich auferlegt, um die Anforderungen erfüllen zu können.
- **Fähigkeiten zur Durchführung** (*Abilities*, AB), die die notwendigen Rahmenbedingungen beschreiben, um den jeweiligen Prozess umsetzen zu können. Hierzu gehört in erster Linie die Bereitstellung der notwendigen Ressourcen sowie die Qualifikation der Beteiligten.
- **Steuerung der Umsetzung** (*Directing Implementation*, DI), also die Praktiken, die dazu dienen, die laufende Umsetzung zu unterstützen, z.B. durch Konfigurationsmanagement der Ergebnisse.
- **Verifikationen der Umsetzung** (*Verifications*, VE), die die Umsetzung der Prozesse überprüfen.

Eine komplette Liste der generischen Ziele und generischen Praktiken ist in Anhang B.1 enthalten.

4.5.2   Generische Ziele und Praktiken der Stufe 1

Für den Fähigkeitsgrad 1 (in der kontinuierlichen Darstellung) gibt es eine einzige generische Praktik GP 1.1. Unter Basispraktiken werden die spezifischen Praktiken des jeweiligen Prozessgebietes verstanden mit Ausnahme der explizit einem höheren Fähigkeitsgrad zugewiesenen fortgeschrittenen Praktiken. Das bedeutet, dass bereits das Erreichen von Fähigkeitsgrad 1 eine echte Leistung darstellt. Im Gegensatz dazu gibt es für den Reifegrad 1 der stufenförmigen Darstellung keine Anforderungen, insbesondere auch keine generischen Ziele und Praktiken.

GP 1.1 Basispraktiken umsetzen

4.5.3   Generische Ziele und Praktiken der Stufe 2

Auf den Stufen (also Fähigkeitsgrad bzw. Reifegrad) 2 und 3 haben beide Darstellungen die gleichen generischen Ziele und Praktiken.[13]

■ GP 2.1 fordert, die grundsätzliche Vorgehensweise für das jeweilige Prozessgebiet in einer organisationsweiten Strategie festzulegen. Da es sich hierbei um eine organisationsweite Strategie handelt, muss diese einheitlich für die gesamte Organisation geregelt sein, allerdings auf der Ebene einer Strategie und nicht auf der detaillierten Ebene der Prozesse. Diese Forderung kommt erst mir GP 3.1 auf Stufe 3.

GP 2.1 Erstellen einer organisationsweiten Strategie

Aus der Tatsache, dass die Strategie organisationsweit gelten soll, folgt, dass diese von einer hinreichend hohen Managementebene mit Verantwortung für die gesamte Organisation in Kraft gesetzt werden muss. Als Strategie der Organisation müssen die einzelnen Mitarbeiter, soweit sie mit dem Prozess in irgendeiner Form zu tun haben, diese Strategie kennen.

■ GP 2.2 fordert die Planung des Prozesses, analog zu der im Prozessgebiet »Projektplanung« (Kap. 4.1.2) geforderten Planung des Projektes.

GP 2.2 Prozess planen

■ Um die geplanten Aktivitäten durchzuführen, müssen die benötigten Ressourcen bereitgestellt werden (GP 2.3). Insbesondere werden Mitarbeiter dafür benötigt, die für die jeweilige Aufgabe qualifiziert sind, also nicht nur gerade Zeit haben, weil sie für andere

GP 2.3 Ressourcen bereitstellen

---

13. Streng genommen sind diese allerdings leicht unterschiedlich formuliert. Während die generischen Praktiken in der kontinuierlichen Darstellung tatsächlich generisch formuliert sind, ist in der stufenförmigen Darstellung das jeweilige Prozessgebiet explizit benannt, siehe beispielsweise GP 2.1 in einem beliebigen Prozessgebiet in der stufenförmigen Darstellung in Anhang A im Vergleich zu GP 2.1 in der kontinuierlichen Darstellung in Anhang B.1.

Aufgaben nicht zu gebrauchen sind. Außerdem müssen sie Zeit dafür haben, also im benötigten Umfang von anderen Aufgaben freigestellt werden. Darüber hinaus werden ggf. noch andere Hilfsmittel benötigt wie z.B. Prozessmodellierungssoftware.

GP 2.4 Verantwortlichkeit zuweisen   Auf Basis der Prozessplanung werden nach GP 2.4 Verantwortliche für die einzelnen Aufgaben des Prozessgebietes benannt. Für diese gelten die Aussagen zur Qualifikation und zur Freistellung von anderen Aufgaben ganz besonders. Es kann pro Projekt getrennte Verantwortlichkeit geben – das passt vor allem bei den Projektmanagementthemen. Alternativ definiert man Mitarbeiter, die das Prozessgebiet in der gesamten Organisation verantworten, was in erster Linie für die Themen des Prozessmanagements sinnvoll ist.

GP 2.5 Personen schulen   Soweit die Mitarbeiter (und andere Beteiligte) die benötigte Qualifikation für die Aufgaben des Prozessgebietes noch nicht haben, müssen sie dafür geschult werden. Schulung der Mitarbeiter wird systematisch behandelt im Prozessgebiet »Organisationsweites Training« (Kap. 4.2.8). In dieser generischen Praktik geht es dagegen lediglich darum, die Mitarbeiter für das spezielle Prozessgebiet zu schulen, damit sie wissen, welche Aufgaben sie haben, und in der Lage sind, diese Aufgaben zu erledigen.

GP 2.6 Konfigurationen managen   Im Rahmen der Umsetzung der Prozessgebiete entstehen normalerweise Arbeitsergebnisse, die dann verwaltet werden müssen. Neben den »klassischen« Arbeitsergebnissen wie Quellcode gehören dazu auch die verschiedenen Arten von Dokumenten wie Pläne, Aufzeichnungen über durchgeführte Aktivitäten, Messergebnisse etc. Aufgabe hier ist die Klärung, inwieweit die Ergebnisse dem Konfigurationsmanagement (Versionskontrolle, Zugriffsschutz etc.) unterliegen und deren Umsetzung. Für das Konfigurationsmanagement gibt es im Reifegrad 2 ein eigenes Prozessgebiet (Kap. 4.1.7); in dieser generischen Praktik geht es darum, auch die Ergebnisse des jeweiligen Prozessgebietes dem Konfigurationsmanagement zu unterwerfen, insbesondere für den Fall, dass die Organisation (in der kontinuierlichen Darstellung) Fähigkeitsgrad 2 für ein Prozessgebiet erreichen will, ohne das Prozessgebiet »Konfigurationsmanagement« umzusetzen.

GP 2.7 Relevante Betroffene identifizieren und einbeziehen   Von einem Prozess können viele Personen betroffen sein, die zum Teil in der einen oder anderen Form beteiligt sein sollten, z.B. Kunden, Produktion/Betriebsführung, Qualitätsmanagementgruppe, Marketing und Vertrieb etc. Die Aufgabe dieser generischen Praktik besteht darin, die Betroffenen zu identifizieren, zu entscheiden, welche davon wie einbezogen werden sollten, und diese Entscheidung umzusetzen. Beispielsweise sollte bei der Entwicklung von

Software frühzeitig die spätere Produktion/Betriebsführung berücksichtigt werden, um deren Anforderungen (Wiederanlaufverhalten, Ausgabe von Fehlermeldungen, Nutzung bestimmter Versionen von Standardsoftware wie DBMS etc.) aufzunehmen und die zu erstellende Software so zu entwerfen, dass die Betriebsführung später leicht und mit möglichst geringen Kosten möglich wird.

Auch hier gibt es ein Prozessgebiet, das diese Anforderung systematisch aufgreift, nämlich das »Integrierte Projektmanagement« (Kap. 4.2.9) auf Stufe 3.

Um den für die Umsetzung des Prozessgebietes erstellten Plan (vgl. GP 2.2) durchzuführen, wird er überwacht und gesteuert. Die entsprechende Forderung in GP 2.8 entspricht in etwa den Forderungen des Prozessgebietes »Projektverfolgung und -steuerung« (Kap. 4.1.3) für die Umsetzung eines Projektplanes.

GP 2.8 Prozess überwachen und steuern

Die Festlegung eines Prozesses nutzt nur dann, wenn diese Festlegung auch eingehalten und umgesetzt wird. Da die Beteiligten selbst im Normalfall behaupten und vielleicht auch glauben werden, dass sie das tun, obwohl es nicht der Fall ist, benötigt man eine unabhängige Prüfung der Einhaltung der festgelegten Prozesse. Dies erreicht man normalerweise durch Reviews, z.B. durch eine unabhängige Qualitätssicherungsgruppe[14].

GP 2.9 Einhaltung objektiv bewerten

Der für derartige Reviews oder andere Prüfungen notwendige Rahmen wird üblicherweise durch das Prozessgebiet »Qualitätssicherung von Prozessen und Produkten« der Stufe 2 bereitgestellt, sofern dieses Prozessgebiet umgesetzt wird.

Bei der Umsetzung von CMMI hat das Management die Aufgabe, diese Umsetzung laufend zu fördern und zu fordern (vgl. Kap. 6.4). Um das tun zu können, benötigt es Einblick in den Prozess, seine praktische Umsetzung und die damit erzielten Erfolge und vorhandenen Probleme. Aus diesem Grund fordert CMMI, dass das höhere Management den Status des Prozessgebietes einem Review unterzieht. Dieser Review dient dazu, sicherzustellen, dass die definierten Prozesse angemessen sind und umgesetzt werden und dass vorhandener Handlungsbedarf aufgegriffen wird.

GP 2.10 Status mit höherem Management einem Review unterziehen

Unter dem »höheren Management« (*Higher Level Management*) versteht das CMMI diejenigen Managementebenen, die

---

14. Unabhängigkeit der Qualitätssicherungsgruppe wird von CMMI im Gegensatz zu CMM nicht unbedingt gefordert, solange eine objektive Prüfung sichergestellt ist, beispielsweise durch formalisierte Kriterien, die nur wenig Interpretationsspielraum lassen.

oberhalb der einzelnen Projekte stehen und Verantwortung für die langfristige Entwicklung der Organisation tragen, nicht aber die operative Verantwortung für den Erfolg der Projekte.

Der Detaillierungsgrad dieses Reviews muss der Managementebene angemessen sein, denn natürlich werden höhere Managementebenen nicht die Einhaltung des Prozesses im Detail überprüfen wollen. Grundlage des Reviews sollten daher zusammenfassende Auswertungen zum Thema sein, z.B. eine Auswertung der durchgeführten Reviews zur »Qualitätssicherung von Prozessen und Produkten« (vgl. Kap. 4.1.6), Ergebnisberichte von Assessments (vgl. Kap. 8), Ergebnisse von »Messung und Analyse« (vgl. Kap. 4.1.5), Statusberichte von Prozessverbesserungsprojekten und Aktionsplänen aus früheren Reviews etc.

Bei vielen dieser generischen Praktiken wurde ein direkter Bezug zu einem der Prozessgebiete, vor allem auf Stufe 2, deutlich. Dies ist insbesondere bei Nutzung der kontinuierlichen Darstellung zu berücksichtigen. Entscheidet man sich, ein Prozessgebiet der Stufe 2, beispielsweise »Qualitätssicherung von Prozessen und Produkten«, nicht umzusetzen, so wird damit die Umsetzung der damit verbundenen generischen Praktik, im Beispiel also GP 2.9, sehr erschwert, auch wenn sie natürlich trotzdem möglich ist. Man sollte daher bei der Auswahl der umzusetzenden Prozessgebiete sehr genau überlegen, ob man wirklich von der durch die stufenförmige Darstellung vorgegebenen Reihenfolge abweichen will.

4.5.4 Generische Ziele und Praktiken der Stufe 3

Wie schon im vorigen Kapitel erläutert, sind die generischen Ziele und Praktiken auf Stufe 3 identisch für die kontinuierliche und die stufenförmige Darstellung. Es gibt ein generisches Ziel GG 3 »Einen definierten Prozess institutionalisieren« mit zwei generischen Praktiken. Im Gegensatz zu Stufe 2 wird also nicht nur ein gemanagter Prozess, sondern ein definierter Prozess gefordert. Die zugehörigen Praktiken sind:

GP 3.1 Einen definierten Prozess aufstellen

Der genutzte Prozess muss definiert werden, analog der Anforderung des Prozessgebietes »Organisationsweite Prozessdefinition« (Kap. 4.2.7). Insbesondere schließt dies die Dokumentation der Prozesse auf Ebene der Organisation und deren Anpassung auf das einzelne Projekt ein.

GP 3.2 Verbesserungsinformationen sammeln

Um die Prozesse des betrachteten Prozessgebietes verbessern zu können, müssen die dafür relevanten Informationen gesammelt werden. Diese Informationen bilden dann eine wesentliche Grundlage für die Aktivitäten der Prozessgebiete »Organisationsweiter Prozessfokus« (Kap. 4.2.6) und »Organisationsweite Prozessdefinition« (Kap. 4.2.7).

Auch hier gibt es eine enge Beziehung zwischen den Anforderungen der generischen Praktiken und den Prozessgebieten der Stufe 3, insbesondere der »Organisationsweiten Prozessdefinition«, und es ist schwierig, GP 3.1 und GP 3.2 für einige Prozessgebiete zu erfüllen, wenn man nicht auch OPD umsetzt.

4.5.5 Generische Ziele und Praktiken der Stufe 4

Auf Stufe 4 gibt es in der stufenförmigen Darstellung keine generischen Ziele und Praktiken, sondern nur in der kontinuierlichen Darstellung (vgl. Kap. 3.5.4). In der stufenförmigen Darstellung sind die Anforderungen der im Folgenden genannten generischen Praktiken durch das Prozessgebiet »Performanz der organisationsweiten Prozesse« (ebenfalls auf Stufe 4, siehe Kap. 4.3.1) abgedeckt.

- Ab Stufe 4 genügt es nicht mehr, Prozessziele qualitativ zu formulieren, sondern diese müssen auch quantitativ formuliert werden. Mit Hilfe dieser Prozessziele kann man dann konkret belegen, inwieweit man die Anforderungen der Betroffenen erfüllt. Umgekehrt kann man Verbesserungsbedarfe einfach und schnell erkennen. *GP 4.1 Quantitative Prozessziele erstellen*

- Stabilität der Prozesse (vgl. Kap. 4.3.2) ist eine wesentliche Voraussetzung, um diese Prozesse quantitativ zu steuern und auf Basis quantitativer Kriterien zu verbessern. Daher ist es Aufgabe von GP 4.2, die relevanten Teilprozesse zu stabilisieren; zum großen Teil hat man das bereits auf Stufe 3 durch die Einführung definierter Prozesse erreicht. Hier geht es darum, dies fortzuführen, statistische Auswertungen durchzuführen und Faktoren zu eliminieren, die die Stabilität des Prozesses beeinträchtigen. *GP 4.2 Performanz der Teilprozesse stabilisieren*

4.5.6 Generische Ziele und Praktiken der Stufe 5

Genau wie auf Stufe 4 gilt für das generische Ziel und die generischen Praktiken der Stufe 5, dass diese nur in der kontinuierlichen Darstellung vorhanden sind. In der stufenförmigen Darstellung sind die entsprechenden Anforderungen in den Prozessgebieten der Stufe 5 enthalten. Auf Stufe 5 gibt es folgende generische Praktiken:

GP 5.1 Kontinuierliche Prozessverbesserung sicherstellen

In GP 5.1 geht es darum, die Prozesse zu verbessern, um die (z.B. durch GP 4.1) festgelegten Ziele zu erreichen. Analog dem Prozessgebiet »Organisationsweite Innovation und Verbesserung« (Kap. 4.4.1) werden Vorschläge für geeignete Verbesserungen analysiert, entschieden und ggf. umgesetzt/eingeführt.

Grundsätzlich stellt CMMI es der Organisation frei, ihre Ziele so festzulegen, dass keine Verbesserung notwendig ist, um sie zu erreichen. Man sollte in diesem Fall aber gründlich nachdenken, ob das wirklich sinnvolle Ziele sind und man den vollen Nutzen aus den CMMI-Aktivitäten zieht.

GP 5.2 Ausgangsursache von Problemen beheben

Analog zu GP 5.1 setzt GP 5.2 das zweite Prozessgebiet des Reifegrades 5, nämlich »Ursachenanalyse und Problemlösung« (Kap. 4.4.2), auf die kontinuierliche Darstellung um. Ziel ist es, die Ausgangsursache (*Root Cause*) von Problemen zu finden und zu beheben, also nicht nur die Symptome von Problemen zu bearbeiten.

5   Vergleich von CMMI mit dem CMM

Ein Teil der Unterschiede zwischen CMMI und seinem Vorgängermodell CMM wurde bei der Behandlung des jeweiligen Themas an anderer Stelle bereits angesprochen. Hier sollen die wichtigsten Änderungen zusammengefasst und vervollständigt werden.

Offensichtliche Hauptunterschiede und bereits in Kapitel 3 behandelt sind der modulare Aufbau und die damit verbundene Anpassbarkeit auf verschiedene Anwendungsgebiete sowie die Einführung einer kontinuierlichen Darstellung.

Ein sehr detaillierter Vergleich von CMMI-SE/SW und dem SW-CMM V1.1 auf Ebene einzelner Anforderungen (Praktiken) ist in [STSC02] zu finden.

5.1   Verbesserte Strukturierung

Um das Ziel der leichten Anpassbarkeit zu erreichen, wurde das CMMI gegenüber dem CMM wesentlich stärker strukturiert:

- Gemeinsame Anforderungen in allen Prozessgebieten wurden als generische Ziele und Praktiken herausgezogen.
- Jede Praktik gehört zu genau einem Ziel. Damit haben die Ziele in der Praxis einen höheren Stellenwert erhalten, da ihre Erreichung jetzt leichter zu überprüfen ist.
- Eher eine Formalie ohne praktische Auswirkungen ist die Unterteilung der Prozessgebiete in vier Kategorien (Prozessmanagement, Projektmanagement, Ingenieurdisziplinen und Unterstützung) statt drei Kategorien wie im CMM (Management, Organisation, Ingenieurdisziplinen; siehe [CMM94, Kap. 4.6]).

5.2 Inhaltliche Änderungen

Diese stärkere Strukturierung führt dazu, dass die gestellten Anforderungen eindeutiger werden und Anforderungen, die offensichtlich gemeint, aber nicht explizit gefordert sind, seltener sind (dem Autor ist bislang noch kein solcher Fall aufgefallen). Im CMM gab es solche Fälle, beispielsweise fordert Aktivität 2 von CMM-OPF einen Plan für die Aktivitäten zur Softwareprozessentwicklung und -verbesserung. Es gibt aber keine explizite Anforderung, dass dieser Plan umgesetzt wird. Zumindest gerüchteweise soll es Organisationen geben, die diese Lücke in Assessments ausgenutzt haben.

Bei einem Vergleich der einzelnen Stufen ergibt sich folgendes Bild:

Stufe 2   Viele Änderungen im Detail, aber im Wesentlichen sind die Anforderungen gleich geblieben. Offensichtlichster Unterschied ist das neue Prozessgebiet »Messung und Analyse«, in dem die vorher über alle Prozessgebiete verteilten Anforderungen zu diesem Gebiet zusammengefasst wurden (vgl. Kap. 4.1.5).

Darüber hinaus legt CMMI auf Stufe 2 geringeren Wert auf die Dokumentation der Prozesse. Während im CMM bei vielen Aktivitäten die Durchführung »nach einer dokumentierten Prozedur« verlangt war, sind diese Anforderungen jetzt komplett weggefallen und auf Stufe 2 auf die generischen Praktiken GP 2.1 »Erstellen einer organisationsweiten Strategie« und GP 2.2 »Prozess planen« reduziert. Ein definierter Prozess wird erst auf Stufe 3 durch GP 3.1 »Einen definierten Prozess aufstellen« gefordert.

Stufe 3   Diese Stufe wurde gegenüber dem CMM am stärksten geändert. Durch einen Vergleich der Prozessgebiete beider Modelle wird dies auf den ersten Blick sichtbar. Von den sieben Prozessgebieten der CMM-Stufe 3 wurden zwei in etwa beibehalten (»Organisationsweiter Prozessfokus« und »Organisationsweite Prozessdefinition«), für zwei weitere gilt dies mit Einschränkungen (»Trainingsprogramm« und »Integriertes Softwaremanagement«) und die anderen drei wurden komplett umstrukturiert und ergänzt, so dass CMMI-Stufe 3 auf insgesamt elf Prozessgebiete angewachsen ist (vgl. Abb. 5–1).[1]

Durch diese stärkere Aufgliederung hat der Entwicklungsprozess im engeren Sinne einen wesentlich höheren Stellenwert bekommen, da er jetzt deutlich ausführlicher, in drei getrennten Prozessgebieten, beschrieben ist (siehe Anfang Kap. 4.2, insbesondere Kap. 4.2.1 bis Kap. 4.2.3).

---

1.   Dabei sind nur die Prozessgebiete des CMMI-SW berücksichtigt; für IPPD kommen noch zwei, für SS noch ein weiteres Prozessgebiet hinzu.

Wie schon bei Stufe 2 gibt es viele Änderungen im Detail, aber im Wesentlichen sind die Anforderungen gleich geblieben.

Stufe 4

Auch hier erkennt man viele Änderungen im Detail, aber nicht in den grundsätzlichen Anforderungen.

Stufe 5

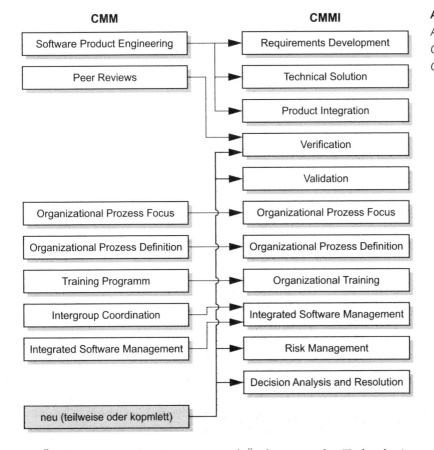

Abb. 5–1

Abbildung der CMM-Stufe 3 auf CMMI-Stufe 3

Änderungen an den Prozessen und Änderungen der Technologie, die im CMM in zwei getrennten KPAs (Schlüsselprozessbereiche) behandelt wurden, nämlich »Technologieänderungsmanagement« *und* »Prozessänderungsmanagement«, sind im CMMI im Prozessgebiet »Organisationsweite Innovation und Verbreitung« (Kap. 4.4.1) zusammengefasst.

5.3   Modellumfang

Der Umfang des CMMI ist deutlich größer als der des CMM oder der anderen Vorgängermodelle, ausgenommen IPD-CMM (siehe Tab. 5–1).

Der Hauptgrund dafür liegt darin, dass das CMMI alle von den Vorgängermodellen behandelten Themen abdecken soll.

Dadurch ist allerdings der Aufwand bei der Einführung und insbesondere bei der Überprüfung im Rahmen eines Assessments (Kap. 8) deutlich größer. Dies wird noch verstärkt durch die Ablösung der Assessmentmethode CBA-IPI durch SCAMPI, bei der höhere formale Anforderungen bestehen (siehe Kap. 8.2). Es wird behauptet, dass das SEI seine starke finanzielle Abhängigkeit vom DoD reduzieren und sich stärker über Schulungen etc. selbst finanzieren will (siehe Kap. 8.2.3).

Tab. 5–1
Größenvergleich von
CMMI mit den
Quellmodellen
(mit (*) markierte
Angaben nach [Phil02])

Modell	# Prozess-gebiete	# Ziele/ Themen	# Praktiken (spezifische + generische)
SW-CMM v1.1	18	52	150+166= 316
SW-CMM v2.0 draft C (*)	19	62	318
EIA/IS 731 (*)	19	77	383
IPD-CMM v0.98 (*)	23	60	865
CMMI-SE/SW v1.1, stufenförmige Darstellung (vgl. Tabelle 3–2 auf S. 19)	22	47+22= 69	161+250= 411
CMMI-SE/SW v1.1, kontinuierliche Darstellung (vgl. Tabelle 3–4 auf S. 23)	22	47 + GG	165 + GP

5.4   Die gemeinsame Struktur der Prozessgebiete

Inhaltlich wurden die in der Struktur der Prozessgebiete (*Common Features*) des CMM steckenden Anforderungen beibehalten, auch wenn sie im CMMI anders eingeteilt wurden:

- **Ziele** (*Goals*) des CMM wurden im CMMI zu spezifischen Zielen, während die generischen Ziele des CMM nicht explizit als Ziele formuliert waren.
- **Selbstverpflichtungen** (*Commitments*) sind jetzt als generische Praktik GP 2.1 »Erstellen einer organisationsweiten Strategie« formuliert.
- Ähnlich sind die **Fähigkeiten** (*Abilities*) jetzt als generische Praktiken formuliert, mit sehr ähnlichen Inhalten.
- **Aktivitäten** waren schon im CMM sehr unterschiedlich in den verschiedenen Schlüsselprozessgebieten (KPAs) und bilden jetzt den Kern der spezifischen Praktiken.

■ **Messungen und Analysen** (*Measurement and Analysis*) wurden im CMMI als eigenes Prozessgebiet formuliert. Damit ist allerdings die pauschale Forderung in jedem Prozessgebiet weggefallen, Messungen zu diesem Prozessgebiet aufzusetzen. Stattdessen ist jetzt von »identifiziertem Informationsbedarf« die Rede, der nicht notwendigerweise alle Prozessgebiete umfassen muss.

■ **Verifikationen** (*Verifications*) sind, analog zu den Selbstverpflichtungen und Fähigkeiten, jetzt zu generischen Praktiken geworden. Auch inhaltlich wurden die drei in fast allen Prozessgebieten geforderten Verifikationspraktiken noch überarbeitet:

- Reviews finden jetzt durch das etwas breiter gefasste »höhere Management« anstelle des »Senior-Managements« statt. Es geht aber weiterhin darum, Reviews durch das für strategische Fragen zuständige Management und nicht durch das für die laufende Überwachung der Prozesse zuständige Management durchführen zu lassen ([URL: CMMI-FAQ]).

- Die Reviews durch den Projektmanager sind komplett weggefallen. Dies hat in der Praxis relativ geringe Bedeutung, da die laufende Steuerung eine klassische Aufgabe des Projektmanagements ist, wenn auch selten in Form eines expliziten Reviews.

- Die SQA-Reviews wurden umbenannt in PPQA-Reviews, da es ja explizit nicht mehr nur um Software geht.

Qualitätssicherung von Prozessen und Produkten

■ Neu hinzugekommen ist im CMMI das Thema »Steuerung der Umsetzung« (*Directing Implementation*).

6 Einführung und Nutzung des CMMI

6.1 Einführung von CMMI

Wie jede andere größere Änderung ist die Einführung von CMMI ein Übergangsprozess, der gesteuert werden muss und der zu Widerständen führen wird. Eine gute Einführung in allgemeine Prinzipien beim Management derartiger Veränderungsprozesse ist in [Brid91] zu finden. [Capu98] beschreibt die Einführung von CMM inkl. vieler Beispielprozeduren und Vorlagen, wobei vieles davon auf CMMI übertragbar ist. Kapitel 6 der verschiedenen CMMI-Varianten (siehe Anhang D) beschreibt ebenfalls die Nutzung des CMMI, insbesondere den Übergang von den verschiedenen Vorgängermodellen sowie die Anpassung des CMMI auf die spezifischen eigenen Bedürfnisse (*Tailoring*).

6.1.1 Erste Schritte

Gehen wir von einem einfachen Standardfall aus: Sie sind verantwortlich für einen Software- oder Systementwicklungsbereich, sei es als Abteilung innerhalb eines größeren Unternehmens oder als eigenes Unternehmen. Die Entwicklung funktioniert im Wesentlichen, auch wenn es immer wieder Schwierigkeiten gibt und Sie mit der Produktivität, der Entwicklungsgeschwindigkeit oder der Qualität der Ergebnisse nicht ganz zufrieden sind. Sie haben sich entschieden, diese Probleme mit Hilfe von CMMI anzugehen.[1] Was sind Ihre ersten Schritte?[2]

---

1. Oder Sie denken zumindest darüber nach, was wäre, wenn ...
2. Wenn dieser einfache Standardfall nicht auf Sie zutrifft, weil Sie sich z.B. schon seit einer Weile mit Prozessverbesserung beschäftigt haben, dann passen Sie Ihre Vorgehensweise an. Wählen Sie die Schritte aus, die für Ihre Situation angemessen sind, und ergänzen Sie sie um zusätzliche in Ihrem Fall erforderliche Schritte.

Ziele festlegen ▨ Zuerst einmal sollten Sie Ihre genauen Ziele festlegen. Ist es Ihnen wichtig, einen bestimmten Reifegrad zu erreichen, dies evtl. nach außen zu belegen, oder geht es Ihnen »nur« um die Verbesserung der Prozesse? Haben Sie bestimmte Schwerpunkte, welche Prozesse oder welche Parameter (z.B. Produktivität, Geschwindigkeit, Qualität der Entwicklungsergebnisse) verbessert werden sollten? Oft wird zuerst einmal offiziell das Ziel vorgegeben, dass bestimmte Prozesse verbessert werden sollen, wobei CMMI das Werkzeug zur Umsetzung der Prozesse sein soll; später gerät dieses Ziel in der Praxis häufig immer mehr ins Hintertreffen gegenüber dem leicht messbaren und eingängigen Ziel der Erreichung eines bestimmten Reifegrades. Hier ist es also wichtig, darauf zu achten, dass man sich die festgelegten Ziele immer wieder ins Bewusstsein ruft, damit diese sich nicht schleichend ungewollt verändern.

Auswahl der CMMI-Variante ▨ Für den Anfang ist die stufenförmige Darstellung leichter zu handhaben als die kontinuierliche. Das passende Anwendungsgebiet ergibt sich aus dem vorgesehenen Anwendungsbereich. In den meisten Fällen, insbesondere beim hier angenommenen Software- oder Systementwicklungsbereich, wird dies SE/SW sein. Damit ergibt sich CMMI-SE/SW in der stufenförmigen Darstellung als die beste Variante für den Einstieg in CMMI.

Auswahl der Prozessgebiete ▨ Die Festlegung auf die stufenförmige Darstellung bringt schon eine starke Vorauswahl mit sich, denn natürlich sollte man mit den Prozessgebieten der Stufe 2 beginnen. Auch diese sieben Prozessgebiete sind allerdings noch zu viel für den Anfang, realistisch ist etwa die Hälfte. Die anderen Prozessgebiete geht man nach und nach an, wenn man erste Erfahrungen mit CMMI gesammelt hat und erste Erfolge damit vorweisen kann.

Anforderungsmanagement, Projektplanung sowie Projektverfolgung und -steuerung bilden eine wesentliche Grundlage aller CMMI-Aktivitäten und sind damit erste Kandidaten für den Einstieg in CMMI. Eine Ausnahme ist sinnvoll, wenn man diese Themen bereits sicher im Griff hat, aber gravierende Probleme bei einem anderen Prozessgebiet der Stufe 2 festgestellt hat.

Kompetenzaufbau ▨ Um eine CMMI-Einführung vorantreiben zu können, benötigt man einen Kern von Mitarbeitern, der sich mit diesem Thema gut auskennt. Sinnvoll ist dabei eine kleine Gruppe, von denen ein Teil das Thema CMMI/Qualitätsmanagement/Prozessverbesserung hauptberuflich bearbeitet, während der andere Teil aus den Projekten kommt, die CMMI später umsetzen sollen.

Diese Gruppe, im Folgenden *Prozessgruppe* genannt, besucht als Einstieg eine CMMI-Schulung, am besten die entsprechende Einführungsschulung des SEI.[3]

Während die »Hauptberufler« das Thema aktiv vorantreiben, haben die »Nebenberufler« die Aufgabe, als Multiplikatoren zu fungieren, Rückmeldungen aus der Praxis zu geben und immer wieder den Geschäftsnutzen in den Vordergrund zu stellen.

Um den aktuellen Stand der Organisation in Bezug auf CMMI festzustellen, ist es sinnvoll, gleich zu Beginn ein erstes Assessment (vgl. Kap. 8.1.1) durchzuführen; am sinnvollsten geschieht dies in Form eines Assessments der Klasse B (Kap. 8.3), um einen angemessenen Kompromiss zwischen Abdeckungsgrad und Genauigkeit einerseits und Aufwand andererseits zu erreichen.

Erstes Assessment

Zu diesem frühen Zeitpunkt in der CMMI-Einführung wird man das in der Regel noch nicht alleine durchführen können, sondern sollte sich externe Beratung holen, die einen bei der Durchführung des Assessments, der Einführung von CMMI allgemein und der Qualifikation der Mitarbeiter der Prozessgruppe unterstützt (vgl. Kap. 8.6). Das Gutachterteam wählt man sinnvollerweise aus den Mitgliedern der Prozessgruppe und hat damit gleichzeitig eine Qualifizierungsmaßnahme für diese Mitarbeiter.

Im Rahmen der Nachbereitung des Assessments kommt der Schritt, der den Hauptnutzen des Assessments ausmacht, nämlich die Erstellung und anschließende Umsetzung eines Aktionsplanes zur Prozessverbesserung. Dieser Aktionsplan umfasst Maßnahmen zur Behebung der wichtigsten Abweichungen und zur Umsetzung der wichtigsten Verbesserungsempfehlungen aus dem Assessment. Meist wird es sinnvoll sein, die Umsetzung dieses Aktionsplans als eigenes Projekt aufzusetzen – was gleich eine Gelegenheit zum »Üben« der einzuführenden CMMI-konformen Prozesse gibt.

Umsetzung der Assessment-Ergebnisse

Wesentlicher Bestandteil der CMMI-Einführung ist (wie in jedem Projekt) die laufende Fortschrittskontrolle. Diese sollte einerseits in der »normalen« Projektfortschrittskontrolle bestehen, also der Überwachung, dass die geplanten Ergebnisse in der Zeit, im Budget und in der geplanten Qualität geliefert werden. Andererseits sollte regelmäßig der Stand der Organisation gegen die CMMI-Anforderungen überprüft werden, am besten durch häufige einfache Assessments jeweils von Teilen der Organisation (vgl. Kap. 8.4).

Laufende Überwachung des Fortschritts

---

3. Damit haben diese Mitarbeiter eine wesentliche formale Qualifikation erreicht, um später bei Bedarf bei einem SCAMPI-Assessment als Gutachter mitzuwirken.

Manche Unternehmen nutzen für die Auswertung dieser Überprüfungen eine große Matrix der CMMI-Praktiken, bei der jede einzelne Praktik als »erfüllt« (grün markiert) oder »nicht erfüllt« (rot markiert) bewertet wird, evtl. mit geeigneten Zwischenstufen wie »in einzelnen Projekten erfüllt« oder »Vorgehensweise definiert, aber noch nicht umgesetzt«. Die Definition dieser Zwischenstufen hängt von der Vorgehensweise bei der Einführung und der verwendeten Bewertungsmethode ab. Eine solche Matrix, an prominenter Stelle platziert, gibt den Beteiligten auch optisch eine laufende Rückmeldung über den Stand.

Optimal, aber sehr schwierig umzusetzen, ist noch eine Fortschrittsverfolgung der oben definierten Ziele der CMMI-Aktivitäten. Werden die Projekte tatsächlich wie erhofft schneller und produktiver und liefern sie bessere Ergebnisse? Derartige Informationen helfen vor allem bei der später ganz sicher einsetzenden Diskussion, ob all dieser scheinbar zusätzliche Aufwand für CMMI-Aktivitäten gerechtfertigt ist.

Öffentlichkeitsarbeit und Schulungen

Die schwierigste Aufgabe bei der CMMI-Einführung ist der damit verbundene Kulturwandel – CMMI verlangt mehr Disziplin, als dies bei den meisten Entwicklungsprojekten üblich ist. Ein solcher Kulturwandel passiert nicht von alleine, sondern muss durch Öffentlichkeitsarbeit, Schulungen, Informationsveranstaltungen und Beratung der Anwender des CMMI unterstützt werden.

6.1.2   Ergebnisse eines SEI-Workshops zur Einführung von CMMI

Im Mai 2001 veranstaltete das SEI einen Workshop zur Einführung von CMMI, bei dem u.a. »funktionierende Mechanismen« und »Fallen und Zeitverschwender« zusammengestellt wurden ([CGP*02]). Die wichtigsten funktionierenden Mechanismen, die bei dem Workshop identifiziert wurden, sind:

*Häufig genannte »funktionierende Mechanismen« aus [CGP*02]*

- CMMI denken[4], Referenzkarten; Marketing-Material
- Methoden für Selbst-Assessments (vgl. Kap. 8); Lückenanalyse; Mini-Assessments; Assessments der Klasse B und C (vgl. Kap. 8.3, Kap. 8.4), die Lücken mit den jeweiligen Prozessen der Organisation in Beziehung setzen
- Grafische Darstellung der Prozessverantwortlichkeiten der verschiedenen Rollen und über organisatorische Grenzen hinweg

---

4.   Diese Mechanismen sind wörtliche Übersetzungen aus [CGP*02] und dort ohne inhaltliche Erläuterung aufgelistet. In einigen Fällen, beispielsweise diesem ersten, wäre eine solche Erläuterung sehr wünschenswert.

  Rollenbasiertes Training

  Richtlinien zur projektspezifischen Anpassung/Strategien für verschiedene organisatorische Umfelder

  Lenkungskreis für den Übergang von CMM zu CMMI

  Vorlagen, Checklisten und Hilfsmittel zu CMMI *Best Practices*

  Integration von Prozessreviews in Projektmanagementreviews

Im speziellen Fall der Einführung von CMMI in einem deutschen Unternehmen muss meist noch die Einbeziehung des Betriebsrates berücksichtigt werden. Da es potenziell möglich ist, mit einem CMMI-Assessment nicht nur Prozesse zu bewerten, sondern daraus Rückschlüsse auf einzelne Mitarbeiter zu ziehen, ist es wichtig, den Betriebsrat frühzeitig zu informieren und ihm deutlich zu machen, dass eine Bewertung von Mitarbeitern im Rahmen eines Assessments äußerst kontraproduktiv wäre und schon aus eigenem Interesse der Verantwortlichen nicht stattfinden wird.[5]

Betriebsrat

Als Fallen und Zeitverschwender wurden bei dem Workshop folgende Aspekte identifiziert:

  Treffen der Prozessgruppe (Process Engineering Group, PEG/Software Engineering Process Group, SEPG, vgl. Kap. 6.1.7) ohne Beteiligung der Projekte durchführen

  Übertriebene Ausarbeitung (z.B. durch Erstellung von 100-seitigen Prozeduren) der Prozessgebiete Risiko, Messung und Analyse, Entscheidungsanalyse und -findung beim Übergang von CMM zu CMMI

  Keine Verbindung von Prozess- zu Produktqualität, Kosten, Zeitplan und Performanz

  Training des Assessmentteams auf die aktuelle CMMI-Einführungsschulung des SEI beschränken (vgl. Kap. 8.6)

  Experten und Fanatiker die Prozeduren schreiben lassen[6]

*Häufig genannte »Fallen und Zeitverschwender« aus [CGP*02]*

Ähnliche Aufstellungen von Erfolgsfaktoren und Fallen bei der Verbesserung von Softwareprozessen enthalten [Wieg98] und [HZG*97].

---

5. Voraussetzung ist natürlich, das man sich an diese Regel tatsächlich hält. Tut man das nicht, so bekommt man nicht nur in den meisten Fällen ein Problem mit dem Betriebsrat, sondern erschwert sich auch selbst die Arbeit, da die Mitarbeiter in Zukunft alles daran setzen werden, Fehler zu vertuschen, statt sie zuzugeben und zu korrigieren.

6. Das Problem sind hier wohl neben den Fanatikern die Experten, die zu weit von der praktischen Umsetzung ihres Fachgebietes entfernt sind.

6.1.3 Die IDEAL-Methode

IDEAL ist eine vom SEI definierte Methode zur Einführung von CMM ([McFe96]), die für CMMI völlig analog anwendbar ist. Dieses Modell hat ebenfalls fünf Stufen:

- I – *Initiating*: Grundlagen für eine erfolgreiche Prozessverbesserung legen, indem konkrete Ziele benannt werden.
- D – *Diagnosing*: Derzeitigen Stand im Vergleich zum Zielzustand feststellen. Hierzu gehört üblicherweise die Durchführung eines Assessments zumindest in einfacher Form, z.B. als Mini-Assessment (vgl. Kap. 8).
- E – *Establishing*: Verbesserungsmaßnahmen planen und vorbereiten, z.B. durch Zuweisung von Verantwortlichkeiten.
- A – *Acting*: Geplante Verbesserungsmaßnahmen umsetzen. Zuerst werden Maßnahmen im Pilotbetrieb eingeführt und ihr Erfolg dort überwacht. Anschließend werden sie in der Breite eingeführt und schließlich Metriken aufgesetzt, mit deren Hilfe die Umsetzung der Maßnahmen und ihr Erfolg überwacht werden.
- L – *Learning*: Lernen aus der Erfahrung.

Diese IDEAL-Methode ähnelt stark dem Ansatz von Deming mit dem Plan-Do-Check-Act-Zyklus (PDCA-Zyklus, auch Deming-Zyklus oder Prozessverbesserungszyklus genannt [Walt86, Ch. 18], siehe Abb. 6–1).

Abb. 6–1
Plan-Do-Check-Zyklus
nach Deming

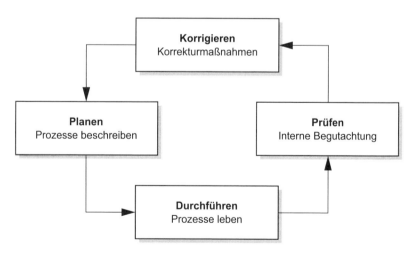

6.1.4 Abhängigkeit von der Ausgangssituation

Die konkreten Schritte bei der Einführung eines Modells wie CMMI sind natürlich stark von der Ausgangssituation abhängig, was beispielsweise im IDEAL-Modell im Schritt *Diagnosing* berücksichtigt wird. Auch die »ersten Schritte« in Kapitel 6.1.1 bezogen sich auf eine bestimmte Ausgangssituation.

Beginnt man neu mit dem Thema Prozessverbesserung, so sollte man besonderen Wert auf die Klärung der Ziele legen und sich externe Hilfe holen, die nicht die Erfüllung irgendwelcher CMMI-Anforderungen im Vordergrund sieht, sondern immer wieder den Geschäftsnutzen nach vorne rückt (siehe Kap. 6.1.1).

Beginn mit Prozessverbesserung

Eine völlig andere Ausgangsposition hat eine Organisation, die schon seit längerem Prozessverbesserung nach CMM durchführt und nun auf CMMI umsteigen will. Da es zwischen den beiden Modellen kaum Unterschiede in der Philosophie, aber viele Unterschiede im Detail gibt, bietet sich folgende Strategie an: Neue Themen bzw. Prozessgebiete werden grundsätzlich nach CMMI eingeführt und nicht mehr nach CMM. Wichtig ist das vor allem bei den Themen der Stufe 3, die im CMMI eine deutlich andere Struktur aufweisen und andere Begriffe verwenden als im CMM.

Umstieg von CMM

Parallel dazu analysiert man die bereits mehr oder weniger vollständig eingeführten Themen und prüft, welche Anpassungen für CMMI notwendig sind. Sicherlich muss die Ausbildung der Beteiligten angepasst werden, insbesondere der Prozessgruppe und des Gutachterteams (vgl. Kap. 8.6).

Ähnliches gilt beim Umstieg von einem der anderen Vorgängermodelle auf CMMI, beispielsweise dem Software Acquisition CMM für den Kauf von Software ([MiBo02]) oder dem EIA/IS 731 ([ClWe00]).

Umstieg von SA-CMM oder EIA-IS 731

6.1.5   CMMI und ISO 900x

Etwas größer werden die Unterschiede, wenn man bisher ein Modell wie ISO 900x verwendet hat. Hier kommt die zusätzliche Schwierigkeit hinzu, dass man eine evtl. vorhandene Zertifizierung für ISO 900x meist nicht aufgeben, sondern beide Modelle gleichzeitig nutzen will. Auch wenn CMMI und ISO 900x inhaltlich gut zueinander passen und sich gegenseitig ergänzen können, ist ihre parallele Nutzung durch die unterschiedliche Begriffsbildung und Strukturierung der Anforderungen schwierig.

Umstieg von ISO 900x

Trotzdem kann die gleichzeitige Nutzung beider Modelle Sinn machen: ISO 900x deckt ein größeres Themengebiet als CMMI ab, während die in CMMI behandelten Themen dort wesentlich intensiver behandelt werden als in ISO 900x. Zusätzlich hat ISO 900x auf dem Markt (zumindest in Europa) einen wesentlich höheren Stellenwert als CMM(I).

Hat man sich für die gleichzeitige Nutzung von ISO 900x und CMMI entschieden, so sollte man trotzdem eines der beiden Modelle als führendes Modell auswählen, das in der internen Öffentlichkeitsarbeit herausgestellt wird und an dem man seine Prozessverbesserungsaktivitäten ausrichtet. Für die von CMMI behandelten Bereiche sollte das normalerweise CMMI sein aufgrund seiner wesentlich größeren Detaillierung. ISO 900x nutzt man selbstverständlich in den nicht von CMMI abgedeckten Gebieten. Darüber hinaus benötigt man eine Abbildung der (an CMMI orientierten) Prozesse auf die Begriffswelt und die Anforderungen der ISO 900x. Für die Mitarbeiter, die keine Spezialisten auf dem Gebiet der Qualitätsmodelle sind, sollte man nicht mehr Verwirrung stiften als unbedingt notwendig und daher nur Mitarbeiter aus dem Bereich des Qualitätsmanagements und des Gutachterteams (vgl. Kap. 8.6) in beiden Modellen schulen. Diese Mitarbeiter erstellen auch die angesprochene Abbildung und identifizieren Abweichungen zwischen den gelebten Prozessen und den Anforderungen beider Modelle.

6.1.6   CMMI und Bürokratie

Eine häufige Kritik an CMMI und verwandten Ansätzen (vgl. Kap. 6.5, Kap. 7.3) ist die vermeintliche oder tatsächliche Bürokratisierung statt einer Erhöhung von Effizienz und Flexibilität. Diese Kritik weist auf eine reale Gefahr bei der Nutzung dieser Ansätze hin, die man bei der CMMI-Einführung unbedingt berücksichtigen sollte. Vor allem am Anfang steht leicht die Erreichung eines bestimmten Reifegrades im Vordergrund anstelle des zu erreichenden Nutzens. Der scheinbar einfachste Weg für die Qualitätsmanagementgruppe (oder Prozessgruppe oder …) ist die ausführliche Beschreibung und Festlegung der Prozesse, die dann für verbindlich erklärt werden. Damit landet man leicht in den in Kapitel 6.1.2 genannten Fallen und Zeitverschwendern und führt bürokratische Abläufe ein, statt eine echte Prozessverbesserung zu betreiben.

Andererseits ist eine Definition der Prozesse ein guter Ausgangspunkt für ihre Verbesserung, während bei einem nicht definierten und dokumentierten Prozess eine Verbesserung sehr schwierig ist – man kann sogar nur schwer beurteilen, ob sich der Prozess verändert hat.

Das erklärt, warum der Produktivitätsgewinn auf den niedrigen CMMI-Stufen noch eher klein ausfällt (vgl. Kap. 7.1.2): Hier legt man die Grundlagen für eine Prozessverbesserung, die Verbesserung selbst ist aber noch eher gering.

Zurück zur Bürokratisierung: Auch auf den niedrigen Stufen ist es sehr wichtig, von vornherein den Fokus der Arbeit auf den *Geschäfts-*

nutzen der CMMI-Einführung zu legen und sich nicht von dem leichter fassbaren Ziel der Erreichung eines bestimmten Reifegrades ablenken zu lassen.

6.1.7 Organisatorische Aspekte

Zur Einführung des CMMI benötigt man mehrere verschiedene Rollen oder Gruppen:

- Ein Management-Lenkungskreis hat die Aufgabe, die Prozessverbesserung zu steuern und die strategischen Ziele vorzugeben. Wichtige Aufgabe dieses Lenkungskreises ist es, das Management-Commitment (vgl. Kap. 6.4) mit Leben zu füllen. *Management-Lenkungskreis*

- Die Einführung selbst geschieht durch eine Qualitätsmanagementgruppe. Die Aufgabe dieser Gruppe bei der CMMI-Einführung wird recht gut durch das Pickerill-Dreieck beschrieben, siehe unten. *Qualitätsmanagementgruppe*

- Daneben wird ein Team von Gutachtern für die Durchführung von Assessments (vgl. Kap. 8) benötigt. Zur Auswahl und Qualifikation dieses Teams siehe Kapitel 8.6. *Gutachterteam*

- Ein unternehmensspezifisches Vorgehensmodell wird üblicherweise von einer kleinen Gruppe, im Folgenden VM-Gruppe genannt, erarbeitet oder zumindest gepflegt. Im CMM wird diese Gruppe als »Software Engineering Process Group (SEPG)« bezeichnet, bei dem SEI-Workshop zur CMMI-Einführung wurde sie Prozessgruppe genannt (siehe Kap. 6.1.2), andere typische Namen dieser Gruppe sind »Methoden und Tools (MuT)« oder »Software Engineering«. *Software Engineering Process Group*

  Neben der Erarbeitung und/oder Pflege des Vorgehensmodells, also der Umsetzung der Anforderungen des Prozessgebietes OPD (siehe Kap. 4.2.7), arbeitet diese Gruppe in vielen Unternehmen mit Projekten zusammen, z.B. in Form von Beratung, Projektmitarbeit und Werbung für das jeweilige Vorgehensmodell. Die konkrete Gestaltung dieser Zusammenarbeit sieht in der Praxis jedoch sehr unterschiedlich aus. (Siehe [Kneu98] für eine ausführliche Beschreibung der organisatorischen Fragen bei der Einrichtung einer solchen SEPG.)

Einen Ansatz zur Verteilung der Verantwortlichkeiten bei einer Aufgabe wie der CMMI-Einführung beschreibt Pickerill ([Pick99]). Sein »Pickerill-Dreieck« zeigt das Verhältnis von Management, Projekt und Qualitätsmanagement[7] bei der Einführung einer beliebigen Verhal- *Pickerill-Dreieck*

---

7. In der Sprache der ISO 900x das Qualitätswesen.

tensänderung bei Projekten, wie z.B. der Umsetzung eines Projektmanagements entsprechend den Anforderungen des CMM. Der »klassische« Weg dazu ist ein Auftrag des Managements an die Qualitätsmanagementgruppe (QM-Gruppe), CMM-konformes Projektmanagement bei den Projekten einzuführen (siehe Abb. 6–2 a).

Abb. 6–2
Das Pickerill-Dreieck

Das Problem bei diesem Ansatz ist, dass die Projekte sich nur ungern von einer neben ihnen stehenden Gruppe wie der QM-Gruppe[8] Vorgaben machen lassen. Ohne die aktive Mitarbeit der Projektbeteiligten ist die Einführung aber zum Scheitern verurteilt.

Verantwortung für CMMI-Einführung bei denen, die die Prozesse umsetzen sollen

Pickerill empfiehlt daher, dass das Management den Auftrag zur Einführung des Projektmanagements nach CMM nicht der QM-Gruppe, sondern direkt an die Projekte gibt. Je nach Ziel und CMM(I)-Reifegrad der Organisation beinhaltet dieser Auftrag die Einführung eines Projektmanagements, das Reifegrad 2 erfüllt, in jedem einzelnen Projekt oder die Einführung eines einheitlichen Projektmanagements nach einem definierten Vorgehen in allen Projekten, entsprechend Reifegrad 3. Die QM-Gruppe übernimmt dann, auf Anforderung durch die Projekte, die Rolle eines Beraters oder Helfers bei der Erfüllung der Anforderungen des Managements (siehe Abb. 6–2 b), inkl. der Koordination der verschiedenen Projekte, insbesondere wenn ein einheitliches Vorgehen gewünscht ist. Wenn die entsprechende Aufforderung nun vom eigenen Management kommt, wird sie sehr viel ernster genommen und die Erfolgschancen sind entsprechend höher.

Diese Erfahrung machte z.B. die TLC (jetzt DB Systems) ([KnSi01]). Solange der Auftrag zur CMM-Einführung an die QM-Gruppe ging, kam die Einführung eher zäh voran. Seit der entsprechende Auftrag klar von der Geschäftsleitung an die Bereichsleiter formuliert ist, unterstützt durch Zielvereinbarungen und daran gebundene Boni, hat die CMM-Einführung im Unternehmen einen deutlichen Schub erhalten.

---

8. Diese QM-Gruppe ist möglicherweise die gleiche Gruppe wie die oben angesprochene VM-Gruppe.

6.2   Wer nutzt CMM(I) im deutschsprachigen Raum?

Da das CMMI noch ein sehr neues Modell ist, sind dem Autor bisher noch keine Anwender im deutschsprachigen Raum bekannt. Es gibt aber eine Reihe von CMM-Anwendern und es ist damit zu rechnen, dass zumindest ein großer Teil davon auf CMMI umsteigen wird.

Folgende Unternehmen im deutschsprachigen Raum wenden nach Wissen des Autors CMM an und haben dies veröffentlicht:

Anwender des CMM(I)

- Siemens ([MeLe00])
- E-Plus ([KeLu01])
- DB Systems (früher TLC) ([Kneu99], [KnSi01])
- EDS ([URL: EDS])

Darüber hinaus sind dem Autor mehrere weitere CMM-Anwender bekannt, allerdings ohne Veröffentlichung.

6.3   Was ist ein Projekt?

Viele der Anforderungen des CMMI, insbesondere auf Stufe 2, beziehen sich auf Projekte. Damit stellt sich die Frage, was genau man als Projekt definiert und welche Arten von Aufgaben man nicht als Projekt deklariert, um deutlich zu machen, dass das CMMI nicht angewendet werden soll bzw. nicht anwendbar ist.

Nach DIN 69901 ist ein Projekt ein »Vorhaben, das im Wesentlichen durch Einmaligkeit der Bedingungen in ihrer Gesamtheit gekennzeichnet ist, wie z.B.

Definition Projekt nach DIN 69901

- Zielvorgabe,
- zeitliche, finanzielle, personelle oder andere Begrenzungen,
- Abgrenzung gegenüber anderen Vorhaben,
- projektspezifische Organisation.«

(zitiert nach [MeWi96]).

Nicht für jedes Projekt, das dieser Definition entspricht, ist die Anwendung des CMMI sinnvoll möglich. Im Folgenden wird eine Reihe von Grenzfällen daraufhin untersucht, ob ein CMMI-Einsatz aus Geschäftssicht sinnvoll ist, unabhängig davon, welche Auswirkungen das auf den bei einem Assessment (vgl. Kap. 8) erreichten Reifegrad bzw. Fähigkeitsgrad hat.

6.3.1   Projektgröße

Kleine »Projekte«[9] sind meist der erste Kandidat dafür, als Aufgabe und nicht als Projekt umgesetzt zu werden, wobei jedes Unternehmen in diesem Zusammenhang unter »klein« etwas anderes versteht. Das

Kleine Projekte

ist sicherlich angemessen, da die Umsetzung der CMMI-Anforderungen Aufwand erzeugt, der bei entsprechend kleinen Projekten nicht angemessen ist. Andererseits stellen sich die meisten zu lösenden Fragen sowohl für große als auch für kleine Projekte, nur die Lösung ist für kleine Projekte meist sehr viel einfacher und kürzer. Ein Beispiel zum Anforderungsmanagement soll das verdeutlichen: Ein großes Projekt braucht einen relativ ausgefeilten und komplexen Prozess zur Analyse und Genehmigung von Anforderungen. Ein kleines Projekt kommt möglicherweise damit aus, eine einfache Liste der Anforderungen zu führen und festzulegen, wer über die Umsetzung von Anforderungen entscheidet. Ist aber auch diese minimale Umsetzung des Anforderungsmanagements nicht vorhanden, dann sind Probleme vorprogrammiert. Ähnliches gilt beispielsweise für die Statusberichterstattung: Ein großes Projekt braucht eine häufige, z.B. wöchentliche Statusberichterstattung, während ein kleines Projekt evtl. mit einem kurzen Statusbericht einmal pro Monat auskommt.

Gemeinsame Betrachtung von Gruppen von kleinen Projekten

Ein anderer Ansatz zur Behandlung kleiner Projekte ergibt sich daraus, dass kleine Projekte meist nicht alleine kommen, sondern Teil einer ganzen Sammlung von Projekten sind, die in einem ähnlichen Umfeld mit ähnlichen Rahmenbedingungen durchgeführt werden. Es bietet sich daher an, Vorgehensweisen für die Projekte einmal festzulegen und im einzelnen Projekt nur noch zu referenzieren und um wenige Projektspezifika wie Termine, Pfadnamen oder Namen von Verantwortlichen zu ergänzen. Eine ähnliche Vorgehensweise wird in [JoBr00] empfohlen, wo in diesem Zusammenhang von Teilprojekten (*Subprojects*) die Rede ist.

Projektgröße und Projektrisiko

Eine spannende Frage ist nun, bis zu welcher Größe ein »Projekt« eine Aufgabe ist und noch kein Projekt. Bei genauerer Betrachtung stellt man fest, dass es bei dieser Frage nicht nur auf die *Projektgröße* (in welcher Messeinheit auch immer) ankommt, sondern sehr stark auf das Projektrisiko. Zwar gibt es zwischen Projektgröße und Projektrisiko eine starke statistische Korrelation, aber auch kleine Projekte können im Einzelfall sehr riskant sein und sollten dann entsprechend gründlich geplant und gesteuert werden, also nach den »Spielregeln« gemanagt werden, die sonst für große Projekte gelten. Der Einfachheit halber werden wir aber im Folgenden trotzdem weiterhin von kleinen Projekten reden, wenn eigentlich Projekte mit geringem Risiko gemeint sind.

---

9.   Hier und in den folgenden Abschnitten werden Aufgaben als »Projekt« (in »...«) benannt, bei denen noch zu klären ist, ob es sich um Projekte im Sinne des CMMI handelt.

Am anderen Ende der Skala gibt es sehr große »Projekte«, die mit Dutzenden oder sogar Hunderten von Mitarbeitern über Jahre laufen. In diesem Fall macht es kaum Sinn, die Aufgabe als ein einziges Projekt zu bearbeiten, sondern eher als Programm, das aus vielen Einzelprojekten besteht. Diese Einzelprojekte werden dann nach einheitlichen Vorgaben unter einer koordinierenden Gesamtprojektleitung durchgeführt (so z.B. das Projekt »CPU« bei DB Cargo [Flor00]).

Große Projekte

Bei den oben beschriebenen Unterscheidungen von kleinen, mittleren und großen Projekten kommt natürlich sofort die Frage auf, wo die Grenze liegt. Eine eindeutige Grenze gibt es nicht und diese wird auch nicht wirklich benötigt. Entscheidend ist vielmehr, dass man immer den Nutzen für das Projekt und die Organisation im Vordergrund sieht und dann entscheidet, wie viel Projektmanagement und Struktur für das einzelne Projekt angemessen ist. Dies hängt u.a. von der Reife der Organisation ab: Ist eine bestimmte Vorgehensweise im Unternehmen etabliert (»institutionalisiert«), dann ist es für ein kleines Projekt oft einfacher, die Standard-Vorgehensweise zu benutzen, als dies nicht zu tun, bzw. die Grenzgröße, ab der sich dies lohnt, ist wesentlich geringer als bei einem Unternehmen, das aus CMMI-Sicht eine niedrige Reife hat.

Definition klein – mittel – groß

6.3.2　Aufgabenstellung des Projektes

Das klassische Einsatzgebiet von CMMI sind Projekte für die Software- und Systementwicklung; Daneben gibt es noch eine Reihe weiterer Anwendungsgebiete (siehe Kapitel 3.6). In einer Organisation, die CMMI anwendet, gibt es meist noch andere, verwandte Aufgabenstellungen, bei denen es gelegentlich zu Diskussionen kommt, ob CMMI hier angewendet werden kann und soll.

»Bodyleasing«

Beim so genannten Bodyleasing werden Mitarbeiter mit definierten Fähigkeiten für einen festen Zeitraum bereitgestellt, um unter Leitung und Verantwortung des Auftraggebers eine (meist Entwicklungs-)Aufgabe zu bearbeiten, häufig gemeinsam mit anderen Mitarbeitern aus anderen Unternehmen. Hier geht es also um die Frage, inwieweit die CMMI-Regeln greifen, wenn man selbst einem Auftraggeber Mitarbeiter zur Verfügung stellt.

Solange diese Arbeit wirklich unter der Leitung und Verantwortung des Auftraggebers[10] durchgeführt wird, greifen die meisten Anforderungen des CMMI nicht und es bleiben nur die Ressourcenplanung sowie die kaufmännische Überwachung und Abwicklung.

Bei Bodyleasing CMMI kaum anwendbar

Auch wenn man diese Aktivitäten üblicherweise nach den gleichen Vorgehensweisen wie sonst durchführen sollte, macht es wenig Sinn, hier von Projekten und der Umsetzung des CMMI zu sprechen.

Bodyleasing oder Subunternehmer?

Allerdings gibt es einen fließenden Übergang zur Arbeit als Subunternehmer, der ein ganzes Arbeitspaket in eigener Regie bearbeitet. In diesem Fall handelt es sich aus Sicht des Auftragnehmers doch um ein völlig normales Projekt, das genauso wie alle anderen geplant, gemanagt und gesteuert werden muss.

Wartung

Unter Wartung wird im Folgenden die Behebung von Fehlern sowie die kurzfristige Umsetzung von kleineren Änderungswünschen verstanden, da hier typischerweise die Probleme bei der CMMI-Anwendung auftreten. Bei Wartung im Sinne der Entwicklung neuer Funktionalitäten ist die Vorgehensweise weitgehend identisch zu der bei der ursprünglichen Entwicklung.

Planung von Wartungsaktivitäten

Die Schwierigkeit bei der Wartung besteht darin, dass man kaum vorher planen kann, was genau im Rahmen eines bestimmten Zeitraumes umgesetzt werden soll, wenn man versucht, Wartung als Projekt zu interpretieren. Andererseits ist aber eine gewisse Planung notwendig, da man ja Ressourcen dafür bereitstellt und festlegen muss, wie viele Ressourcen benötigt werden. Typischerweise macht man dafür auf Basis von Erfahrungswerten eine grobe Schätzung und stellt Ressourcen zur Verfügung, die nicht ausreichen, um alle Änderungswünsche abzudecken. Durch entsprechende Priorisierung werden alle wichtigen Fehler und Änderungswünsche bearbeitet, weniger wichtige bleiben liegen. Hat man den Änderungsbedarf zu niedrig eingeschätzt oder kommen große Änderungen dazu, so bleiben wichtige Aufträge liegen und man wird nachsteuern müssen durch Aufstockung des Budgets, evtl. in Form eines zusätzlichen Projektes für bestimmte große Änderungen. Hat man den Änderungsbedarf zu hoch eingeschätzt (was erfahrungsgemäß eher selten vorkommt), dann werden Fehler und Änderungswünsche bearbeitet, bei denen das nicht rentabel ist. Hier wird meist bald nachgesteuert durch Reduzierung der Ressourcen.

Definitionsgemäß ist ein Projekt immer zeitlich begrenzt. Eine solche zeitliche Begrenzung ist bei der Wartung nur sehr eingeschränkt möglich, da Wartung ja für die gesamte Lebensdauer der Anwendung benötigt wird. Daher wird man für Planungszwecke die Wartung in

---

10. Streng genommen muss nicht wirklich der Auftraggeber selbst die Leitung und Verantwortung haben, sondern es kann ein Dritter sein. Entscheidend in diesem Zusammenhang ist, dass es nicht die eigene Organisation ist.

Zeitscheiben, meist in Jahresscheiben, schneiden und jeweils von Jahr zu Jahr planen, d.h., die Wartung einer Anwendung wird als Folge von Wartungsprojekten organisiert.

Die Planung von Wartungsprojekten ist wie beschrieben nur eingeschränkt möglich. Um so wichtiger wird das Anforderungsmanagement, bei dem es in diesem Fall u.a. darum geht, die eingehenden Anforderungen (Änderungswünsche oder Fehlerkorrekturen) zu priorisieren und damit zu entscheiden, welche Anforderungen kurzfristig umgesetzt werden, welche erst langfristig und welche überhaupt nicht.

Anforderungsmanagement von Wartungsprojekten

Die Steuerung eines Wartungsprojektes verläuft ähnlich wie die eines Entwicklungsprojektes, wobei der Soll-Ist-Vergleich nicht gegen eine bei Projektbeginn aufgestellte Langfristplanung erfolgt, sondern gegen eine laufend aktualisierte Kurzfristplanung.

Projektverfolgung und -steuerung von Wartungsprojekten

Sehr wichtig und komplex wird bei einem Wartungsprojekt meist das Konfigurationsmanagement, da man mit relativ vielen verschiedenen Versionen umgehen muss (Produktionsversion, aktuelle Testversion, Haupt-Entwicklungsversion, diverse dringende Fehlerkorrekturen) und dabei beispielsweise sicherstellen muss, dass Fehlerkorrekturen in allen betroffenen Versionen umgesetzt werden, nicht nur in derjenigen, in der der Fehler gerade gemeldet wurde. Hat man das nicht im Griff, dann besteht die Gefahr, dass man einen Fehler bereinigt und die Korrektur an den Kunden ausliefert, dass aber in der nächsten ausgelieferten Version der gleiche Fehler wieder auftaucht.

Konfigurationsmanagement von Wartungsprojekten

Insgesamt kann man also sagen, dass bei Wartungsprojekten einzelne Themen gegenüber Entwicklungsprojekten an Bedeutung verlieren, andere dafür größere Bedeutung bekommen und in der Summe das CMMI eindeutig auch für Wartungsprojekte hilfreich und angemessen sein kann.

Beratung

Beratungsprojekte sind Projekte, bei denen keine Software oder Systeme erstellt werden, sondern bei denen typischerweise die Geschäftsprozesse des Auftraggebers untersucht und evtl. ein Vorschlag zur Verbesserung erstellt wird. Ein mögliches Ergebnis eines solchen Beratungsprojektes ist eine Konzeption für ein IT-System, das im nächsten Schritt beauftragt und erstellt werden soll.

Die Stufe 2 des CMMI ist bzw. die Prozessgebiete zum Projektmanagement sind für solche Projekte direkt sinnvoll anwendbar, auch wenn die konkrete Umsetzung der Anforderungen teilweise anders aussieht als bei einem Entwicklungsprojekt. So ist z.B., ähnlich den Wartungsprojekten, zu Beginn häufig noch relativ unklar, welche Ergebnisse am Ende herauskommen sollen.

Anwendbarkeit Stufe 2

Ingenieurdisziplinen   Bei den Ingenieurdisziplinen, einem Schwerpunkt der Stufe 3, wird die Anwendung des CMMI schon deutlich schwieriger, da diese relativ stark auf Software- und Systemprojekte ausgerichtet sind. Es gibt zwei Ansätze, um damit umzugehen:

▓ Ist das Beratungsprojekt darauf ausgerichtet, ein späteres SW-Projekt vorzubereiten und die Anforderungen zu klären, dann deckt es damit gerade die vom Prozessgebiet *Anforderungsentwicklung* behandelten Themen ab. Die anschließenden Prozessgebiete *Technische Umsetzung* und *Produktintegration* sind in einem solchen Projekt nicht relevant.

▓ Eine andere Möglichkeit besteht darin, das »Produkt« zu definieren, das im Rahmen des Beratungsprojektes erstellt werden soll, wie z.B. eine Konzeption für die Verbesserung eines bestimmten Geschäftsprozesses. In der Anforderungsentwicklung werden dann die Anforderungen an diese Konzeption ausgearbeitet und in der technischen Umsetzung wird die Konzeption selbst erarbeitet. Die einzelnen Komponenten der Konzeption (Beschreibungen, Prozess-dia-gramme, Foliensätze etc.) werden dann zu einem konsistenten Ganzen integriert; in erster Linie erreicht man dies durch Review auf interne Konsistenz (inhaltlich und formal) sowie auf die Berücksichtigung der externen Rahmenbedingungen (Schnittstellen).

An diesem Beispiel wird deutlich, dass es mit einem etwas erhöhten Interpretationsspielraum, aber auch -bedarf, ohne weiteres möglich ist, das CMMI auf weitere, ursprünglich nicht vorgesehene Arten von Projekten anzuwenden. Voraussetzung dafür ist die entsprechende Motivation – ist diese nicht vorhanden, dann wird es ständige Diskussionen geben, warum CMMI nicht passt und in diesem Projekt nicht berücksichtigt werden sollte.

6.4   Management Commitment[11]

Bei der Einführung von Vorgehensweisen wie dem CMMI wird als einer der wichtigsten Erfolgsfaktoren immer wieder das »Management Commitment« genannt. Diskussionen über das Vorhandensein oder oder Fehlen des Management Commitments bleiben aber oft auf der Glaubensebene, weil es nicht an konkreten Aktivitäten, sondern an vager »Unterstützung« o.Ä. festgemacht wird.

---

11. Der Autor ist weiterhin auf der Suche nach einer guten deutschen Übersetzung dieses Begriffes.

[KnSi01] beschreibt konkrete Kriterien, worin das Management Commitment bei der Einführung von CMM bestehen kann. Im Folgenden werden die Kernpunkte daraus, angepasst für CMMI, zusammengefasst.

Die Aufgabe des Managements aus CMMI-Sicht besteht in erster Linie darin, sicherzustellen, dass in seinem Verantwortungsbereich angemessene Prozesse angewendet und institutionalisiert werden; außerdem gehören dazu alle organisationsweiten Themen, die vor allem auf Stufe 3 und höher gefordert werden. Dies gilt in erster Linie für die Managementebene direkt oberhalb der einzelnen Projekte, in etwas geringerem Maße aber auch für die Ebenen darüber bis hin zur Leitung der Software- bzw. Systementwicklung.

Managementaufgabe
Institutionalisierung

Auf Stufe 2 betreffen drei generische Praktiken des CMMI (vgl. Kap. 4.5 und Anhang B.1) direkt das Management, nämlich

- die Forderung nach der Erstellung einer organisationsweiten Strategie (GP 2.1),
- die Forderung nach der objektiven Bewertung der Einhaltung des Prozesses (GP 2.9), typischerweise durch PPQA-Reviews, deren Durchführung und Umsetzung der Ergebnisse das Management sicherstellen muss, sowie
- die Forderung nach dem Review des Status durch das höhere Management (GP 2.10).

Das Management wird üblicherweise bei den meisten Aufgaben nicht selbst an der Umsetzung von CMMI mitarbeiten, hat aber die Aufgabe, die Institutionalisierung der Umsetzung sicherzustellen.

Bei der täglichen Arbeit macht sich das (nicht) vorhandene Management Commitment vor allem an den Fragen fest, die das Senior-Management den Projektleitern und anderen Mitarbeitern stellt, um den Status einer Aufgabe abzufragen: Beziehen sich alle Fragen auf Einhaltung von Kosten- und Zeitplänen, dann wird der Projektleiter diese Aspekte mit höchster Priorität bearbeiten und Themen wie die Einhaltung und Verbesserung definierter Prozesse mit niedriger Priorität oder überhaupt nicht behandeln. Dies gilt umso mehr, als einheitliche Prozesse und ihre Verbesserung aus Sicht des einzelnen Projektes nur relativ wenig Nutzen bringen – den Hauptnutzen haben Folgeprojekte sowie das Management.

Wonach fragt das
Management?

Insgesamt bedeutet das, dass das Management die Priorität, die es den Aktivitäten zur Prozessverbesserung zugeordnet hat, in der täglichen Arbeit konsequent umsetzt und lebt, und zwar

- bei der Steuerung von Projekten und der Beurteilung ihres Erfolges,
- bei der Vereinbarung von Zielen von Projekten und Mitarbeitern,

- durch die persönliche Beteiligung an den Aktivitäten und den Besuch von Schulungen oder Konferenzen sowie
- durch die Bereitstellung angemessener, kompetenter Mitarbeiter und anderer Ressourcen.

6.5 CMMI und agile Prozesse

Agile Prozesse

Agile Prozesse ([Cold02]) sind, zumindest unter diesem Namen, eine Entwicklung der letzten Jahre, bei der es darum geht, (Entwicklungs-) Prozesse flexibel zu gestalten und sie laufend den aktuellen Erfordernissen anzupassen. Zuvor wurden sie auch als »leichte« oder »leichtgewichtige« Prozesse ([KnWi01]) bezeichnet. Wesentlicher Aspekt dabei ist die intensive mündliche Kommunikation zwischen den Beteiligten. Theoretischer Hintergrund dafür sind Ansätze wie die »lernende Organisation« ([Seng90]) und ähnliche.

6.5.1 Extreme Programming (XP)

Bekanntester Vertreter der agilen Prozesse ist *Extreme Programming* (XP, siehe [LiRW02]), entwickelt von Kent Beck. Daneben gibt es noch eine Reihe weiterer agiler Vorgehensweisen (siehe [Cold02] für einen Überblick).

XP ist ein sehr disziplinierter Prozess

Die bekannteste Eigenschaft von XP ist sicherlich die, dass dabei kaum Designdokumentation erstellt wird, und es gibt eine Reihe von Entwicklern, die behaupten, sie entwickelten nach XP, wenn sie in Wirklichkeit nur die Designdokumentation weglassen. Kern des XP sind die folgenden Techniken zur Organisation der Softwareentwicklung, die in erster Linie eine ständige direkte Kommunikation und Rückmeldung unterstützen sollen (nach [LiRW02]):

- Kunde vor Ort
- Planungsspiel
- Metapher
- Kurze Releasezyklen
- Testen
- Einfaches Design
- Refactoring
- Programmieren in Paaren
- Gemeinsame Verantwortlichkeit
- Fortlaufende Integration
- Programmierstandards
- 40-Stunden-Woche

6.5.2 XP und CMMI

Der sehr flexible Ansatz des XP und der anderen agilen Prozesse weicht gravierend von der klassischen Umsetzung des CMMI ab, bei der gerade die Stabilisierung der Prozesse betont wird. Je nach Umfeld kann eine flexible oder eine stabile Gestaltung der Prozesse besser geeignet sein – ist das fachliche und technische Umfeld sehr veränderlich, dann müssen das auch die Entwicklungsprozesse sein. Umgekehrt sind bei einem eher stabilen Umfeld stabile Entwicklungsprozesse gefragt ([MeSt99]).

Mark Paulk, einer der Hauptverantwortlichen für die Entwicklung von CMM, zeigt in [Paul01a] und [Paul01b], dass sich CMM und XP verbinden lassen und dass man durch Einsatz von XP, mit ein paar Ergänzungen, die Anforderungen des CMM erfüllen kann. Ähnlich argumentiert [Glaz01], der XP vor allem als Softwareentwicklungsmethode sieht, während CMM eher das Management der Softwareentwicklung betrifft.

Die genannten Untersuchungen bezogen sich jeweils auf das CMM. Die Ergebnisse lassen sich aber auf CMMI übertragen – die etwas geringeren Anforderungen an die Dokumentation der Prozesse machen die Kombination beider Ansätze eher einfacher.

Ein detaillierter Vergleich der beiden Modelle zeigt die unterschiedlich intensive Behandlung der verschiedenen Kategorien des CMMI durch XP:

- Prozessmanagement behandelt die organisationsweiten Themen, die in XP nicht direkt abgedeckt sind. Indirekt werden sie durch eine systematische Einführung von XP unterstützt.
- Projektmanagement ist explizites Thema von XP, z.B. wird Projektplanung durch das Planungsspiel abgedeckt. Nicht von XP abgedeckt wird vor allem das Prozessgebiet »Management von Lieferantenvereinbarungen« auf Stufe 2 sowie das »Quantitative Projektmanagement« auf Stufe 4.
- Ingenieurdisziplinen sind der Kern des XP und werden dort ausführlich behandelt.
- Unterstützung ist in XP nur punktuell angesprochen, z.B. ist »Konfigurationsmanagement« indirekt durch die fortlaufende Integration adressiert.

6.5.3   Andere agile Prozesse

Bis jetzt wurde mit XP nur der bekannteste Vertreter der agilen Prozesse betrachtet, der auch am stärksten diszipliniert und reglementiert ist ([Cold02]). Die anderen agilen Prozesse lassen dem einzelnen Projekt etwas mehr Freiheit und sind damit etwas weiter von CMM entfernt, lassen sich aber ebenfalls mit CMM(I) kombinieren ([Paul01a]).

6.5.4   Wozu Kombination von agilen Prozessen mit CMMI?

Der Hauptgrund, warum eine Kombination beider Ansätze nützlich sein kann, ist der oben angesprochene Fokus von XP und anderen agilen Prozessen auf den Entwicklungsprozess, während CMMI das Management der Softwareentwicklung fokussiert. CMMI gibt einen Managementrahmen vor, bei dem die konkreten Entwicklungsprozesse offen bleiben und, zumindest für kleinere Projekte, durch XP gefüllt werden können. Für größere Projekte, ab ca. 10-15 Mitarbeitern, ist XP weniger geeignet und muss durch eine andere Vorgehensweise ersetzt werden.

7 Bewertung des CMMI-Ansatzes

Die verschiedenen Kritikpunkte und Grenzen des CMMI kann man in zwei große Gruppen unterteilen. Auf der einen Seite gibt es eine Reihe von Punkten, die eher als »handwerkliche« Probleme einzuordnen sind und nicht den Ansatz des CMMI, sondern die konkrete Umsetzung betreffen und damit in einer der nächsten Versionen gelöst werden können. Diese werden in Kapitel 7.1 behandelt. Ein spezieller Aspekt davon ist die Frage der Vollständigkeit des CMMI (siehe Kap. 7.2).

Die andere Gruppe ist wesentlich fundamentaler und stellt nicht einzelne Details, sondern den Ansatz des CMMI in Frage. Diese Kritik bezieht sich vor allem auf die angeblich zu geringe Flexibilität beim Einsatz von CMMI (siehe Kap. 7.3). Ergänzt wird dies in Kapitel 7.5 durch einen kurzen Überblick über einige empirische Untersuchungen zum Nutzen von CMM und CMMI.

Einige kritische Aspekte des CMMI wurden schon bei der Behandlung des jeweiligen Themas in diesem Buch angesprochen. In diesem Kapitel werden die wichtigsten davon zusammengefasst, aber nicht alle nochmals wiederholt.

7.1 Probleme mit der konkreten Gestaltung des CMMI

7.1.1 Unvollständige Integration

[Pier00] kritisiert u.a. die ungenügende Integration des CMMI und spricht von einem zusammengestellten statt integrierten Modell. Dabei bezieht er sich allerdings auf die Version 0.2b und viele der von ihm genannten Kritikpunkte sind inzwischen behoben. Trotzdem gibt es immer noch einige Stellen, an denen die Integration unvollständig geblieben ist:

Mangelnde Integration von IPPD

▨ Die Bezeichnung einiger Prozessgebiete in der IPPD-Version ist nicht identisch mit der Bezeichnung der gleichen Gebiete in den anderen Varianten.

Uneinheitliche Darstellung der generischen Ziele und Praktiken

▨ Die Darstellung der generischen Ziele und Praktiken ist in der stufenförmigen Darstellung anders als in der kontinuierlichen. In der stufenförmigen Darstellung sind sie Teil der einzelnen Prozessgebiete, während sie in der kontinuierlichen Darstellung in einem eigenen Kapitel neben den Prozessgebieten enthalten sind.

▨ Einzelne spezifische Praktiken sind nur in der kontinuierlichen und nicht bzw. nur als Kommentar in der stufenförmigen Darstellung des CMMI enthalten. Auch wenn diese Praktiken in der stufenförmigen Darstellung nicht wirklich benötigt werden (vgl. Erläuterung zu Tab. 3–4 in Kap. 3.5.2), wäre eine einheitliche Liste von Praktiken in beiden Darstellungen wünschenswert.

Common Features

▨ Die gemeinsame Struktur (*Common Features*) der generischen Praktiken der einzelnen Prozessgebiete wird nur in der stufenförmigen Darstellung genutzt, nicht in der kontinuierlichen Darstellung. Auch wenn die gemeinsame Struktur nur ein Strukturelement mit geringer praktischer Bedeutung ist, gibt es keinen offensichtlichen Grund, warum sie nur in der stufenförmigen Darstellung genutzt wird, außer der historischen Erklärung, dass sie schon im Vorgänger der stufenförmigen Darstellung, nämlich dem CMM für Software, vorhanden waren, aber nicht in den Vorgängern der kontinuerlichen Darstellung.

7.1.2   Einteilung der Stufen

Schritt von Stufe 1 auf Stufe 2

Ein Kritikpunkt am CMM war, dass der Schritt von Stufe 1 auf Stufe 2 zu groß sei. Wenn sehr viele, teilweise sehr erfolgreiche, tatsächlich existierende Softwareentwicklungsorganisationen auf der gleichen Stufe, nämlich der niedrigsten Stufe 1 des Modells, stehen,[1] dann ist der Sinn der Einteilung in insgesamt fünf Stufen zumindest fraglich. Durch die Einführung der Stufe 0 sowie der wesentlich feineren Aufspaltung der Ergebnisse durch die individuelle Bewertung pro Prozessgebiet in der kontinuierlichen Darstellung versucht CMMI, das Problem anzugehen.

---

1. Definitionsgemäß sind das alle bis auf die einigen Hundert Organisationen, die bei einem Assessment Stufe 2 oder höher erreicht haben. Bei großzügiger Interpretation kann man andere Organisationen auch mindestens zur Stufe 2 zählen, wenn sie nach einem anderen Modell wie beispielsweise ISO 900x eine vergleichbare Reife erreicht haben.

Nach der Einführung einheitlich definierter Prozesse auf Stufe 3 empfiehlt das CMMI, Metriken intensiv einzuführen und zu nutzen. Hier gibt es, ähnlich wie bei der Prozessorientierung bei den unteren Reifegraden, Meinungsverschiedenheiten, ob das wirklich der sinnvollste nächste Schritt sei (z.B. [Bach94]; vgl. Kap. 4.1.5). Da bislang nur wenige Organisationen einen Reifegrad von 4 oder 5 erreicht haben, beruhen alle Aussagen dazu auf einer sehr dünnen empirischen Basis. Eine Untersuchung von Boeing ([Vu01]) besagt aber[2], dass gerade mit dem Schritt auf höhere Reifegrade der Nutzen sehr viel stärker ansteigt als bei den niedrigeren Reifegraden.

Einordnung der Metriken

Im CMMI wurde das Thema Messung und Analyse gegenüber dem CMM durch Einführung eines neuen Prozessgebietes auf Stufe 2 ausgebaut. Allerdings gibt es bei der Einführung von Metriken gerade auf den niedrigeren Reifestufen erhebliche Risiken (vgl. Kap. 4.1.5) und sie gehört daher aus Sicht des Autors eher auf eine höhere Stufe.

Messung und Analyse

7.2   Vollständigkeit des CMMI

Da das CMMI »nur« die Softwareprozesse behandelt, besteht bei Einsatz des CMMI die Gefahr, sich auf die dort behandelten Themen zu konzentrieren und andere, ebenfalls wichtige Themen zu ignorieren. Selbst wenn man damit möglicherweise einen hohen CMMI-Reifegrad erreicht, wird man wahrscheinlich trotzdem scheitern. Zu den Themen, die wichtig für den Erfolg einer Organisation sind und die nicht im CMMI berücksichtigt sind, gehören unter anderem:

Nicht vom CMMI behandelte Themen

- Kundendienst und Support
- Mitarbeiterauswahl und -gewinnung
- Motivation und Zusammenarbeit der Mitarbeiter
- Marketing und Vertrieb
- Produktionseinführung der erstellten Software
- Produktion und Betrieb der erstellten Software

Wenn eine Organisation nicht jedes einzelne dieser Themen ausreichend umsetzt, und zwar zusätzlich zu den Softwareprozessen, so wird sie insgesamt keinen Erfolg haben, unabhängig von der Qualität der Softwareprozesse und der erstellten Software.

Für die Organisationen, die CMMI einsetzen, bedeutet das, dass sie darüber hinaus darauf achten müssen, auch die anderen relevanten Prozesse in den Griff zu bekommen und zu verbessern, evtl. mit Hilfe anderer Modelle für das Qualitätsmanagement. In Frage kommen hier

---

2.   Allerdings noch bezogen auf das CMM

u.a. ISO 900x (vgl. Kap. 1.1), das Business Excellence Model der EFQM (vgl. ebenfalls Kap. 1.1), das People CMM ([CuHM95a], [CuHM95b]) für Themen wie die Auswahl, Qualifikation und Motivation der Mitarbeiter oder die »IT Infrastructure Library« ITIL (vgl. Kap. 1.1) für Produktion und Betrieb der Software.

7.3   Prozessorientierung des CMMI

CMMI basiert, ähnlich wie ISO 900x und andere prozessbasierte Modelle für das Qualitätsmanagement, auf der Hypothese, dass Arbeitsergebnisse am besten durch Verbesserung und Stabilisierung der Arbeitsprozesse verbessert werden können. Mellis und Stelzer formulieren dies wie folgt:

> »Erhöhung der Produktqualität, Senkung der Entwicklungskosten und Verkürzung der Projektlaufzeiten können durch Vereinheitlichung, Standardisierung, Reglementierung und Disziplinierung der Methoden, Verfahren und Vorgehensweisen sowie durch angemessene Dokumentation und quantitative Kontrolle erreicht werden.« ([MeSt99], S. 32)

Diese Hypothese wird aber nicht von allen geteilt und tatsächlich ist der Anteil der erfolgreichen Softwareunternehmen, die CMM(I), ISO 900x oder ähnliche Ansätze nutzen, nicht besonders groß. Insbesondere für innovative, sich schnell ändernde Umfelder führen Mellis und Stelzer fort:

> »Richten sich Unternehmen in turbulenten Umfeldern nach den Empfehlungen des PSQM[*], könnten sie falsche Schwerpunkte setzen. Statt Innovationskraft und Flexibilität zu erhöhen, würden sie Stabilität der Entwicklungsprozesse und Fehlerarmut der Produkte anstreben. « ([MeSt99], S. 38)

[*]   PSQM: Prozessorientiertes Softwarequalitätsmanagement

Diese Diskussion führt in eine ähnliche Richtung wie die Diskussion von CMMI und/oder agilen Prozessen (vgl. Kap. 6.5), wo es ebenfalls um die Vereinbarkeit eines flexiblen Vorgehens mit dem CMMI ging. Mellis und Stelzer empfehlen als Ergebnis ihrer Argumentation eine »produktorientierte« Vorgehensweise anstelle der prozessorientierten

Sicht. Heute würde man die produktorientierte Vorgehensweise wahrscheinlich als eine Variante der agilen Prozesse bezeichnen. Auch hier gilt die Schlussfolgerung von Kapitel 6.5, dass dieses Vorgehen zwar nicht mit der üblichen Umsetzung von CMMI, aber doch mit den Anforderungen des CMMI selbst kombinierbar ist (vgl. [MeLe00]). Bach argumentiert ähnlich ([Bach95]), dass gute Ergebnisse nicht durch gute Prozesse, sondern vor allem durch motivierte und qualifizierte Mitarbeiter entstehen, also durch Aspekte, die im CMMI eher Randthemen sind. Diese Kritik erscheint berechtigt und wurde bereits in Kapitel 7.2 angesprochen. Die darüber hinaus gehende Kritik von Bach in [Bach94] betraf vor allem die »handwerkliche« Qualität von CMM in Version 1.0 und war schon in CMM Version 1.1 weitgehend behoben.

7.4 Größe von CMMI-Anwenderorganisationen

In Kapitel 6.3.1 wurde schon angesprochen, dass CMMI für sehr kleine (ebenso wie für sehr große) Projekte nicht sinnvoll ist. Dies gilt ähnlich für sehr kleine Entwicklungsorganisationen. CMMI erfordert einen gewissen fixen Aufwand für Infrastrukturaufgaben wie Kompetenzaufbau, Ausarbeitung von Strategien, Prozessen und Schulungen etc., der zwar zu Einsparungen in den einzelnen Projekten führt, wenn es aber nur wenige und kleine Projekte gibt, dann können diese Einsparungen die Kosten möglicherweise nicht aufwiegen.

Einen Hinweis auf eine sinnvolle Mindestgröße für CMMI-Anwenderorganisationen gibt [URL: MaturityProfile]. In dieser statistischen Auswertung der durchgeführten CMM-Assessments enthält die Gruppe der kleinsten Organisationen diejenigen, bei denen maximal 25 Mitarbeiter in Entwicklung und Wartung beschäftigt sind. Dieser Gruppe gehören immerhin 8,9% aller Organisationen an, die ein Assessment durchgeführt haben (Stand März 2002). *Mindestgröße*

Bei diesen kleinsten Organisationen ist allerdings anzunehmen, dass sie nicht die gesamte benötigte Infrastruktur alleine aufgebaut haben, sondern als Teil einer größeren Organisation deren Infrastruktur mitnutzen konnten.

7.5   Empirische Daten

7.5.1   Nutzen des CMMI

Quantitative Untersuchungen sind selten und schwierig

Die oben angeführte Untersuchung bei Boeing ist eine der wenigen, die den Nutzen der Prozessverbesserung nach CMMI bzw. CMM nicht nur qualitativ, sondern auch quantitativ belegen. Ähnliches gilt für die inzwischen allerdings schon etwas ältere Untersuchung [HCR*94], die einen durchschnittlichen *Return on Investment* (ROI) für Prozessverbesserungsaktivitäten nach CMM von 5:1 ermittelte.

Insgesamt gibt es aber sehr wenige empirische Untersuchungen des Nutzens von CMMI bzw. CMM. Das ist einerseits bedauerlich, andererseits aber leicht nachvollziehbar: Da es in der Praxis nicht machbar ist, ein Projekt parallel mit und ohne CMMI, unter sonst gleichen Randbedingungen, durchzuführen, gibt es für solche Untersuchungen kaum eine stabile Vergleichsgrundlage. Der Autor war einmal an einer solchen Auswertung beteiligt, bei der der Produktivitätsgewinn von einem Release zum nächsten durch Prozessverbesserung nach CMM ermittelt werden sollte. Man war dabei gezwungen, viele Annahmen darüber zu machen, wie das Projekt ohne Nutzung von CMM verlaufen wäre, und es war bei allem guten Willen kaum möglich, diese Annahmen wirklich neutral, ohne Tendenz zum gewünschten Ergebnis, zu treffen.

[Bruh98] gibt eine Einführung in das Thema der Wirtschaftlichkeitsberechnung von Qualitätsmanagementmaßnahmen, allerdings mehr an ISO 900x ausgerichtet und nicht an CMM(I).

Trotz der genannten Schwierigkeiten lohnt es sich für eine Qualitätsmanagementgruppe, sich frühzeitig um diese Fragen Gedanken zu machen, da die Frage nach der Wirtschaftlichkeit der Arbeit dieser Gruppe und damit letztlich nach ihrer Existenzberechtigung früher oder später sicher kommen wird. Daher gibt es eine Reihe derartiger Auswertungen und [HZG*97] zeigt im Überblick die bis zu diesem Zeitpunkt durchgeführten Fallstudien zum Nutzen von CMM.

Eines der dort berichteten Ergebnisse war, dass bei der Einführung von CMM die Kundenzufriedenheit zuerst, beim Schritt von Stufe 1 auf Stufe 2, im Schnitt leicht zurückgeht und erst danach, beim Schritt zu höheren Stufen, ansteigt. [HZG*97] benennt zwei mögliche Ursachen für diesen Effekt:

Kunden sind anfangs unzufrieden mit der Disziplin, die das Anforderungsmanagement mit sich bringt. Es ist jetzt nicht mehr möglich, Änderungswünsche genauso schnell und formlos einzubringen und umsetzen zu lassen wie zuvor, sondern diese müssen vor der Umsetzung analysiert und genehmigt werden. Hier macht sich die unterschiedliche Sichtweise der verschiedenen Kundengruppen (vgl. Kap. 4.1.1) bemerkbar: Während die Endbenutzer dies eher als Nachteil sehen und dem direkten Draht zum Entwickler nachtrauern, ist die stärkere Disziplin aus Managementsicht meist gerade ein Vorteil aufgrund der größeren Kostenkontrolle.

Anforderungsmanagement fordert mehr Disziplin auch vom Kunden

Bei der Einführung von Modellen wie CMMI besteht die Gefahr, dass man das Modell überbewertet und den Fokus anfangs auf die CMMI-Einführung anstatt auf Kundennutzen legt (vgl. Kap. 6.1.6).

Ein weiterer, von [HZG*97] nicht genannter Grund liegt in den Schätzungen:

Da die Kostenschätzungen auf Stufe 2 realistischer und vollständiger werden, andererseits aber der Produktivitätsgewinn noch gering ist, werden die Schätzungen und damit scheinbar auch die Kosten höher. Verstärkt wird dies durch die Tatsache, dass die Kosten für Fehlerverhütungsmaßnahmen wie Reviews direkt sichtbar sind, die Ersparnisse durch nicht gemachte bzw. frühzeitig korrigierte Fehler aber nur schwer quantifiziert werden können.

Realistischere Kostenschätzungen

Bei allen Diskussionen über die Kosten der CMMI-Einführung sollte man immer wieder die Gegenfrage stellen, was es kostet, keine derart strukturierten Prozesse einzuführen.[3] CMMI ist auch ein Werkzeug, um das Risiko zu reduzieren, dass Entwicklungsprojekte nicht oder zumindest nicht innerhalb der vereinbarten Rahmenbedingungen fertig werden. Für die Kosten eines gründlich gescheiterten Projektes kann man meist in vielen Projekten CMMI-Prozesse einführen (und in der Zukunft durch die verbesserte Produktivität auch dort profitieren).

7.5.2 Statistiken des SEI

Das SEI veröffentlicht halbjährlich eine statistische Auswertung der Ergebnisse der durchgeführten Assessments ([URL: MaturityProfile]; zum Thema Assessments siehe Kap. 8).

---

3. Ob man dabei CMMI, ISO 900x oder ein anderes derartiges Modell verwendet, ist dabei eher zweitrangig.

Bei der Interpretation dieser Auswertung muss man allerdings berücksichtigen, dass sie auf einem sehr kleinen Ausschnitt der Softwareindustrie beruht. In die Auswertung gehen nur solche Unternehmen ein, die ein offizielles Assessment gemacht haben. Aus der relativ kleinen Menge der Unternehmen, die Prozessverbesserung mit CMMI oder CMM realisieren, sind das also nur diejenigen, die trotz der relativ hohen Kosten (vgl. Kap. 8.2.3) ein offizielles Assessment durchführen.

8 CMMI-Begutachtungen und CMMI-Assessments

8.1 CMMI-Begutachtungen

8.1.1 Ziele einer Begutachtung

Mit Hilfe einer Begutachtung (*Appraisal*) kann ermittelt werden, auf welcher Stufe sich ein Unternehmen im Reifegradmodell befindet und wie die Softwareprozesse weiter verbessert werden können. Damit wird eine Aussage über die Prozessreife eines Unternehmens gemacht. Begutachtungen entsprechen damit etwa den Audits für Modelle wie ISO 900x.

Die vom SEI definierte Methode für CMMI-Begutachtungen ist *SCAMPI*. SCAMPI-Begutachtungen dienen einerseits zur internen Prozessverbesserung, in diesem Fall spricht man auch von Assessments. Hier steht der Aspekt der Selbstbewertung und der Identifizierung von Verbesserungsmöglichkeiten im Vordergrund, daher kann das Gutachterteam teilweise oder sogar ganz aus eigenen Mitarbeitern der betrachteten Organisation bestehen. Auch wenn das potenziell zu Interessenkonflikten führen kann, so ist die Motivation relativ gering, Abweichungen zu vertuschen, da dadurch das Ziel der internen Prozessverbesserung gefährdet wird.

Standard CMMI Appraisal Method for Process Improvement – SCAMPI

SCAMPI ist Nachfolger der CBA-IPI-Methode (*CMM-Based Appraisal for Internal Process Improvement*) für CMM. Erfahrungen mit Organisation und Ablauf eines CMM-Assessments sind in [Kneu99] nachzulesen.

SCAMPI und CBA-IPI

Andererseits können SCAMPI-Begutachtungen einem Auftraggeber dazu dienen, die Prozessreife eines (potenziellen) Auftragnehmers zu bewerten, und bilden damit eine Grundlage für die Vergabe eines Auftrages. Dies war die ursprüngliche Intention bei der Entwicklung des CMM – das amerikanische Verteidigungsministerium wollte eine Entscheidungsgrundlage bei der Vergabe von Aufträgen im Software-

Begutachtungen durch den Auftraggeber

bereich. Für das CMM gibt es dafür neben den CBA-IPI noch eine weitere Begutachtungsmethode, nämlich *Software Capability Evaluations*, SCE. Für das CMMI sind beide CMM-Begutachtungsmethoden, also *Assessments*, CBA-IPI, und *Evaluationen*, SCE, in einer Methode, SCAMPI, zusammengeführt worden.[1] Als gemeinsamen Oberbegriff für Assessments und Evaluationen verwendet das SEI Begutachtung.[2]

Mögliche Ziele einer Begutachtung

Insgesamt kann man folgende mögliche Ziele einer Begutachtung unterscheiden:

- Identifizierung von Verbesserungsmöglichkeiten
- Überprüfung des Fortschrittes bei der eigenen Verbesserung. Meist nutzt man das Ergebnis als Beleg des erreichten Qualitätsstandes nach außen, vor allem gegenüber Kunden.
- Prüfung durch den Kunden, um sicherzustellen, dass der Auftragnehmer den geforderten Reifegrad erreicht hat, also zur Lieferantenauswahl.

Die ersten beiden Ziele erreichte man bei CMM eher durch ein Assessment, das dritte durch eine vom Kunden durchgeführte Evaluation.

Selbst definierte Assessmentmethoden

Neben dieser vom SEI vorgegebenen Methode gibt es die Möglichkeit, eine eigene Assessmentmethode zu definieren, die an die individuellen Gegebenheiten besser angepasst ist und die sich vor allem für den häufigen Einsatz besser eignet als die relativ aufwändigen SCAMPI-Assessments. Um hier eine gewisse Einheitlichkeit und Mindestqualität sicherzustellen, wurden vom SEI die »Appraisal Requirements for CMMI«, ARC ([ARC01])[3] definiert, die Mindestanforderungen an eine Assessmentmethode festlegen.

8.1.2   Klassen von Assessments

»Appraisal Requirements for CMMI«, ARC

In den »Appraisal Requirements for CMMI« gibt es drei Klassen von Assessmentmethoden, die sich in ihrer Intensität und ihrem Umfang unterscheiden:

---

1. Vorläufer beider Methoden waren die »Software Process Assessments«, SPA.
2. In Version 1.0 von CMMI und SCAMPI wurde noch der Begriff Assessment anstelle von Begutachtung verwendet. Dies wurde in Version 1.1 geändert, um den Aspekt der Bewertung durch den Kunden explizit zu berücksichtigen. Da der Begriff Assessment aber wesentlich stärker eingebürgert ist und Evaluationen durch den Kunden bei anderen Kunden als dem Dept. of Defense fast nicht vorkommen, ist in diesem Buch normalerweise von Assessments und nicht von Begutachtungen die Rede, wenn Evaluationen nicht explizit mit eingeschlossen werden sollen.
3. Diese *Appraisal Requirements for CMMI* sind damit Nachfolger des *CMM Appraisal Frameworks*, CAF ([MaBo95]).

▪ Assessmentmethoden der Klasse A (siehe Kap. 8.2) sind vor allem auf zuverlässige und korrekte Ergebnisse optimiert, sind aber damit auch am aufwändigsten. Die wichtigste Methode dieser Klasse ist SCAMPI. Assessmentmethoden der Klasse A erfüllen damit gleichzeitig die Anforderungen von ISO 15504 (SPICE) und werden als einzige vom SEI als ausreichend angesehen, um eine Aussage über den Reifegrad bzw. die Fähigkeitsgrade einer Organisation zu machen.

Class A Assessmentmethoden

▪ Assessmentmethoden der Klasse B (siehe Kap. 8.3) stellen geringere Anforderungen an die Zuverlässigkeit der Ergebnisse. Diese müssen u.a. nicht so gründlich durch mehrere Quellen bestätigt werden, dadurch wird der Aufwand für das Assessment geringer.

Class B Assessmentmethoden

▪ Assessmentmethoden der Klasse C (siehe Kap. 8.4) sind eher auf häufige, schnelle Überprüfungen ausgelegt und reduzieren dazu den Aufwand und die Anforderungen an die Zuverlässigkeit der Ergebnisse für das Assessment weiter.

Class C Assessmentmethoden

Auch wenn die Ergebnisse eines Assessments der Klasse C nicht so zuverlässig sind wie die der Klassen A und B, reichen sie für viele Zwecke vollkommen aus. Durch den geringeren Aufwand ist es beispielsweise möglich, die Assessments relativ häufig durchzuführen und die eigene Verbesserung laufend zu überprüfen.

Die Appraisal Requirements for CMMI enthalten Anforderungen an folgende Aspekte einer Assessmentmethode:

ARC-Anforderungen

▪ Definition der Verantwortlichkeiten von Sponsor und Assessmentleiter (Anforderungen identisch für alle drei Klassen). Dies sind die beiden wichtigsten Rollen bei einem Assessment. Der Sponsor beauftragt das Assessment, nimmt die Ergebnisse entgegen und ist für die Behebung der festgestellten Abweichungen und die Umsetzung der Verbesserungsempfehlungen verantwortlich. Um dazu in der Lage zu sein, sollte der Sponsor der Leitung der begutachteten Organisation oder Organisationseinheit angehören.

Der Assessmentleiter ist für den korrekten Ablauf und die Ergebnisse des Assessment verantwortlich; er wird dabei vom Assessmentteam unterstützt.

▪ Dokumentation der Methode (Anforderungen nahezu identisch für alle drei Klassen)

▪ Planung und Vorbereitung eines Assessments (Anforderungen identisch für alle drei Klassen)

▪ Datensammlung. Es werden drei Datenquellen vorgegeben, nämlich:

- Instrumente wie Fragebogen (siehe Kap. 8.4.3), Umfragen oder Präsentationen (der begutachteten Organisation für das Assessmentteam)
- Interviews, z.B. mit Management, Projektleitung und Projektmitarbeitern
- Dokumentenreview

Bei Klasse A müssen alle drei Datenquellen genutzt werden. In Klasse B müssen Interviews und eine weitere Datenquelle genutzt werden und in Klasse C muss mindestens eine der Datenquellen verwendet werden

- Datenkonsolidierung und -validierung. Diese Anforderungen sind stark abhängig von der Klasse des Assessments.
- Einstufung (*Rating*), also die Feststellung eines Reifegrades (stufenförmige Darstellung) bzw. Fähigkeitsgrades (kontinuierliche Darstellung). Eine solche Einstufung ist nur für Klasse A vorgesehen.
- Bericht der Ergebnisse (Anforderungen nahezu identisch für alle drei Klassen).

Im Folgenden werden die drei Klassen von Assessments etwas ausführlicher beschrieben.

Standard-Assessmentmethode nur für Klasse A

Während es für die Klasse A mit SCAMPI eine vom SEI definierte und unterstützte Standardmethode für Assessments gibt, existieren für die Klassen B und C keine solchen Standardmethoden. Laut [URL: Appraisal-FAQ] sind solche Methoden zwar grundsätzlich beabsichtigt, aber bisher gibt es noch keine konkrete Planung für ihre Entwicklung.

8.2 SCAMPI-Assessments

SCAMPI ist die Standard-Assessmentmethode des SEI, die dazu dient, eine detaillierte Überprüfung der Reife einer Softwareentwicklungsorganisation durchzuführen. Die Vorgehensweise eines SCAMPI-Assessments ist sehr ähnlich der eines CBA-IPI für CMM, allerdings sind SCAMPI-Assessments aufwändiger, da die Anforderungen an die mehrfache Bestätigung der Feststellungen gestiegen sind. Außerdem ist die Anzahl der zu überprüfenden Praktiken deutlich größer geworden (vgl. Kap. 5).

Ziel: Umfang vor Ort unter 100 Stunden

Ein Ziel bei der Entwicklung von SCAMPI war, dass ein Assessment auf Stufe 3 bei einer Organisation mit mehreren laufenden Projekten in unter 100 Stunden vor Ort durchführbar ist. Dieses Ziel wurde zumindest nach den ersten Pilot-Assessments meist erreicht ([Phil02], S. 6).

8.2.1 Ablauf eines SCAMPI-Assessments

Die SCAMPI-Methode ist detailliert in [SCAM01] beschrieben.

Vorbereitung

Wie üblich beginnt auch die Vorbereitung eines Assessments mit der Klärung der Ziele und der Anforderungen, die die Organisation damit verfolgt. Dazu gehört u.a. die Festlegung, welche Prozessgebiete und welcher Teil der Organisation betrachtet werden sollen.

Üblicherweise werden bei einem CMMI-Assessment die Prozessgebiete der Stufe bewertet, mit deren Erreichen man rechnet, plus zumindest einem Teil der Prozessgebiete der nächsten Stufe, um Empfehlungen für die weitere Verbesserung machen zu können.

Im nächsten Schritt wird das Assessmentteam ausgewählt und, soweit notwendig, geschult.

Als wichtig hat sich bei der Planung herausgestellt, dass die Termine frühzeitig vereinbart werden, insbesondere solche, bei denen das Management vertreten sein soll (Interviews, Abschlusspräsentation).

Um die Durchführung eines SCAMPI-Assessments zu beschleunigen, wurden gegenüber CBA-IPI u.a. Aufgaben vom Assessmentteam auf die begutachtete Organisation verlagert: Es ist jetzt Aufgabe der betrachteten Organisation, zu belegen, dass und wie die CMMI-Anforderungen erfüllt sind; das Assessmentteam verifiziert dies, versucht aber nicht mehr selbst, die tatsächlich gelebten Prozesse auf die CMMI-Praktiken abzubilden. Für die begutachtete Organisation bedeutet das mehr Vorbereitungsaufwand, dafür wird das Assessment beschleunigt.

Verifikation statt Entdeckung

Durchführung

Das Assessment vor Ort beginnt mit einer Präsentation durch den Assessmentleiter über die Ziele des Assessments und die Vorgehensweise. Bei dieser Präsentation werden vor allem alle geplanten Interviewpartner eingeladen, außerdem das Management, das beispielsweise Empfänger von Statusberichten und erste Eskalationsebene und daher wahrscheinlich später Interviewpartner sein wird. Neben dem Management mit direkter Verantwortung für die betrachteten Projekte ist hier vor allem der Sponsor angesprochen.

In diesem Rahmen sollte der Sponsor nochmals die Bedeutung dieser Aktivitäten aus seiner Sicht betonen und deutlich machen, dass das Assessment von ihm ausgeht und nicht vom Qualitätsmanagement.

Im nächsten Schritt sammelt und prüft das Assessmentteam Informationen und Belege zur Erfüllung der CMMI-Anforderungen in der Organisation. Dazu gehören die vorgelegten Unterlagen und Dokumente ebenso wie Interviews und evtl. Präsentationen. Interviews finden üblicherweise mit dem direkt für das Projekt verantwortlichen Management, evtl. auch mit dem Sponsor sowie der Projektleitung, erfahrenen und unerfahrenen Projektmitarbeitern sowie den Verantwortlichen für spezielle Themengebiete wie Konfigurationsmanagement oder Qualitätssicherung statt.

Auswertung der gesammelten Informationen

Teil der Prüfung dieser Informationen und Belege ist der detaillierte Abgleich gegen die einzelnen Anforderungen des CMMI und die Identifikation noch zu klärender Fragen. Wenn die vollständigen Ergebnisse vorliegen, wird eine Abschlusspräsentation erstellt, die am Ende des vorletzten Tages mit den Interviewpartnern verifiziert wird. Dazu werden die Interviewpartner zu einer Probepräsentation eingeladen, um die Feststellungen des Assessmentteams zu prüfen und sicherzustellen, dass die Aussagen der Interviewpartner und die vorliegenden Unterlagen nicht missverstanden wurden. Die Bewertung (Anforderungen der betrachteten Prozessgebiete erfüllt/nicht erfüllt) ist bei dieser Präsentation noch nicht enthalten, auch wenn man aus den Feststellungen natürlich schon gewisse Rückschlüsse ziehen kann. Das wird in der Erfahrung des Autors von den Interviewpartnern gut akzeptiert, solange man von vornherein klar darauf hinweist, dass die Bewertung in der Probepräsentation noch nicht enthalten ist.

Ergebnisse eines SCAMPI-Assessments

Die offiziellen und dokumentierten Ergebnisse eines SCAMPI-Assessments bestehen aus einer Abschlusspräsentation und einem Abschlussbericht. Alle Zwischenergebnisse, wie z.B. die Notizen zu den Interviews oder die Arbeitsunterlagen der Auswertung, werden im Anschluss an das Assessment vernichtet, um die Vertraulichkeit zu wahren. Das hat natürlich den Nachteil, dass man die Details später nicht mehr nachvollziehen kann, aber in der Praxis besteht dieser Bedarf kaum. Entweder kommt Kritik an den Ergebnissen und der Bewertung sofort auf, solange man die Unterlagen noch hat, oder sie bleibt ganz aus.

Daneben gibt es noch Ergebnisse, die nicht zu den offiziellen Ergebnissen eines Assessments gehören:

- Projektspezifische Rückmeldungen
- Aktionsplan (wird im Rahmen der Nachbereitung erstellt, siehe unten)
- Motivationsschub für Verbesserungsmaßnahmen. Dies ist kein greifbares Ergebnis im Sinne eines Dokumentes, trotzdem aber ein wesentliches Ergebnis.

Nachbereitung

Bei der Nachbereitung geht es vor allem darum, die erzielten Ergebnisse zu nutzen und umzusetzen. Dazu werden die Ergebnisse innerhalb der begutachteten Organisationseinheit und eventuell darüber hinaus veröffentlicht. Das ist zwar in der Beschreibung für SCAMPI nicht vorgeschrieben, aber für die Motivation der Mitarbeiter zur Prozessverbesserung und zur Mitarbeit an zukünftigen Assessments notwendig.

Der nächste und schwierigste Schritt ist die Erstellung und Durchführung eines Aktionsplanes zur Umsetzung der festgestellten Verbesserungsmöglichkeiten und zur Behebung der Schwächen. Damit sollte man umgehend nach dem Assessment anfangen, um die dann vorhandene Motivation und Aufmerksamkeit für das Thema zu nutzen und den Mitarbeitern deutlich zu machen, dass ihre Mitarbeit bei den Interviews ihnen etwas bringt und die festgestellten Schwächen behoben werden. Zumindest erste Ergebnisse sollten innerhalb von Wochen sichtbar sein.

Aktionsplan

Besonders wichtig für den Erfolg weiterer Assessments ist, dass man nicht versucht, die Anonymität der Ergebnisse aufzuheben und Mitarbeiter oder Projekte explizit oder implizit für schlechte Ergebnisse zu bestrafen. Besteht auch nur der Eindruck, dass das passiert, dann werden die Mitarbeiter beim nächsten Mal versuchen, Schwächen und damit Verbesserungsmöglichkeiten zu vertuschen, statt offen darüber zu reden.

8.2.2 Qualifikation von SCAMPI-Assessmentleitern und -teams

Ein offizielles SCAMPI-Assessment muss unter Leitung eines vom SEI autorisierten Leiters (*Lead Appraiser*) durchgeführt werden. Um autorisierter Assessmentleiter zu werden, müssen zuerst folgende Vorbedingungen erfüllt sein ([URL: Assessmentleiter]):

- Die Organisation, der der Assessmentleiter-Kandidat angehört, muss Partner des SEI für Assessments werden. Dies ist eine gegenüber dem CMM neue Voraussetzung, da bisher die Qualifikation als Assessmentleiter nicht an eine Organisation – üblicherweise den Arbeitgeber – gebunden war.

  Transition Partner for SCAMPI appraisal services

- Der Kandidat muss die offiziellen Schulungen »Introduction to the CMMI-SE/SW« und »Intermediate CMMI-SE/SW« des SEI besucht haben.

  CMMI-Schulungen

Voraussetzungen an Assessmentleiter

Darüber hinaus muss der Kandidat folgende Voraussetzungen erfüllen:

- Schulungserfahrung, da zu einem Assessment die Schulung des Teams sowie die Präsentation der Ergebnisse gehört
- Mindestens 10 Jahre Erfahrung in Projektmanagement und Entwicklung, davon mindestens 2 Jahre mit Managementaufgaben
- Akademischer Grad auf einem relevanten technischen Gebiet
- Assessmenterfahrung durch Teilnahme an mindestens zwei SCAMPI-Assessments in den letzten zwei Jahren

Sind all diese Vorbedingungen und Voraussetzungen erfüllt, dann kann der Kandidat an der Schulung »SCAMPI Lead Appraiser Training« teilnehmen und anschließend seine erstes Assessment unter Beobachtung durchführen.[4] Sind die Ergebnisse zufriedenstellend, dann wird der Kandidat autorisiert, selbst Assessments durchzuführen.

Um die Autorisierung aufrechtzuerhalten, muss man innerhalb von je zwei Jahren an zwei SCAMPI-Assessments teilnehmen, davon einmal als Leiter. Da die Anzahl der insgesamt pro Jahr durchgeführten Assessments nicht sehr groß ist, ist diese Anforderung relativ schwierig zu erfüllen, d.h., dahinter steckt das sehr reale Risiko, seine Qualifikation nach zwei Jahren wieder zu verlieren.

»Assessor«

Der Assessmentleiter, häufig auch sein Team, werden oft auch als »Assessor« bezeichnet, auch wenn dieser Begriff in der deutschen Sprache bereits eine völlig andere Bedeutung hat.

8.2.3　Kosten für ein SCAMPI-Assessment

Die Kosten für ein SCAMPI-Assessment können in zwei Gruppen untergliedert werden, nämlich in die Kosten, die direkt bei der begutachteten Organisation anfallen, und die beim Assessmentleiter anfallen.

Kosten für die begutachtete Organisation

Im Gegensatz zum CMM gibt es beim CMMI keine direkten Lizenzkosten für die Organisation, die ein SCAMPI-Assessment durchführt.

Der wichtigste Kostenblock ist damit der Personalaufwand für das Assessmentteam inklusive des Assessmentleiters. Dazu kommt noch

---

4. Hier gibt es eine Verschärfung der Bedingungen für die Qualifizierung von Assessmentleitern gegenüber CMM bzw. CBA-IPI und daraus resultierend eine Verteuerung: Als Beobachter ist in diesem Fall nicht mehr ein beliebiger bereits qualifizierter Assessmentleiter zugelassen, sondern nur noch speziell dafür benannte Assessmentleiter. Zumindest vorerst (Stand Juni 2002) handelt es sich dabei nur um Mitglieder des SEI.

der Aufwand für die Schulung des Teams, insbesondere mindestens jeweils einmalig der Besuch der Schulung »Introduction to the CMMI« (siehe dazu aber Kap. 8.6).

Der Personalaufwand hängt stark von der Größe der begutachteten Organisation sowie der Anzahl der betrachteten Prozessgebiete ab. Die Beschreibung von SCAMPI V 1.0 enthält eine grobe Abschätzung (für Version 1.1 ist diese nicht mehr in der Methodenbeschreibung enthalten; siehe Tab. 8–1).

	Aufwand für Assessmentteam minimal (4 Personen im Team)	Aufwand für Assessmentteam maximal (10 Personen im Team)	Aufwand für begutachtete Organisation
Vorbereitung	53 PT	83 PT	5 PT/Person, die Fragebogen ausfüllt
Durchführung	25 PT	25 PT	4h pro Interviewpartner
Nachbereitung	15 PT	21 PT	
Summe	93 PT	129 PT	

Tab. 8–1
Aufwand bei SCAMPI-Assessment (PT = Personentage)

Im Vergleich zu CBA-IPI ist das ein deutlicher Anstieg des Gesamtumfangs für ein Assessment, verursacht durch den größeren Umfang des Modells sowie die höheren Anforderungen an die Überprüfung und Validation der Ergebnisse.

Kosten für den Assessmentleiter

Für den Leiter eines SCAMPI-Assessments fallen folgende (fixe) Kosten an:

- Die Partnerschaft zwischen der Organisation, der der Assessmentleiter angehört, und dem SEI (*Transition Partnership*, siehe Kap. 8.2.2) kostet eine jährliche Gebühr von 4.500 $ [URL: Transition-Partner] für den ersten Assessmentleiter der Organisation und 3.750 $ für jeden weiteren.
- Dazu kommt die Ausbildung zum Lead Appraiser, die aus drei Schulungen besteht plus der Beobachtung durch das SEI beim ersten durchgeführten Assessment. Als Nicht-Amerikaner kommt man hier auf rund 30.000 bis 35.000 $[5] ohne eigenen Zeitaufwand und Reisekosten.

8.2.4 Offizielles oder inoffizielles Assessment

Anders als z.B. bei einem ISO-9001-Audit wird für ein CMMI-Assessment kein »offizielles« Zertifikat vergeben (vgl. [Kras97]), hinter dem irgendeine Institution außer dem Assessmentleiter steht.[6]

Ein offizielles Assessment ist vor allem dadurch gekennzeichnet, dass es durch einen SEI-zertifizierten *Lead Appraiser* geleitet wird und dass die Ergebnisse an das SEI zurückgemeldet und dort statistisch ausgewertet werden.[7]

Informationen zur Durchführung eines Assessments sind zum großen Teil veröffentlicht

Die für die Durchführung eines Assessments notwendigen Informationen sind fast alle veröffentlicht, mit Ausnahme des Handbuches für Assessmentleiter sowie des CMMI-Fragebogens *CMMI Assessment Questionnaire* (CAQ, siehe Kap. 8.4.3). Diese Unterlagen enthalten zusätzliche Detailinformationen zur Durchführung von Assessments.

Wenn man eine Begutachtung, insbesondere der Klasse A, als Assessment zur eigenen Verbesserung (und nicht als Beleg nach außen) durchführen will, stellt sich damit die Frage, ob man den offiziellen und deutlich teureren Weg gehen soll oder ein Assessment ohne Beteiligung des SEI durchführt. Ein offizielle Assessment bietet die Vorteile, dass man dabei eher mit einem erfahrenen Assessmentleiter arbeiten kann und sich bewusst selbst alle Schleichwege verschließt, die den Nutzen des Assessments schmälern könnten.

8.2.5 Zuverlässigkeit der Assessmentergebnisse

Wie beschrieben sind Assessments der Klasse A auf Korrektheit und Zuverlässigkeit der Ergebnisse optimiert. Trotzdem ist nicht garantiert, dass die Ergebnisse den tatsächlichen Stand der begutachteten Organisation widerspiegeln. [OcSa00] beschreibt einige Probleme mit der korrekten Bewertung der Reife von Organisationen, bezogen vor allem auf *Software Capability Evaluations* zur Bewertung von Lieferanten aus Kundensicht, aber auch hier lassen sich die Ergebnisse weitgehend auf das CMMI und auf SCAMPI übertragen. Insbesondere

---

5. Da die Entwicklung des CMMI sowie von SCAMPI im Wesentlichen vom US-Verteidigungsministerium finanziert wurde, zahlen US-Amerikaner für die Schulungen rund die Hälfte weniger. Die Preise sind den Web-Seiten des SEI, Stand Juni 2002, entnommen und die Dauer des beobachteten Assessments wurde mit zwei Wochen veranschlagt.

6. Vgl. dazu das ausgeklügelte System bei ISO-9001-Zertifikaten, die von Zertifizierungsorganisationen vergeben werden, die selbst wieder akkreditiert sein müssen [KnSo95].

7. Die Ergebnisse dieser statistischen Auswertung werden etwa halbjährlich unter [URL: MaturityProfile] berichtet.

benennt [OcSa00] einige der Tricks, mit denen Organisationen die Ergebnisse eines Assessments beschönigen, ohne zu betrügen und die Gutachter anzulügen. Am besten werden diese Tricks zusammengefasst in der Aussage eines ungenannten Vertriebsmanagers:

> »Die Idee ist erstens, die Gutachter zu überfluten mit all den Sachen, die wir gut tun, damit wir so gut wie möglich aussehen. Zweitens, Belege zu bringen, egal wie schwach diese sind, dass wir den Rest auch machen. Und drittens es den Gutachtern sehr leicht zu machen, ihre Checklisten auszufüllen. Das verleitet sie dazu, im Zweifelsfall auch die Dinge zu akzeptieren, die wir in Wirklichkeit nicht besonders gut machen.« ([OcSa00], S. 33)

Bei SCAMPI ist es etwas schwerer geworden, nicht wirklich gelebte Prozesse vorzuspiegeln, aber man sollte davon ausgehen, dass das immer noch möglich ist. Solange man die Assessments in erster Linie für die eigene Verbesserung einsetzt und die Ergebnisse nicht überbewertet, ist das Risiko relativ gering. Je wichtiger es allerdings für die begutachtete Organisation ist, ein »gutes« Ergebnis zu bekommen, beispielsweise aus Marketing-Gründen oder weil ein wichtiger Auftrag davon abhängt, desto größer wird die Versuchung, Ergebnisse zu beschönigen.

8.3 Methoden für Assessments der Klasse B

Welche Möglichkeiten gibt es für Assessments der Klasse B? Aus einem »vollständigen« Assessment der Klasse A können verschiedene Teile weggelassen werden, um den Aufwand zu reduzieren:

- Verkleinerung des Betrachtungsbereiches, also der Anzahl der betrachteten Projekte oder Prozessgebiete. *(Nur ein Projekt oder einzelne Prozessgebiete)*
- Reduzierung der Anforderungen an die Genauigkeit der Ergebnisse, z.B. Betrachtung von nur zwei Datenquellen. Während bei einem Assessment der Klasse A Interviews, Dokumentenreview und Fragebögen eingesetzt werden, genügen für Assessments der Klasse B Interviews plus eine der beiden anderen Methoden. *(Vereinfachte Datensammlung)*
- Reduktion der formalen Anforderungen, z.B. an die Schulung des Assessmentteams.

8.4 Methoden für Assessments der Klasse C

Begutachtungen der Klasse C sind praktisch immer Assessments und keine externen Evaluationen, sie dienen also der eigenen Verbesserung.

8.4.1 Anforderungen an Assessments der Klasse C

Reduzierte Anforderungen

Bei einem Assessment der Klasse C sind die Anforderungen an die Assessmentmethode deutlich reduziert, wodurch sowohl der Aufwand als auch die Genauigkeit und Zuverlässigkeit der Ergebnisse verringert werden. Kandidaten für eine Vereinfachung sind weitgehend die gleichen wie beim Schritt von Klasse A auf Klasse B:

Datensammlung

▨ Verkleinerung des Betrachtungsbereiches, also der Anzahl der betrachteten Projekte oder Prozessgebiete. Üblicherweise wird man auf diesem Weg nur ein oder maximal zwei Projekte betrachten können.

Datenkonsolidierung

▨ Reduzierung der Anforderungen an die Genauigkeit der Ergebnisse, z.B. Betrachtung nur einer Datenquelle (Interviews oder Dokumentation oder Fragebogen), weniger detailliertes Nachfragen in Zweifelsfällen. Wenn mehrere Methoden eingesetzt werden, genügt es trotzdem, dass Ergebnisse des Assessments durch nur eine dieser Methoden festgestellt wurden, solange die Daten aus verschiedenen Quellen sich nicht widersprechen.

Einsatzmöglichkeiten von Assessments der Klasse C

Eine typische Einsatzmöglichkeit von derartigen Assessments ist die laufende Überprüfung der Verbesserung, indem z.B. einmal pro Quartal ein solches Assessment durchgeführt wird. Dies kann für die gesamte Organisation oder für einzelne bzw. alle Unterorganisationen geschehen und bietet eine gute Gelegenheit, über einen längeren Zeitraum eine große Breitenwirkung zu erreichen.

Im Folgenden sind Beispiele für solche Assessmentmethoden beschrieben.

Auch eine Assessment-methode der Klasse C muss detailliert dokumentiert werden

Zu beachten ist, dass auch zu einer Assessmentmethode der Klasse C eine relativ detaillierte Beschreibung gefordert wird (vgl. Kap. 8.1.2). Das ist aus Sicht des Autors angemessen, um nachvollziehbare und einheitliche Ergebnisse zu bekommen. Hat man keine einheitliche Vorgehensweise und Bewertung, so wird man sehr angreifbar gegenüber Kritik aus den Bereichen oder Projekten, die mit den Assessmentergebnissen nicht einverstanden sind.

8.4.2   Mini-Assessments

Eine mögliche Assessmentmethode der Klasse C sind Mini-Assessments, wie sie in einem aus ca. zehn Entwicklungsabteilungen bestehenden Softwarehaus durchgeführt werden.[8] Die hier beschriebene Vorgehensweise wurde zwar für CMM entwickelt, kann aber (nach entsprechender Schulung des Assessmentteams) für CMMI völlig analog verwendet werden.

▨ Jede Entwicklungsabteilung benennt pro Quartal ein Projekt, das in einem Mini-Assessment betrachtet wird. Dafür gelten gewisse Rahmenbedingungen, um Repräsentativität und Abdeckung sicherzustellen.

Auswahl der betrachteten Projekte

▨ Das Qualitätswesen benennt ein Team aus einem Assessmentleiter und einem Teammitglied, die gemeinsam das Assessment durchführen. Qualifikationskriterien für die Benennung als Mitglied des Assessmentteams sind mehrjährige Erfahrung in Projekt- und Qualitätsmanagement sowie die Teilnahme an einer internen Schulung zu CMMI. Der Assessmentleiter muss zusätzlich die dreitägige Einführungsschulung des SEI zu CMM bzw. CMMI besucht haben sowie an mindestens zwei Mini-Assessments unter Leitung eines SEI-zertifizierten Assessmentleiters teilgenommen haben.

Assessmentteam

▨ Das Mini-Assessment selbst besteht aus

Ablauf Mini-Assessment

- einem kurzen Review der Projektdokumentation, das vor allem dazu dient, dem Assessmentteam einen Überblick über Aufgaben, Ziele und Umfang des Projektes zu verschaffen;
- Interviews mit der Managementebene direkt oberhalb des Projektes (ca. 30-60 min), der Projektleitung (ca. 2h) sowie mit den Verantwortlichen für Anforderungsmanagement und Konfigurationsmanagement sowie ein bis zwei Entwicklern (zusammen ca. 1h); auf Stufe 2 kann dieses letzte Interview relativ kurz sein, ab Stufe 3 wird es ausführlicher;
- der Aufarbeitung der Ergebnisse und Erstellung eines Berichtes;
- der Übergabe der Ergebnisse an das betrachtete Projekt im Rahmen eines kurzen Abschlussgespräches.

▨ Das Ergebnis des Mini-Assessments ist ein Bericht von ca. 3-5 Seiten, in dem pro Prozessgebiet die wichtigsten Stärken, alle festgestellten Abweichungen von den Anforderungen des CMM bzw. CMMI sowie darüber hinaus festgestellte Verbesserungsempfeh-

Ergebnis eines Mini-Assessments

---

8.   Siehe [Gris00] für eine ähnliche Vorgehensweise bei Reuters America.

lungen berichtet werden. Außerdem wird pro Prozessgebiet der Prozentsatz der erfüllten CMM(I)-Anforderungen berichtet und nicht oder nur teilweise erfüllte Anforderungen werden explizit benannt.

Aufwand für ein Mini-Assessment

■ Der Aufwand für das Mini-Assessment beträgt damit je ca. 1 bis 1,5 Tage Aufwand für Assessmentleiter und Teammitglied plus ca. 0,5 bis 1 Tag Aufwand für die Interviewpartner.

Zuverlässigkeit der Ergebnisse

■ Die Erfahrung hat gezeigt, dass die Ergebnisse aus diesen Mini-Assessments trotz des geringeren Umfangs recht zuverlässig sind und auch bei einem anderen Assessmentleiter oder -team oder bei einem aufwändigeren Assessment sehr ähnlich ausfallen. Voraussetzung dafür ist aber ein sehr qualifiziertes Assessmentteam (vgl. Kap. 8.6).

8.4.3   Fragebogenbasierte Methoden

Während bei Mini-Assessments Interviews mit den Beteiligten die wichtigste Datenquelle sind, verwenden andere Assessmentmethoden wie z.B. die *Interim Profiles* ([WNHS94]) vor allem einen Fragebogen zur Datengewinnung.

Interim Profiles

Interim Profiles sind eine für das CMM definierte Methode für einfache Assessments, die sich mit einem angepassten Fragebogen direkt auf das CMMI als Assessmentmethode der Klasse C übertragen lässt. Dabei wird der Fragebogen an einen Kreis von Mitarbeitern der Organisation auf verschiedenen Hierarchieebenen verteilt und die ausgefüllten Fragebögen werden ausgewertet.

Nutzen von fragebogenbasierten Methoden

Interim Profiles sind eine einfache und, da der Fragebogen in erster Linie Multiple-Choice-Fragen enthält, weitgehend objektiv anwendbare Methode. Aus Sicht des Autors ist der Nutzen bzw. die Qualität der Ergebnisse allerdings nicht sehr hoch, da einerseits die Fragen für Mitarbeiter, die sich in der CMM(I)-Terminologie nicht auskennen, nur schwer zu verstehen und zu beantworten sind, und andererseits relativ offensichtlich ist, was die »richtige« Antwort ist. Daher sind die Antworten stark davon abhängig, welches Ergebnis der Antwortende erreichen will bzw. wie zufrieden er mit seiner Arbeitssituation ist. Durch einen besseren Fragebogen kann man dieses Problem zwar etwas verkleinern, aber ohne direktes Nachfragen bei den Antwortenden in einem Gespräch ist es auch bei einem idealen Fragebogen sehr schwierig, die tatsächliche Situation zu bewerten. Dieses Problem ist aber lösbar, so beschreibt beispielsweise [WiSt00] die bei Xerox angewandte »modulare Mini-Assessment-Methode«, in der dies durch entsprechende Vorbereitung und Schulung der Teilnehmer sowie ggf. Diskussion der Ergebnisse des Fragebogens erreicht wird.

Für das CMMI wurde der *CMMI Assessment Questionnaire*
(CAQ) erstellt, dessen Qualität der Autor aber nicht beurteilen kann,
da dieser nicht veröffentlicht ist[9] und nur an Assessmentleiter und
CMMI-Pilotbenutzer herausgegeben wird ([URL: CMMI-FAQ]).

CMMI Assessment Questionnaire, CAQ

Eine nützliche weitere Vereinfachung der fragebogenbasierten
Methoden kann dazu dienen, eine häufige Fortschrittskontrolle durchführen zu können. Dazu definiert man einen einfachen Fragebogen,
der auf die derzeit aktuellen Verbesserungsziele zugeschnitten ist und
pro Themengebiet nur wenige Fragen enthält. Für eine Einführung von
CMMI-Stufe 2 könnte der Fragebogen z.B. zu jedem Prozessgebiet
danach fragen, ob die wichtigsten geforderten Ergebnisse vorliegen
und die Umsetzung des Prozesses objektiv bewertet wird, im Sinne der
generischen Praktik GP 2.9. Auch wenn man mit einem solchen
»CMMI-Check« sicher nicht herausfinden kann, ob das befragte Projekt die CMMI-Anforderungen erfüllt, erfährt man zumindest, ob es
die wichtigsten Schritte durchführt und damit in die richtige Richtung
läuft.

Häufige Fortschrittskontrolle durch CMMI-Check

8.5   Wann welche Assessmentmethode?

Wie bei so vielen Fragen hängt auch hier die Antwort in erster Linie
davon ab, was man genau erreichen will und welchen Nutzen man sich
davon verspricht. Grundsätzlich gilt: Je mehr Aufwand man in die
Assessments investiert, desto zuverlässiger und detaillierter werden die
Ergebnisse. Es gilt also im Einzelfall abzuwägen, welche Qualität der
Ergebnisse man mindestens braucht und wie man diese mit minimalem
Aufwand erreicht.

Folgende Kriterien sind dabei wichtig:

- Will man das Erreichte nach außen, z.B. gegenüber dem Kunden,
  dokumentieren, so kommen praktisch nur SCAMPI-Assessments,
  also Assessments der Klasse A, in Frage.
- Für die laufende Verfolgung des Fortschritts sind diese aber entschieden zu teuer und das gilt meist auch für Assessments der
  Klasse B.
- Bei internen Assessments zur Prozessverbesserung kommt es mehr
  darauf an, gute Ergebnisse bei minimalen Kosten als höchste Qualität und Zuverlässigkeit der Ergebnisse zu erreichen.

---

9.   Im Gegensatz dazu wurde der Fragebogen für das CMM veröffentlicht, siehe
     [ZHSG94].

░ Sollen die Ergebnisse als Benchmark und Vergleich mit Außenstehenden dienen, dann werden die Anforderungen an die Zuverlässigkeit und Korrektheit der Ergebnisse höher und man muss entsprechend höheren Aufwand dafür treiben.

░ Je größer die Abweichungen vom geplanten Ziel sind, z.B. der Umsetzung von Prozessverbesserungen zur Erreichung von CMMI-Stufe 2, desto weniger Aufwand ist notwendig, um wesentliche Gelegenheiten zur Prozessverbesserung – sprich Abweichungen – zu identifizieren. Hier besteht die Schwierigkeit eher darin, im nächsten Schritt bei der Planung zu entscheiden, welche Prozessverbesserungen zuerst umgesetzt werden sollen, und man sollte vorerst mit einer einfachen Assessmentmethode starten.

░ Je erfahrener und qualifizierter das Gutachterteam ist, desto geringer ist der Aufwand, um ein Assessment mit vorgegebener Ergebnisqualität durchzuführen.

Aus diesen Kriterien wird schnell deutlich, dass man mit einer Assessmentmethode nicht auskommt, sondern mehrere verwenden sollte.[10] Die Einsatzmöglichkeiten folgen relativ offensichtlich aus der Definition der einzelnen Assessmentmethoden (vgl. [Minn02]):

░ Ein Assessment der Klasse A, also typischerweise ein SCAMPI, führt man durch, wenn die Organisation eine höhere Stufe erreicht hat, spätestens aber nach zwei bis drei Jahren.

░ Ein Assessment der Klasse B führt man etwa einmal pro Jahr durch, um ein detailliertes Bild des aktuellen Standes zu bekommen. Außerdem ist ein solches Assessment sinnvoll in der Vorbereitung auf ein SCAMPI oder zum Einstieg in die Prozessverbesserung nach CMMI, um das Modell und den eigenen Stand in Bezug auf das Modell kennen zu lernen. Gegebenenfalls kann man ein Assessment der Klasse B durch mehrere Assessments der Klasse C auf einzelne Projekte oder Teilorganisationen ersetzen.

░ Ein Assessment der Klasse C führt man häufig durch, z.B. einmal pro Quartal oder noch öfter.

Einen ähnlichen Ansatz mit drei unterschiedlichen Intensitätsstufen für Assessments verwendet auch Reuters ([Gris00]).[11]

---

10. [Minn02] spricht hier vom Begutachtungs-Werkzeugkasten.
11. Diese Aussage bezieht sich auf CMM. Dem Autor ist nicht bekannt, ob und wann Reuters auf CMMI umsteigt.

8.6 Auswahl und Qualifikation der Gutachter

In den oben angeführten Beschreibungen wurde mehrmals die Bedeutung eines qualifizierten Assessmentteams angesprochen. Ein solches qualifiziertes Team braucht man für alle drei Klassen von Assessments. Laut [ARC01] sind die Anforderungen für ein Assessment der Klasse C niedriger, aber aus Sicht des Autors ist dies zweifelhaft: Da bei einem solchen Assessment die Gutachter innerhalb kurzer Zeit mit einem kleinen Team eine zuverlässige Aussage über die Reife einer Teilorganisation oder eines Projektes machen sollen, sind die Anforderungen hier ebenfalls hoch. Lediglich für den Assessmentleiter steigen durch den größeren Umfang die Anforderungen bei einer höheren Stufe aufgrund der umfangreicheren Planungs- und Organisationsaufgaben. Zusätzlich sind die formalen Anforderungen an den Leiter eines SCAMPI-Assessments deutlich höher (siehe Kap. 8.2.2).

Qualifiziertes Team wird unabhängig von der Klasse der Assessments benötigt

Praktisch heißt das, dass man ein festes Assessmentteam braucht, das in der Lage ist, Erfahrungen mit den verwendeten Assessmentmethoden sowie den Anforderungen des CMMI zu sammeln. Sinnvollerweise wird man dabei nicht zwischen den Teams und der Qualifikation für die verschiedenen Klassen von Assessments unterscheiden, sondern mit einem Team arbeiten, dessen Mitglieder je nach Bedarf unterschiedliche Arten von Assessments durchführen.

Festes Assessmentteam

Während man für Assessments der Klasse B oder C die Leiter aus dem Gutachterteam selbst stellen kann, lohnt sich die Ausbildung eines eigenen Leiters von SCAMPI-Assessments nur für größere Unternehmen, bei denen dieser mindestens ein SCAMPI-Assessment pro Jahr durchführen kann, um seine Qualifikation aufrechtzuerhalten.

Qualifikation eines eigenen SCAMPI Lead Appraisers

Andere Unternehmen sollten eher einen externen Berater dafür ins Unternehmen holen. Dies hat auch den Vorteil, dass die Akzeptanz für die von einem Externen festgestellten Ergebnisse oft deutlich höher ist als wenn ein interner Mitarbeiter die gleichen Ergebnisse präsentiert.

Externe SCAMPI Lead Appraisers

Für den deutschsprachigen Raum gibt es die zusätzliche Schwierigkeit, dass es hier laut der vom SEI herausgegebenen Liste derzeit keinen qualifizierten *Lead Appraiser* gibt, weder für CMM noch CMMI. Man ist also auf einen Assessmentleiter aus dem Ausland angewiesen, der aber normalerweise kein Deutsch kann. Es gibt mehrere Möglichkeiten, um damit umzugehen: Der offensichtliche Lösungsansatz ist, einen der wenigen Assessmentleiter zu suchen, die Deutsch zumindest als Fremdsprache sprechen, und zu prüfen, ob man mit diesem zusammenarbeiten will. Je nach Unternehmen kann man darauf verzichten und die Interviews komplett in Englisch durchführen. Man sollte aber nicht unterschätzen, dass die Gesprächspartner in einem Interview sich

Deutschsprachige Leiter von SCAMPI-Assessments sind selten

meist sowieso schon unter Stress fühlen. Die Erläuterung komplexer Sachverhalte in einer fremden Sprache stellt für viele Mitarbeiter dann eine Überforderung dar. Die dritte Möglichkeit ist der Einsatz von Dolmetschern in den Interviews. Nachteil hier sind die zusätzlichen Kosten sowie die Schwierigkeit, einen in der CMMI- und Softwareentwicklungsterminologie kompetenten Dolmetscher zu finden.

Assessmentteam haupt- oder nebenberuflich?

Aus dem Gesagten folgt nicht notwendigerweise, dass die Mitglieder des Gutachterteams diese Rolle hauptberuflich übernehmen müssen. Bei den in Kapitel 8.4.2 beschriebenen Mini-Assessments besteht das Team beispielsweise aus Mitarbeitern, die hauptberuflich eine andere Aufgabe wahrnehmen und nur zu ca. 10% für Assessmentaufgaben freigestellt sind. In diesem Beispiel wurde bewusst darauf geachtet, dass nur ein Teil dieses Teams sich hauptberuflich mit Qualitätsmanagementaufgaben befasst, während ein anderer Teil gezielt aus der Projektarbeit kommt, typischerweise als Projekt- oder Teilprojektleiter. Es ist zwar für diese Mitarbeiter meist schwierig, sich für die Assessmentaufgaben freizumachen, aber andererseits bringen sie einen stärkeren Praxisbezug in die Arbeit: Bei der Bewertung stellen sie sehr viel häufiger die Frage nach dem Nutzen, da sie bei der Interpretation der CMMI-Anforderungen immer überlegen, wie sie diese in ihrem eigenen Projekt umsetzen können und wollen.

Nebenbei erhält man dadurch einen größeren Kreis von Multiplikatoren für die Ideen des CMMI, die diese Ideen in ihrer täglichen Projektarbeit forcieren.

Nachteil dieser Lösung ist allerdings die schlechtere Verfügbarkeit der Gutachter sowie der daraus resultierende höhere Verwaltungsaufwand für Assessments. Außerdem ist es schwieriger, einheitliche Bewertungsmaßstäbe im Gutachterteam zu erreichen als bei einer kleinen Gruppe von hauptberuflichen Gutachtern.

Für die Auswahl und Ausbildung des Gutachterteams hat sich die in Kapitel 8.4.2 beschriebene Ausbildung bewährt, die im Wesentlichen aus folgenden Schritten besteht:

Eingangsvoraussetzungen für Gutachter

- Eingangsvoraussetzungen: Mehrjährige Erfahrung im Projekt- und/oder Qualitätsmanagement, Interesse an dieser Aufgabe, Teilnahme an einer internen Schulung zu CMM(I).
- Teilnahme an der dreitägigen Einführungsschulung des SEI zu CMM bzw. CMMI.
- Teilnahme an Assessments, zuerst unter Leitung eines erfahrenen Gutachters, später auch unter Leitung eines externen, SEI-zertifizierten Assessmentleiters, z.B. bei einem SCAMPI-Assessment.

Regelmäßige Workshops, etwa alle drei bis sechs Monate, bei denen die Gutachter Erfahrungen austauschen, über Zweifelsfälle bei der Interpretation der CMM(I)-Anforderungen diskutieren, über aktuelle Planungen im Qualitätsmanagement informiert werden und ggf. in neuen Themen wie neu behandelten Prozessgebieten oder neuen oder geänderten Prozessen geschult werden. Diese Workshops haben sich als sehr effektiv herausgestellt, um das gesamte Team auf eine vergleichbare Qualifikation zu bringen und eine ähnliche Interpretation der Anforderungen zu erreichen.

Workshops zum Erfahrungsaustausch

Gerade die Arbeit an einem gemeinsamen Verständnis der Anforderungen und ihrer Interpretation ist sehr wichtig, um lange Diskussionen in den Assessments selbst zu vermeiden. Damit soll der Aufwand gering gehalten, trotzdem aber nachvollziehbare, möglichst vom individuellen Gutachter unabhängige Ergebnisse erzielt werden.

Die Gutachter für die verschiedenen Klassen und Methoden von Assessments werden aus dem gleichen Assessmentteam gewählt. Meist sehen sie es als Belohnung an, wenn sie nach vielen Mini-Assessments endlich einmal an einem »richtigen« Assessment, also einem CBA-IPI bzw. SCAMPI, teilnehmen können.

9 Ausblick und Schlusswort

Wir sind jetzt am Ende dieses Buches angekommen und Sie, liebe Leser, haben einen Überblick über das CMMI und seine Nutzung zur Prozessverbesserung erhalten. Damit sind Sie in der Lage, über eine CMMI-Einführung fundiert mitzureden und zu entscheiden und erste Schritte zur Einführung zu gehen. Ein Buch kann aber nicht die eigene Erfahrung ersetzen. Fangen Sie an, CMMI in kleinem Umfang zu nutzen und eigene Erfahrungen damit zu sammeln, und bauen Sie die Nutzung schrittweise aus (vgl. Kap. 6.1.1).

Zur Beantwortung der dabei auftretenden Fragen stehen u.a. folgende Quellen zur Verfügung:

- Für den Einstieg gibt es die CMMI-Einführungsschulungen des SEI, die in Europa u.a. vom *European Software Institute* ESI angeboten werden. Dort können Sie auch Kontakte zu anderen CMMI-Anwendern knüpfen.
- Zur Vertiefung empfiehlt sich die CMMI-Originaldokumentation, wie sie von der Webseite des SEI ([URL: SEI]) heruntergeladen werden kann. Vor allem bei Fragen zur Interpretation der CMMI-Anforderungen sollte dies der erste Anlaufpunkt sein. Allerdings hat diese Originaldokumentation für manche den Nachteil, dass sie nur in englischer Sprache verfügbar ist. Aus diesem Grund enthält Anhang A dieses Buches die Kernanforderungen des CMMI in deutscher Übersetzung.
- Vertiefende Informationen zu CMMI und vielen Einzelfragen erhält man auf der Webseite des SEI ([URL: SEI]), insbesondere [URL: CMMI] sowie dem SEI Repository ([URL: SEIR]). (Siehe [URL: QM-Links] für weitere relevante Links.)
- Unbedingt empfehlenswert ist der persönliche Erfahrungsaustausch mit anderen CMM(I)-Anwendern auf individueller Basis oder im Rahmen von Tagungen oder anderen Veranstaltungen.

Für viele Themen findet man Hinweise auf weiterführende Literatur bei der Behandlung des jeweiligen Themas in diesem Buch.

Ein wichtiger Punkt bei der Nutzung von Modellen wie dem CMMI ist folgender: Achten Sie immer darauf, dass CMMI nicht das Ziel, sondern ein Werkzeug ist. Wenn CMMI etwas fordert, was in Ihrem speziellen Fall keinen Nutzen bringt, dann überprüfen Sie, ob das wirklich zutrifft oder ob Sie vielleicht die Anforderung etwas anders interpretieren müssen. Und wenn die Forderung wirklich keinen Nutzen bringt, dann lassen Sie es.

Ich wünsche Ihnen viel Erfolg, nicht nur bei der Erreichung eines bestimmten CMMI-Reifegrades, sondern vor allem, dass Sie durch die Nutzung von CMMI produktiver und schneller werden und bessere Ergebnisse liefern.

A Anhang: Geforderte und erwartete Modellbestandteile[1]

A.1 Reifegrad 2: Gemanagt

ANFORDERUNGSMANAGEMENT

> *Das Anforderungsmanagement (Requirements Management) dient dazu, die Anforderungen an die im Projekt erstellten Produkte und Produktkomponenten zu managen und Inkonsistenzen zwischen diesen Anforderungen und den Projektplänen sowie den Arbeitsergebnissen zu identifizieren.*

Spezifische und generische Ziele

SG 1 Anforderungen managen

Anforderungen werden gemanagt und Widersprüche zu Projektplänen und Arbeitsergebnissen identifiziert.

GG 2 Einen gemanagten Prozess institutionalisieren

Der Prozess wird als gemanagter Prozess institutionalisiert.

---

1. Copyright 2002 by Carnegie Mellon University.
    Deutsche Übersetzung durch Ralf Kneuper.
    Anhang A.1 bis Anhang A.4 enthalten die deutsche Übersetzung von Anhang D »Required and expected model elements« des CMMI-SE/SW, Version 1.1, in der stufenförmigen Darstellung (»Staged representation«). Anhang B.1 anschließend enthält die deutsche Übersetzung der generischen Ziele und Praktiken aus der kontinuierlichen Darstellung. Anhang B.2 beschreibt die Abbildung dieser Inhalte auf die kontinuierliche Darstellung.
    Diese deutsche Übersetzung der CMMI-Anforderungen ist auch als Poster erhältlich unter www.dpunkt.de/cmmi/.

Praktiken je Ziel:

SG 1   Anforderungen managen

Anforderungen werden gemanagt und Widersprüche zu Projektplänen und Arbeitsergebnissen identifiziert.

SP 1.1   Verständnis über Anforderungen herbeiführen

Verständnis mit den Anfordernden über die Bedeutung der Anforderungen entwickeln.

SP 1.2   Festlegung auf Anforderungen herbeiführen

Festlegung der Projektbeteiligten auf die Anforderungen herbeiführen.

SP 1.3   Anforderungsänderungen managen

Anforderungsänderungen entsprechend ihrer Entwicklung im Projekt managen.

SP 1.4   Bidirektionale Nachverfolgbarkeit der Anforderungen aufrechterhalten

Bidirektionale Nachverfolgbarkeit zwischen den Anforderungen und den Projektplänen und Arbeitsergebnissen aufrechterhalten.

SP 1.5   Inkonsistenzen zwischen der Projektarbeit und den Anforderungen identifizieren

Inkonsistenzen zwischen den Projektplänen und Arbeitsergebnissen und den Anforderungen identifizieren.

GG 2   Einen gemanagten Prozess institutionalisieren

Der Prozess wird als gemanagter Prozess institutionalisiert.

Verpflichtung zur Umsetzung

GP 2.1 (CO 1)[2]   Erstellen einer organisationsweiten Strategie

Eine organisationsweite Strategic für die Planung und Umsetzung des Anforderungsmanagementprozesses erstellen und pflegen.

---

2.   CO – Commitment (Verpflichtung). AB – Ability (Fähigkeit). DI – Directing Implementation (Steuerung der Umsetzung). VE – Verification (Verifikation). Siehe Kapitel 4.5.1 für eine ausführliche Erläuterung.

Fähigkeit zur Durchführung

GP 2.2 (AB 1) **Prozess planen**
Den Plan für die Umsetzung des Anforderungsmanagementprozesses erstellen und pflegen.

GP 2.3 (AB 2) **Ressourcen bereitstellen**
Angemessene Ressourcen bereitstellen, um den Anforderungsmanagementprozess durchzuführen, die Arbeitsergebnisse zu erstellen und die zugehörigen Dienstleistungen zu erbringen.

GP 2.4 (AB 3) **Verantwortlichkeit zuweisen**
Verantwortlichkeit und Entscheidungsbefugnis zuweisen für die Durchführung, die Entwicklung der Arbeitsergebnisse und die Erbringung der Dienstleistungen des Anforderungsmanagementprozesses.

GP 2.5 (AB 4) **Personen schulen**
Personen, die den Anforderungsmanagementprozess umsetzen oder unterstützen, nach Bedarf schulen.

Steuerung der Umsetzung

GP 2.6 (DI 1) **Konfigurationen managen**
Benannte Arbeitsergebnisse des Anforderungsmanagementprozesses in angemessenem Umfang unter Konfigurationsmanagement stellen.

GP 2.7 (DI 2) **Relevante Betroffene identifizieren und einbeziehen**
Relevante Betroffene des Anforderungsmanagementprozesses gemäß Plan identifizieren und einbeziehen.

GP 2.8 (DI 3) **Prozess überwachen und steuern**
Anforderungsmanagementprozess gegen den Plan für die Durchführung des Prozesses überwachen und steuern und angemessene Korrekturmaßnahmen ergreifen.

Verifikation der Umsetzung

GP 2.9 (VE 1) **Einhaltung objektiv bewerten**
Einhaltung des Anforderungsmanagementprozesses objektiv gegen seine Prozessbeschreibungen und Prozeduren bewerten und Abweichungen bearbeiten.

GP 2.10 (VE 2) Status mit höherem Management einem Review unterziehen

Review der Aktivitäten, des Status und der Ergebnisse des Anforderungsmanagementprozesses mit dem höheren Management durchführen und offene Punkte klären.

PROJEKTPLANUNG

Die Projektplanung (Project Planning) dient dazu, Pläne zur Definition der Projektaktivitäten zu erstellen und zu pflegen.

Spezifische und generische Ziele

SG 1   Schätzungen aufstellen

Schätzungen der Projektplanungsparameter werden erstellt und gepflegt.

SG 2   Projektplan erstellen

Ein Projektplan als Basis für das Management des Projektes wird erstellt und gepflegt.

SG 3   Verpflichtung auf den Plan herbeiführen

Verpflichtungen auf den Projektplan werden herbeigeführt und gepflegt.

GG 2   Einen gemanagten Prozess institutionalisieren

Der Prozess wird als gemanagter Prozess institutionalisiert.

Praktiken je Ziel:

SG 1   Schätzungen aufstellen

Schätzungen der Projektplanungsparameter werden erstellt und gepflegt.

SP 1.1   Umfang des Projektes schätzen

Einen Arbeitsplan (Work Breakdown Structure, WBS) auf oberster Ebene erstellen, um den Umfang des Projektes zu schätzen.

SP 1.2   Attribute der Arbeitsergebnisse und Aufgaben schätzen

Schätzungen der Attribute von Arbeitsergebnissen und Aufgaben erstellen und pflegen.

SP 1.3   Projektlebenszyklus definieren
Phasen im Projektlebenszyklus definieren, um den Umfang der Planung festzulegen.

SP 1.4   Schätzungen von Aufwand und Kosten bestimmen
Projektaufwand und Kosten der Arbeitsergebnisse und Aufgaben auf Basis eines Schätzprinzips schätzen.

SG 2   Projektplan erstellen
Ein Projektplan als Basis für das Management des Projektes wird erstellt und gepflegt.

SP 2.1   Budget und Zeitplan erstellen
Budget und Zeitplan für das Projekt erstellen und pflegen.

SP 2.2   Projektrisiken identifizieren
Identifizieren und analysieren der Projektrisiken.

SP 2.3   Datenmanagement planen
Management der Projektdaten planen.

SP 2.4   Projektressourcen planen
Planen der Ressourcen, die für die Projektdurchführung notwendig sind.

SP 2.5   Planen des benötigten Wissens und der Fähigkeiten
Planen des Wissens und der Fähigkeiten, die für die Projektdurchführung notwendig sind.

SP 2.6   Beteiligung der Betroffenen planen
Beteiligung der identifizierten Betroffenen planen.

SP 2.7   Projektplan erstellen
Erstellen und pflegen des Inhaltes des Gesamtprojektplanes.

SG 3   Verpflichtung auf den Plan herbeiführen
Verpflichtungen auf den Projektplan werden herbeigeführt und gepflegt.

SP 3.1   Review auf Pläne durchführen, die das Projekt betreffen
Review auf alle Pläne durchführen, die das Projekt betreffen, um die Verpflichtungen des Projektes zu verstehen.

SP 3.2   Arbeit und Verfügbarkeit der Ressourcen in Einklang bringen
Projektplan mit den verfügbaren und geschätzten Ressourcen in Einklang bringen.

SP 3.3   Verpflichtung auf den Plan herbeiführen
Verpflichtung der relevanten Betroffenen herbeiführen, die für die Umsetzung und Plandurchführung verantwortlich sind.

GG 2   Einen gemanagten Prozess institutionalisieren
Der Prozess wird als gemanagter Prozess institutionalisiert.

Verpflichtung zur Umsetzung

GP 2.1 (CO 1)   Erstellen einer organisationsweiten Strategie
Eine organisationsweite Strategie für die Planung und Umsetzung des Projektplanungsprozesses erstellen und pflegen.

Fähigkeit zur Durchführung

GP 2.2 (AB 1)   Prozess planen
Den Plan für die Umsetzung des Projektplanungsprozesses erstellen und pflegen.

GP 2.3 (AB 2)   Ressourcen bereitstellen
Angemessene Ressourcen bereitstellen, um den Projektplanungsprozess durchzuführen, die Arbeitsergebnisse zu erstellen und die zugehörigen Dienstleistungen zu erbringen.

GP 2.4 (AB 3)   Verantwortlichkeit zuweisen
Verantwortlichkeit und Entscheidungsbefugnis zuweisen für die Durchführung, die Entwicklung der Arbeitsergebnisse und die Erbringung der Dienstleistungen des Projektplanungsprozesses.

GP 2.5 (AB 4)   Personen schulen
Personen, die den Projektplanungsprozess umsetzen oder unterstützen, nach Bedarf schulen.

Steuerung der Umsetzung

GP 2.6 (DI 1)   Konfigurationen managen

Benannte Arbeitsergebnisse des Projektplanungsprozesses in angemessenem Umfang unter Konfigurationsmanagement stellen.

GP 2.7 (DI 2)   Relevante Betroffene identifizieren und einbeziehen

Relevante Betroffene des Projektplanungsprozesses gemäß Plan identifizieren und einbeziehen.

GP 2.8 (DI 3)   Prozess überwachen und steuern

Projektplanungsprozess gegen den Plan für die Durchführung des Prozesses überwachen und steuern und angemessene Korrekturmaßnahmen ergreifen.

Verifikation der Umsetzung

GP 2.9 (VE 1)   Einhaltung objektiv bewerten

Einhaltung des Projektplanungsprozesses objektiv gegen seine Prozessbeschreibungen und Prozeduren bewerten und Abweichungen bearbeiten.

GP 2.10 (VE 2) Status mit höherem Management einem Review unterziehen

Review der Aktivitäten, des Status und der Ergebnisse des Projektplanungsprozesses mit dem höheren Management durchführen und offene Punkte klären.

PROJEKTVERFOLGUNG UND -STEUERUNG

Die Projektverfolgung und -steuerung (Project Monitoring and Control) dient dazu, ein Verständnis vom Projektfortschritt zu liefern, damit angemessene Korrekturmaßnahmen ergriffen werden können, wenn die Leistung des Projektes wesentlich vom Plan abweicht.

Spezifische und generische Ziele

SG 1   Projekt gegen den Plan überwachen

Tatsächliche Leistung und Projektfortschritt werden gegen den Projektplan überwacht.

SG 2   Korrekturmaßnahmen bis zum Abschluss managen

Korrekturmaßnahmen werden bis zum Abschluss gemanagt, wenn die Leistung des Projektes oder seine Ergebnisse signifikant vom Plan abweichen.

GG 2   Einen gemanagten Prozess institutionalisieren

Der Prozess wird als gemanagter Prozess institutionalisiert.

Praktiken je Ziel:

SG 1   Projekt gegen den Plan überwachen

Tatsächliche Leistung und Projektfortschritt werden gegen den Projektplan überwacht.

SP 1.1   Projektplanungsparameter überwachen

Die tatsächlichen Werte der Projektplanungsparameter gegen den Projektplan überwachen.

SP 1.2   Verpflichtungen überwachen

Verpflichtungen gegen die im Projektplan identifizierten überwachen.

SP 1.3   Projektrisiken überwachen

Projektrisiken gegen die im Projektplan identifizierten überwachen.

SP 1.4   Datenmanagement überwachen

Management der Projektdaten gegen den Projektplan überwachen.

SP 1.5   Beteiligung der Betroffenen überwachen

Beteiligung der Betroffenen gegen den Projektplan überwachen.

SP 1.6   Reviews auf den Fortschritt durchführen

Regelmäßig Reviews auf den Projektfortschritt, die Performanz und offene Punkte durchführen.

SP 1.7   Reviews auf Meilensteine durchführen

Reviews auf das Erreichte und Ergebnisse des Projektes an ausgewählten Projektmeilensteinen durchführen.

SG 2   Korrekturmaßnahmen bis zum Abschluss managen

Korrekturmaßnahmen werden bis zum Abschluss gemanagt, wenn die Leistung des Projektes oder seine Ergebnisse signifikant vom Plan abweichen.

SP 2.1 Offene Punkte analysieren
Sammeln und analysieren der offenen Punkte und festlegen der notwendigen Korrekturmaßnahmen, um
diese zu bearbeiten.

SP 2.2 Korrekturmaßnahmen ergreifen
Korrekturmaßnahmen auf identifizierte offene Punkte
ergreifen.

SP 2.3 Korrekturmaßnahmen managen
Korrekturmaßnahmen bis zum Abschluss managen.

GG 2 Einen gemanagten Prozess institutionalisieren
Der Prozess wird als gemanagter Prozess institutionalisiert.

Verpflichtung zur Umsetzung

GP 2.1 (CO 1) Erstellen einer organisationsweiten Strategie
Eine organisationsweite Strategie für die Planung und
Umsetzung des Prozesses zur Projektverfolgung und -steu-
erung erstellen und pflegen.

Fähigkeit zur Durchführung

GP 2.2 (AB 1) Prozess planen
Den Plan für die Umsetzung des Prozesses der Projektverfolgung und -steuerung erstellen und pflegen.

GP 2.3 (AB 2) Ressourcen bereitstellen
Angemessene Ressourcen bereitstellen, um den Prozess
der Projektverfolgung und -steuerung durchzuführen,
die Arbeitsergebnisse zu erstellen und die zugehörigen
Dienstleistungen zu erbringen.

GP 2.4 (AB 3) Verantwortlichkeit zuweisen
Verantwortlichkeit und Entscheidungsbefugnis zuweisen für die Durchführung, die Entwicklung der Arbeitsergebnisse und die Erbringung der Dienstleistungen des
Prozesses der Projektverfolgung und -steuerung.

GP 2.5 (AB 4) Personen schulen
Personen, die den Prozess der Projektverfolgung und -
steuerung umsetzen oder unterstützen, nach Bedarf
schulen.

Steuerung der Umsetzung

GP 2.6 (DI 1)   **Konfigurationen managen**
Benannte Arbeitsergebnisse des Prozesses der Projekt-verfolgung und -steuerung in angemessenem Umfang unter Konfigurationsmanagement stellen.

GP 2.7 (DI 2)   **Relevante Betroffene identifizieren und einbeziehen**
Relevante Betroffene des Prozesses der Projektverfol-gung und -steuerung gemäß Plan identifizieren und ein-beziehen.

GP 2.8 (DI 3)   **Prozess überwachen und steuern**
Prozess der Projektverfolgung und -steuerung gegen den Plan für die Durchführung des Prozesses überwa-chen und steuern und angemessene Korrekturmaßnah-men ergreifen.

Verifikation der Umsetzung

GP 2.9 (VE 1)   **Einhaltung objektiv bewerten**
Einhaltung des Prozesses der Projektverfolgung und -steuerung objektiv gegen seine Prozessbeschreibungen und Prozeduren bewerten und Abweichungen bearbei-ten.

GP 2.10 (VE 2)   **Status mit höherem Management einem Review unterziehen**
Review der Aktivitäten, des Status und der Ergebnisse des Prozesses der Projektverfolgung und -steuerung mit dem höheren Management durchführen und offene Punkte klären.

MANAGEMENT VON LIEFERANTENVEREINBARUNGEN

Das Management von Lieferantenvereinbarungen (Supplier Agreement Management) dient dazu, den Kauf von Produkten von Lieferanten zu managen, für die eine formelle Vereinbarung besteht.

Spezifische und generische Ziele

SG 1   Lieferantenvereinbarungen erstellen
Vereinbarungen mit den Lieferanten werden erstellt und gepflegt.

SG 2   Lieferantenvereinbarungen einhalten
Vereinbarungen mit den Lieferanten werden sowohl vom Projekt als auch vom Lieferanten eingehalten.

GG 2   Einen gemanagten Prozess institutionalisieren
Der Prozess wird als gemanagter Prozess institutionalisiert.

Praktiken je Ziel:

SG 1   Lieferantenvereinbarungen erstellen
Vereinbarungen mit den Lieferanten werden erstellt und gepflegt.

SP 1.1   Art des Erwerbs festlegen
Art des Erwerbs für jedes Produkt oder jede Produktkomponente, die erworben werden soll, festlegen.

SP 1.2   Lieferanten auswählen
Lieferanten auf Basis einer Bewertung ihrer Fähigkeit, spezifizierte Anforderungen zu erfüllen, und festgelegter Kriterien auswählen.

SP 1.3   Lieferantenvereinbarung aufstellen
Erstellen und Pflegen einer formellen Vereinbarung mit dem Lieferanten.

SG 2   Lieferantenvereinbarungen einhalten
Vereinbarungen mit den Lieferanten werden sowohl vom Projekt als auch vom Lieferanten eingehalten.

SP 2.1   COTS[3]-Produkte einem Review unterziehen
In Frage kommende COTS-Produkte einem Review unterziehen, um sicherzustellen, dass sie die spezifizier-

ten Anforderungen, die von der Lieferantenvereinbarung abgedeckt werden, erfüllen.

SP 2.2   Lieferantenvereinbarung umsetzen
Die in der Lieferantenvereinbarung spezifizierten Aktivitäten mit dem Lieferanten durchführen.

SP 2.3   Annahme des erworbenen Produktes
Vor der Annahme des erworbenen Produktes sicherstellen, dass die Lieferantenvereinbarung eingehalten ist.

SP 2.4   Produkt übergeben
Das erworbene Produkt vom Lieferanten zum Projekt übergeben.

GG 2   Einen gemanagten Prozess institutionalisieren
Der Prozess wird als gemanagter Prozess institutionalisiert.

Verpflichtung zur Umsetzung

GP 2.1 (CO 1)   Erstellen einer organisationsweiten Strategie
Eine organisationsweite Strategie für die Planung und Umsetzung des Prozesses für das Management von Lieferantenvereinbarungen erstellen und pflegen.

Fähigkeit zur Durchführung

GP 2.2 (AB 1)   Prozess planen
Den Plan für die Umsetzung des Prozesses zum Management von Lieferantenvereinbarungen erstellen und pflegen.

GP 2.3 (AB 2)   Ressourcen bereitstellen
Angemessene Ressourcen bereitstellen, um den Prozess des Managements von Lieferantenvereinbarungen durchzuführen, die Arbeitsergebnisse zu erstellen und die zugehörigen Dienstleistungen zu erbringen.

GP 2.4 (AB 3)   Verantwortlichkeit zuweisen
Verantwortlichkeit und Entscheidungsbefugnis zuweisen für die Durchführung, die Entwicklung der Arbeitsergebnisse und die Erbringung der Dienstleistungen des Prozesses zum Management von Lieferantenbeziehungen.

---

3.   COTS : commercial off-the-shelf, d.h., COTS-Produkte sind Standardprodukte.

GP 2.5 (AB 4)   Personen schulen

Personen, die den Prozess zum Management von Liefe-rantenbeziehungen umsetzen oder unterstützen, nach Bedarf schulen.

Steuerung der Umsetzung

GP 2.6 (DI 1)   Konfigurationen managen

Benannte Arbeitsergebnisse des Prozesses zum Manage-ment von Lieferantenbeziehungen in angemessenem Umfang unter Konfigurationsmanagement stellen.

GP 2.7 (DI 2)   Relevante Betroffene identifizieren und einbeziehen

Relevante Betroffene des Prozesses zum Management von Lieferantenbeziehungen gemäß Plan identifizieren und einbeziehen.

GP 2.8 (DI 3)   Prozess überwachen und steuern

Prozess zum Management von Lieferantenbeziehungen gegen den Plan für die Durchführung des Prozesses überwachen und steuern und angemessene Korrektur-maßnahmen ergreifen.

Verifikation der Umsetzung

GP 2.9 (VE 1)   Einhaltung objektiv bewerten

Einhaltung des Prozesses zum Management von Liefe-rantenbeziehungen objektiv gegen seine Prozessbe-schreibungen und Prozeduren bewerten und Abweichungen bearbeiten.

GP 2.10 (VE 2) Status mit höherem Management einem Review unterziehen

Review der Aktivitäten, des Status und der Ergebnisse des Prozesses zum Management von Lieferantenbezie-hungen mit dem höheren Management durchführen und offene Punkte klären.

MESSUNG UND ANALYSE

> *Messung und Analyse (Measurement and Analysis) dienen dazu, eine Fähigkeit zu Messungen zu entwickeln und aufrechtzuerhalten, die zur Unterstützung des Informationsbedarfs des Managements genutzt wird.*

Spezifische und generische Ziele

SG 1 Ausrichtung der Mess- und Analyse-Aktivitäten festlegen
Die Ziele und Aktivitäten der Messung werden auf identifizierten Informationsbedarf und -ziele ausgerichtet.

SG 2 Messergebnisse bereitstellen
Messergebnisse, die sich auf den identifizierten Informationsbedarf und -ziele beziehen, werden bereitgestellt.

GG 2 Einen gemanagten Prozess institutionalisieren
Der Prozess wird als gemanagter Prozess institutionalisiert.

Praktiken je Ziel:

SG 1 Ausrichtung der Mess- und Analyse-Aktivitäten festlegen
Die Ziele und Aktivitäten der Messung werden auf identifizierten Informationsbedarf und -ziele ausgerichtet.

SP 1.1 Ziele der Messung aufstellen
Von identifiziertem Informationsbedarf und -zielen abgeleitete Ziele der Messung erstellen und pflegen.

SP 1.2 Messungen spezifizieren
Messungen spezifizieren, die sich auf die Ziele der Messung beziehen.

SP 1.3 Prozeduren zur Datensammlung und -speicherung spezifizieren
Spezifizieren, wie Messdaten erhoben und gespeichert werden.

SP 1.4 Prozeduren zur Auswertung spezifizieren
Spezifizieren, wie Messdaten analysiert und berichtet werden.

SG 2 Messergebnisse bereitstellen

Messergebnisse, die sich auf den identifizierten Informationsbedarf und -ziele beziehen, werden bereitgestellt.

SP 2.1 Messdaten sammeln
Spezifizierte Messdaten erheben.

SP 2.2 Messdaten analysieren
Messdaten analysieren und interpretieren.

SP 2.3 Daten und Ergebnisse speichern
Messdaten, Messspezifikationen und Analyseergebnisse managen und speichern.

SP 2.4 Ergebnisse kommunizieren
Ergebnisse von Messungen und Analyseergebnissen an alle relevanten Betroffenen berichten.

GG 2 Einen gemanagten Prozess institutionalisieren

Der Prozess wird als gemanagter Prozess institutionalisiert.

Verpflichtung zur Umsetzung

GP 2.1 (CO 1) Erstellen einer organisationsweiten Strategie
Eine organisationsweite Strategie für die Planung und Umsetzung des Prozesses für Messung und Analyse erstellen und pflegen.

Fähigkeit zur Durchführung

GP 2.2 (AB 1) Prozess planen
Den Plan für die Umsetzung des Prozesses der Messung und Analyse erstellen und pflegen.

GP 2.3 (AB 2) Ressourcen bereitstellen
Angemessene Ressourcen bereitstellen, um den Prozess der Messung und Analyse durchzuführen, die Arbeitsergebnisse zu erstellen und die zugehörigen Dienstleistungen zu erbringen.

GP 2.4 (AB 3) Verantwortlichkeit zuweisen
Verantwortlichkeit und Entscheidungsbefugnis zuweisen für die Durchführung, die Entwicklung der Arbeitsergebnisse und die Erbringung der Dienstleistungen des Prozesses zur Messung und Analyse.

GP 2.5 (AB 4) Personen schulen

Personen, die den Prozess der Messung und Analyse umsetzen oder unterstützen, nach Bedarf schulen.

Steuerung der Umsetzung

GP 2.6 (DI 1) Konfigurationen managen

Benannte Arbeitsergebnisse des Prozesses der Messung und Analyse in angemessenem Umfang unter Konfigurationsmanagement stellen.

GP 2.7 (DI 2) Relevante Betroffene identifizieren und einbeziehen

Relevante Betroffene des Prozesses der Messung und Analyse gemäß Plan identifizieren und einbeziehen.

GP 2.8 (DI 3) Prozess überwachen und steuern

Prozess der Messung und Analyse gegen den Plan für die Durchführung des Prozesses überwachen und steuern und angemessene Korrekturmaßnahmen ergreifen.

Verifikation der Umsetzung

GP 2.9 (VE 1) Einhaltung objektiv bewerten

Einhaltung des Prozesses der Messung und Analyse objektiv gegen seine Prozessbeschreibungen und Prozeduren bewerten und Abweichungen bearbeiten.

GP 2.10 (VE 2) Status mit höherem Management einem Review unterziehen

Review der Aktivitäten, des Status und der Ergebnisse des Prozesses der Messung und Analyse mit dem höheren Management durchführen und offene Punkte klären.

QUALITÄTSSICHERUNG VON PROZESSEN UND PRODUKTEN

Die Qualitätssicherung von Prozessen und Produkten (Process and Product Quality Assurance) dient dazu, Mitarbeitern und Management objektiven Einblick in die Prozesse und die zugehörigen Arbeitsergebnisse zu liefern.

Spezifische und generische Ziele

SG 1   Prozesse und Arbeitsergebnisse objektiv bewerten
Objektiv bewerten, ob die durchgeführten Prozesse und die zugehörigen Arbeitsergebnisse und Dienstleistungen den anzuwendenden Prozessbeschreibungen, Standards und Prozeduren entsprechen.

SG 2   Objektiven Einblick liefern
Abweichungen werden objektiv verfolgt und kommuniziert und ihre Behebung wird sichergestellt.

GG 2   Einen gemanagten Prozess institutionalisieren
Der Prozess wird als gemanagter Prozess institutionalisiert.

Praktiken je Ziel:

SG 1   Prozesse und Arbeitsergebnisse objektiv bewerten
Objektiv bewerten, ob die durchgeführten Prozesse und die zugehörigen Arbeitsergebnisse und Dienstleistungen den anzuwendenden Prozessbeschreibungen, Standards und Prozeduren entsprechen.

SP 1.1   Prozesse objektiv bewerten
Benannte durchgeführte Prozesse objektiv gegen die anzuwendenden Prozessbeschreibungen, Standards und Prozeduren bewerten.

SP 1.2   Arbeitsergebnisse und Dienstleistungen objektiv bewerten
Benannte Arbeitsergebnisse und Dienstleistungen objektiv gegen die anzuwendenden Prozessbeschreibungen, Standards und Prozeduren bewerten.

SG 2 Objektiven Einblick liefern

Abweichungen werden objektiv verfolgt und kommuniziert und ihre Behebung wird sichergestellt.

SP 2.1 Abweichungen kommunizieren und ihre Behebung sicherstellen

Offene Punkte in Bezug auf die Qualität kommunizieren und Behebung von Abweichungen mit Mitarbeitern und Management sicherstellen.

SP 2.2 Aufzeichnungen erstellen

Aufzeichnungen über die Qualitätssicherungsaktivitäten erstellen und pflegen.

GG 2 Einen gemanagten Prozess institutionalisieren

Der Prozess wird als gemanagter Prozess institutionalisiert.

Verpflichtung zur Umsetzung

GP 2.1 (CO 1) Erstellen einer organisationsweiten Strategie

Eine organisationsweite Strategie für die Planung und Umsetzung des Prozess- und Produktqualitätssicherungsprozesses erstellen und pflegen.

Fähigkeit zur Durchführung

GP 2.2 (AB 1) Prozess planen

Den Plan für die Umsetzung des Qualitätssicherungsprozesses auf Prozesse und Produkte erstellen und pflegen.

GP 2.3 (AB 2) Ressourcen bereitstellen

Angemessene Ressourcen bereitstellen, um den Qualitätssicherungsprozess auf Prozesse und Produkte durchzuführen, die Arbeitsergebnisse zu erstellen und die zugehörigen Dienstleistungen zu erbringen.

GP 2.4 (AB 3) Verantwortlichkeit zuweisen

Verantwortlichkeit und Entscheidungsbefugnis zuweisen für die Durchführung, die Entwicklung der Arbeitsergebnisse und die Erbringung der Dienstleistungen des Qualitätssicherungsprozesses auf Prozesse und Produkte.

GP 2.5 (AB 4) **Personen schulen**

Personen, die den Qualitätssicherungsprozess auf Prozesse und Produkte umsetzen oder unterstützen, nach Bedarf schulen.

Steuerung der Umsetzung

GP 2.6 (DI 1) **Konfigurationen managen**

Benannte Arbeitsergebnisse des Qualitätssicherungsprozesses auf Prozesse und Produkte in angemessenem Umfang unter Konfigurationsmanagement stellen.

GP 2.7 (DI 2) **Relevante Betroffene identifizieren und einbeziehen**

Relevante Betroffene des Qualitätssicherungsprozesses auf Prozesse und Produkte gemäß Plan identifizieren und einbeziehen.

GP 2.8 (DI 3) **Prozess überwachen und steuern**

Qualitätssicherungsprozess auf Prozesse und Produkte gegen den Plan für die Durchführung des Prozesses überwachen und steuern und angemessene Korrekturmaßnahmen ergreifen.

Verifikation der Umsetzung

GP 2.9 (VE 1) **Einhaltung objektiv bewerten**

Einhaltung des Qualitätssicherungsprozesses auf Prozesse und Produkte objektiv gegen seine Prozessbeschreibungen und Prozeduren bewerten und Abweichungen bearbeiten.

GP 2.10 (VE 2) **Status mit höherem Management einem Review unterziehen**

Review der Aktivitäten, des Status und der Ergebnisse des Qualitätssicherungsprozesses auf Prozesse und Produkte mit dem höheren Management durchführen und offene Punkte klären.

KONFIGURATIONSMANAGEMENT

Das Konfigurationsmanagement (Configuration Management) dient dazu, die Integrität von Arbeitsergebnissen zu erzeugen und zu pflegen durch Identifikation von Konfigurationen, Konfigurationssteuerung, Berichterstattung über den Status von Konfigurationen und Konfigurationsaudits.

Spezifische und generische Ziele

SG 1   Baselines erstellen
Baselines von identifizierten Arbeitsergebnissen werden erstellt.

SG 2   Änderungen verfolgen und steuern
Änderungen an den unter Konfigurationsmanagement stehenden Arbeitsergebnissen werden verfolgt und gesteuert.

SG 3   Integrität erzeugen
Integrität von Baselines wird erzeugt und aufrechterhalten.

GG 2   Einen gemanagten Prozess institutionalisieren
Der Prozess wird als gemanagter Prozess institutionalisiert.

Praktiken je Ziel:

SG 1   Baselines erstellen
Baselines von identifizierten Arbeitsergebnissen werden erstellt.

> **SP 1.1   Konfigurationseinheiten identifizieren**
> Die Konfigurationseinheiten, Komponenten und damit verbundenen Arbeitsergebnisse, die unter Konfigurationsmanagement gestellt werden sollen, werden identifiziert.

> **SP 1.2   Ein Konfigurationsmanagementsystem aufsetzen**
> Ein Konfigurations- und Änderungsmanagementsystem zur Steuerung der Arbeitsergebnisse wird erstellt und gepflegt.

> **SP 1.3   Baselines erstellen oder freigeben**
> Baselines für internen Gebrauch oder für die Auslieferung an den Kunden erstellen oder freigeben.

SG 2   Änderungen verfolgen und steuern

Änderungen an den unter Konfigurationsmanagement stehenden Arbeitsergebnissen werden verfolgt und gesteuert.

SP 2.1   Änderungsanforderungen werden verfolgt

Änderungsanforderungen an Konfigurationseinheiten werden verfolgt.

SP 2.2   Konfigurationseinheiten werden gesteuert

Änderungen an den Konfigurationseinheiten werden gesteuert.

SG 3   Integrität erzeugen

Integrität von Baselines wird erstellt und gepflegt.

SP 3.1   Aufzeichnungen zum Konfigurationsmanagement aufsetzen

Aufzeichnungen zur Beschreibung der Konfigurationseinheiten werden erstellt und gepflegt.

SP 3.2   Konfigurationsaudits durchführen

Konfigurationsaudits durchführen, um die Integrität der Konfigurationsbaselines aufrechtzuerhalten.

GG 2   Einen gemanagten Prozess institutionalisieren

Der Prozess wird als gemanagter Prozess institutionalisiert.

Verpflichtung zur Umsetzung

GP 2.1 (CO 1)   Erstellen einer organisationsweiten Strategie

Eine organisationsweite Strategie für die Planung und Umsetzung des Konfigurationsmanagementprozesses erstellen und pflegen.

Fähigkeit zur Durchführung

GP 2.2 (AB 1)   Prozess planen

Den Plan für die Umsetzung des Konfigurationsmanagementprozesses erstellen und pflegen.

GP 2.3 (AB 2)   Ressourcen bereitstellen

Angemessene Ressourcen bereitstellen, um den Konfigurationsmanagementprozess durchzuführen, die Arbeitsergebnisse zu erstellen und die zugehörigen Dienstleistungen zu erbringen.

GP 2.4 (AB 3)   Verantwortlichkeit zuweisen

Verantwortlichkeit und Entscheidungsbefugnis zuweisen für die Durchführung, die Entwicklung der Arbeitsergebnisse und die Erbringung der Dienstleistungen des Konfigurationsmanagementprozesses.

GP 2.5 (AB 4)   Personen schulen

Personen, die den Konfigurationsmanagementprozess umsetzen oder unterstützen, nach Bedarf schulen.

Steuerung der Umsetzung

GP 2.6 (DI 1)   Konfigurationen managen

Benannte Arbeitsergebnisse des Konfigurationsmanagementprozesses in angemessenem Umfang unter Konfigurationsmanagement stellen.

GP 2.7 (DI 2)   Relevante Betroffene identifizieren und einbeziehen

Relevante Betroffene des Konfigurationsmanagementprozesses gemäß Plan identifizieren und einbeziehen.

GP 2.8 (DI 3)   Prozess überwachen und steuern

Konfigurationsmanagementprozess gegen den Plan für die Durchführung des Prozesses überwachen und steuern und angemessene Korrekturmaßnahmen ergreifen.

Verifikation der Umsetzung

GP 2.9 (VE 1)   Einhaltung objektiv bewerten

Einhaltung des Konfigurationsmanagementprozesses objektiv gegen seine Prozessbeschreibungen und Prozeduren bewerten und Abweichungen bearbeiten.

GP 2.10 (VE 2) Status mit höherem Management einem Review unterziehen

Review der Aktivitäten, des Status und der Ergebnisse des Konfigurationsmanagementprozesses mit dem höheren Management durchführen und offene Punkte klären.

A.2   Reifegrad 3: Definiert

ANFORDERUNGSENTWICKLUNG

> *Die Anforderungsentwicklung (Requirements Development) dient dazu, die Anforderungen der Kunden sowie die Anforderungen an Produkte und Produktkomponenten zu erstellen und zu analysieren.*

Spezifische und generische Ziele

SG 1   Kundenanforderungen entwickeln
Bedürfnisse der Betroffenen, Erwartungen, Einschränkungen und Schnittstellen werden gesammelt und in Kundenanforderungen übersetzt.

SG 2   Produktanforderungen entwickeln
Kundenanforderungen werden verfeinert und ausgearbeitet, um daraus Anforderungen an Produkt und Produktkomponenten zu entwickeln.

SG 3   Anforderungen analysieren und validieren
Anforderungen werden analysiert und validiert und eine Definition der geforderten Funktionalität wird entwickelt.

GG 3   Einen definierten Prozess institutionalisieren
Der Prozess wird als definierter Prozess institutionalisiert.

Praktiken je Ziel:

SG 1   Kundenanforderungen entwickeln
Bedürfnisse der Betroffenen, Erwartungen, Einschränkungen und Schnittstellen werden gesammelt und in Kundenanforderungen übersetzt.

SP 1.1   Bedürfnisse ermitteln
Bedürfnisse der Betroffenen, Erwartungen, Einschränkungen und Schnittstellen für alle Phasen des Produktlebenszyklus ermitteln.

Die folgende spezifische Praktik erscheint in der kontinuierlichen Darstellung als SP 1.1-1, aber in der stufenförmigen Darstellung ist sie Teil von SP 1.1 Bedürfnisse ermitteln. Zur Information ist sie hier in grauer Schrift aufgenommen.

SP 1.1-1   Bedürfnisse der Betroffenen sammeln
Bedürfnisse der Betroffenen, Erwartungen, Einschränkungen und Schnittstellen für alle Phasen des Produktlebenszyklus identifizieren und sammeln.

SP 1.2   Kundenanforderungen entwickeln
Bedürfnisse der Betroffenen, Erwartungen, Einschränkungen und Schnittstellen in Kundenanforderungen transformieren.

SG 2   Produktanforderungen entwickeln
Kundenanforderungen werden verfeinert und ausgearbeitet, um daraus Anforderungen an Produkt und Produktkomponenten zu entwickeln.

SP 2.1   Anforderungen an Produkt und an Produktkomponenten aufstellen
Anforderungen an Produkt und Produktkomponenten werden basierend auf den Kundenanforderungen erstellt und gepflegt.

SP 2.2   Anforderungen an Produktkomponenten zuweisen
Anforderungen für jede Produktkomponente zuweisen.

SP 2.3   Schnittstellenanforderungen identifizieren
Schnittstellenanforderungen identifizieren.

SG 3   Anforderungen analysieren und validieren
Anforderungen werden analysiert und validiert und eine Definition der geforderten Funktionalität wird entwickelt.

SP 3.1   Betriebskonzepte und Szenarios erstellen
Betriebskonzepte und zugehörige Szenarios werden erstellt und gepflegt.

SP 3.2   Definition der geforderten Funktionalität erstellen
Eine Definition der geforderten Funktionalität wird erstellt und gepflegt.

SP 3.3   Anforderungen analysieren
Anforderungen werden analysiert, um sicherzustellen, dass sie notwendig und ausreichend sind.

SP 3.4   Anforderungen analysieren, um Ausgewogenheit zu erreichen

Anforderungen analysieren, um die Bedürfnisse der Betroffenen und die Rahmenbedingungen auszugleichen.

SP 3.5   Anforderungen mit Hilfe übergreifender Methoden validieren

Anforderungen soweit angemessen unter Anwendung mehrerer Methoden validieren, um sicherzustellen, dass das entstehende Produkt sich in der Umgebung der Benutzer wie bezweckt verhält.

Die folgende spezifische Praktik erscheint in der kontinuierlichen Darstellung als SP 3.5-1, aber in der stufenförmigen Darstellung ist sie Teil von SP 3.5 Anforderungen mit Hilfe übergreifender Methoden validieren. Zur Information ist sie hier in grauer Schrift aufgenommen.

SP 3.5-1   Anforderungen validieren

Anforderungen validieren, um sicherzustellen, dass das resultierende Ergebnis in seiner vorgesehenen Nutzungsumgebung angemessen funktionieren wird.

GG 3   Einen definierten Prozess institutionalisieren

Der Prozess wird als definierter Prozess institutionalisiert.

Verpflichtung zur Umsetzung

GP 2.1 (CO 1)   Erstellen einer organisationsweiten Strategie

Eine organisationsweite Strategie für die Planung und Umsetzung des Prozesses für die Anforderungsentwicklung erstellen und pflegen.

Fähigkeit zur Durchführung

GP 3.1 (AB 1)   Einen definierten Prozess aufstellen

Die Beschreibung eines definierten Anforderungsentwicklungsprozesses erstellen und pflegen.

GP 2.2 (AB 2)   Prozess planen

Den Plan für die Umsetzung des Anforderungsentwicklungsprozesses erstellen und pflegen.

GP 2.3 (AB 3)   Ressourcen bereitstellen

Angemessene Ressourcen bereitstellen, um den Anforderungsentwicklungsprozess durchzuführen, die Arbeitsergebnisse zu erstellen und die zugehörigen Dienstleistungen zu erbringen.

GP 2.4 (AB 4)   Verantwortlichkeit zuweisen

Verantwortlichkeit und Entscheidungsbefugnis zuweisen für die Durchführung, die Entwicklung der Arbeitsergebnisse und die Erbringung der Dienstleistungen des Anforderungsentwicklungsprozesses.

GP 2.5 (AB 5)   Personen schulen

Personen, die den Anforderungsentwicklungsprozess umsetzen oder unterstützen, nach Bedarf schulen.

Steuerung der Umsetzung

GP 2.6 (DI 1)   Konfigurationen managen

Benannte Arbeitsergebnisse des Anforderungsentwicklungsprozesses in angemessenem Umfang unter Konfigurationsmanagement stellen.

GP 2.7 (DI 2)   Relevante Betroffene identifizieren und einbeziehen

Relevante Betroffene des Anforderungsentwicklungsprozesses gemäß Plan identifizieren und einbeziehen.

GP 2.8 (DI 3)   Prozess überwachen und steuern

Anforderungsentwicklungsprozess gegen den Plan für die Durchführung des Prozesses überwachen und steuern und angemessene Korrekturmaßnahmen ergreifen.

GP 3.2 (DI 4)   Verbesserungsinformationen sammeln

Arbeitsergebnisse, Messungen, Messdaten und Verbesserungsinformationen aus der Planung und Durchführung des Anforderungsentwicklungsprozesses sammeln, um die zukünftige Nutzung und Verbesserung der Prozesse und Prozess-Assets[4] der Organisation zu unterstützen.

---

4.   Siehe Kapitel 4.2.6 für eine Erläuterung des Begriffs »Prozess-Assets« (*Process Assets*).

Verifikation der Umsetzung

GP 2.9 (VE 1) Einhaltung objektiv bewerten

Einhaltung des Prozesses der Anforderungsentwicklung objektiv gegen seine Prozessbeschreibungen und Prozeduren bewerten und Abweichungen bearbeiten.

GP 2.10 (VE 2) Status mit höherem Management einem Review unterziehen

Review der Aktivitäten, des Status und der Ergebnisse des Prozesses der Anforderungsentwicklung mit dem höheren Management durchführen und offene Punkte klären.

TECHNISCHE UMSETZUNG

Die technische Umsetzung (Technical Solution) dient dazu, Lösungen gemäß den Anforderungen zu entwerfen, zu entwickeln und zu implementieren. Lösungen, Entwürfe und Implementierungen umfassen Produkte, Produktbestandteile und produktbezogene Lebenszyklusprozesse, entweder alleine oder in Kombination.

Spezifische und generische Ziele

SG 1 Lösungen für Produktkomponenten auswählen

Lösungen für Produkte oder Produktkomponenten werden aus alternativen Lösungen ausgewählt.

SG 2 Design entwickeln

Designs der Produkte oder Produktkomponenten werden entwickelt.

SG 3 Produktdesign implementieren

Produktkomponenten und damit verbundene unterstützende Dokumentation werden gemäß ihrem Design implementiert.

GG 3 Einen definierten Prozess institutionalisieren

Der Prozess wird als definierter Prozess institutionalisiert.

Praktiken je Ziel:

SG 1   Lösungen für Produktkomponenten auswählen
Lösungen für Produkte oder Produktkomponenten werden aus
alternativen Lösungen ausgewählt.

**SP 1.1   Detaillierte Lösungsalternativen und Auswahlkriterien
entwickeln**
Detaillierte Lösungsalternativen und Auswahlkriterien
entwickeln.

Die folgende spezifische Praktik erscheint in der kontinuierlichen Darstellung als SP 1.1-1, aber in der stufenförmigen Darstellung ist sie Teil von SP 1.1 Detaillierte
Lösungsalternativen und Auswahlkriterien entwickeln.
Zur Information ist sie hier in grauer Schrift aufgenommen.

**SP 1.1-1   Lösungsalternativen und Auswahlkriterien
entwickeln**
Lösungsalternativen und Auswahlkriterien
entwickeln.

SP 1.2   Betriebskonzepte und Szenarien weiterentwickeln
Betriebskonzept, Szenarien und Umgebungen weiterentwickeln, um die für jede Produktkomponente spezifischen Bedingungen, Betriebsarten und Betriebszustände
zu beschreiben.

SP 1.3   Lösungen für Produktkomponenten auswählen
Die Lösungen für Produktkomponenten auswählen, die
die Kriterien am besten erfüllen.

SG 2   Design entwickeln
Designs der Produkte oder Produktkomponenten werden entwickelt.

**SP 2.1   Design von Produkt oder Produktkomponenten
erstellen**
Ein Design für das Produkt oder die Produktkomponente entwickeln.

SP 2.2   Technisches Datenpaket erstellen
Ein technisches Datenpaket erstellen und pflegen.

SP 2.3   Schnittstellen auf Basis von Kriterien entwerfen

Umfassende Schnittstellen der Produktkomponenten nach erstellten und gepflegten Kriterien entwerfen.

Die folgende spezifische Praktik erscheint in der kontinuierlichen Darstellung als SP 2.3-1, aber in der stufenförmigen Darstellung ist sie Teil von SP 2.3 Schnittstellen auf Basis von Kriterien entwerfen. Zur Information ist sie hier in grauer Schrift aufgenommen.

SP 2.3-1   Schnittstellenbeschreibungen erstellen

Lösung für Schnittstellen der Produktkomponenten erstellen und pflegen.

SP 2.4   Erstellung, Kauf oder Wiederverwendung analysieren

Nach festgelegten Kriterien bewerten, ob Produktkomponenten entwickelt, gekauft oder wiederverwendet werden sollten.

SG 3   Produktdesign implementieren

Produktkomponenten und damit verbundene unterstützende Dokumentation werden gemäß ihrem Design implementiert.

SP 3.1   Design implementieren

Design der Produktkomponenten implementieren.

SP 3.2   Unterstützende Produktdokumentation erstellen

Dokumentation für die Endbenutzung entwickeln und pflegen.

GG 3   Einen definierten Prozess institutionalisieren

Der Prozess wird als definierter Prozess institutionalisiert.

Verpflichtung zur Umsetzung

GP 2.1 (CO 1)   Erstellen einer organisationsweiten Strategie

Eine organisationsweite Strategie für die Planung und Umsetzung des Prozesses der technischen Umsetzung erstellen und pflegen.

Fähigkeit zur Durchführung

GP 3.1 (AB 1)   Einen definierten Prozess aufstellen

Die Beschreibung eines definierten Prozesses zur technischen Umsetzung erstellen und pflegen.

GP 2.2 (AB 2)   Prozess planen
Den Plan für die Umsetzung des Prozesses der technischen Umsetzung erstellen und pflegen.

GP 2.3 (AB 3)   Ressourcen bereitstellen
Angemessene Ressourcen bereitstellen, um den Prozess der technischen Umsetzung durchzuführen, die Arbeitsergebnisse zu erstellen und die zugehörigen Dienstleistungen zu erbringen.

GP 2.4 (AB 4)   Verantwortlichkeit zuweisen
Verantwortlichkeit und Entscheidungsbefugnis zuweisen für die Durchführung, die Entwicklung der Arbeitsergebnisse und die Erbringung der Dienstleistungen des Prozesses zur technischen Umsetzung.

GP 2.5 (AB 5)   Personen schulen
Personen, die den Prozess der technischen Umsetzung umsetzen oder unterstützen, nach Bedarf schulen.

Steuerung der Umsetzung

GP 2.6 (DI 1)   Konfigurationen managen
Benannte Arbeitsergebnisse des Prozesses der technischen Umsetzung in angemessenem Umfang unter Konfigurationsmanagement stellen.

GP 2.7 (DI 2)   Relevante Betroffene identifizieren und einbeziehen
Relevante Betroffene des Prozesses der technischen Umsetzung gemäß Plan identifizieren und einbeziehen.

GP 2.8 (DI 3)   Prozess überwachen und steuern
Prozess der technischen Umsetzung gegen den Plan für die Durchführung des Prozesses überwachen und steuern und angemessene Korrekturmaßnahmen ergreifen.

GP 3.2 (DI 4)   Verbesserungsinformationen sammeln
Arbeitsergebnisse, Messungen, Messdaten und Verbesserungsinformationen aus der Planung und Durchführung des Prozesses der technischen Umsetzung sammeln, um die zukünftige Nutzung und Verbesserung der Prozesse und Prozess-Assets der Organisation zu unterstützen.

Verifikation der Umsetzung

GP 2.9 (VE 1) Einhaltung objektiv bewerten

Einhaltung des Prozesses der technischen Umsetzung objektiv gegen seine Prozessbeschreibungen und Prozeduren bewerten und Abweichungen bearbeiten.

GP 2.10 (VE 2) Status mit höherem Management einem Review unterziehen

Review der Aktivitäten, des Status und der Ergebnisse des Prozesses der technischen Umsetzung mit dem höheren Management durchführen und offene Punkte klären.

PRODUKTINTEGRATION

Die Produktintegration (Product Integration) dient dazu, das Produkt aus den Produktbestandteilen zusammenzubauen, sicherzustellen, dass das zusammengebaute Produkt richtig funktioniert, und es auszuliefern.

Spezifische und generische Ziele

SG 1 Produktintegration vorbereiten

Vorbereitung für die Produktintegration wird durchgeführt.

SG 2 Schnittstellenkompatibilität sicherstellen

Die Schnittstellen der Produktkomponenten, sowohl intern als auch extern, sind kompatibel.

SG 3 Produktkomponenten zusammenbauen und Produkt ausliefern

Verifizierte Produktkomponenten werden zusammengebaut und das integrierte, verifizierte und validierte Produkt wird ausgeliefert.

GG 3 Einen definierten Prozess institutionalisieren

Der Prozess wird als definierter Prozess institutionalisiert.

Praktiken je Ziel:

SG 1 Produktintegration vorbereiten

Vorbereitung für die Produktintegration wird durchgeführt.

SP 1.1   Integrationsreihenfolge festlegen

Integrationsreihenfolge der Produktkomponenten festlegen.

SP 1.2   Umgebung für Produktintegration aufbauen

Die Umgebung aufbauen und pflegen, die zur Unterstützung der Integration der Produktkomponenten benötigt wird.

SP 1.3   Prozeduren und Kriterien für die Produktintegration erstellen

Prozeduren und Kriterien für die Integration der Produktkomponenten erstellen und pflegen.

SG 2   Schnittstellenkompatibilität sicherstellen

Die Schnittstellen der Produktkomponenten, sowohl intern als auch extern, sind kompatibel.

SP 2.1   Einen Review der Schnittstellenbeschreibungen auf Vollständigkeit durchführen

Einen Review der Schnittstellenbeschreibungen auf Abdeckung und Vollständigkeit durchführen.

SP 2.2   Managen der Schnittstellen

Definitionen, Designs und Änderungen der internen und externen Schnittstellen von Produkten und Produktkomponenten managen.

SG 3   Produktkomponenten zusammenbauen und Produkt ausliefern

Verifizierte Produktkomponenten werden zusammengebaut und das integrierte, verifizierte und validierte Produkt wird ausgeliefert.

SP 3.1   Bereitschaft der Produktkomponenten für die Integration bestätigen

Vor dem Zusammenbau bestätigen, dass jede für den Zusammenbau des Produktes benötigte Produktkomponente korrekt identifiziert wurde, entsprechend seiner Beschreibung funktioniert und dass die Schnittstellen der Produktkomponenten den Schnittstellenbeschreibungen genügen.

SP 3.2   Produktkomponenten zusammenbauen

Produktkomponenten in der Produktintegrationsreihenfolge und gemäß den verfügbaren Prozeduren zusammenbauen.

SP 3.3   Zusammengebaute Produktkomponenten evaluieren

Zusammengebaute Produktkomponenten auf Schnittstellenkompatibilität evaluieren.

SP 3.4   Verpacken und ausliefern des Produktes oder der Produktkomponente

Zusammengebautes Produkt oder Produktkomponente verpacken und an den jeweiligen Kunden ausliefern.

GG 3   Einen definierten Prozess institutionalisieren

Der Prozess wird als definierter Prozess institutionalisiert.

Verpflichtung zur Umsetzung

GP 2.1 (CO 1)   Erstellen einer organisationsweiten Strategie

Eine organisationsweite Strategie für die Planung und Umsetzung des Produktintegrationsprozesses erstellen und pflegen.

Fähigkeit zur Durchführung

GP 3.1 (AB 1)   Einen definierten Prozess aufstellen

Die Beschreibung eines definierten Produktintegrationsprozesses erstellen und pflegen.

GP 2.2 (AB 2)   Prozess planen

Den Plan für die Umsetzung des Produktintegrationsprozesses erstellen und pflegen.

GP 2.3 (AB 3)   Ressourcen bereitstellen

Angemessene Ressourcen bereitstellen, um den Produktintegrationsprozess durchzuführen, die Arbeitsergebnisse zu erstellen und die zugehörigen Dienstleistungen zu erbringen.

GP 2.4 (AB 4)   Verantwortlichkeit zuweisen

Verantwortlichkeit und Entscheidungsbefugnis zuweisen für die Durchführung, die Entwicklung der Arbeitsergebnisse und die Erbringung der Dienstleistungen des Produktintegrationsprozesses.

GP 2.5 (AB 5)   Personen schulen

Personen, die den Produktintegrationsprozess umsetzen oder unterstützen, nach Bedarf schulen.

Steuerung der Umsetzung

GP 2.6 (DI 1)   Konfigurationen managen

Benannte Arbeitsergebnisse des Produktintegrationsprozesses in angemessenem Umfang unter Konfigurationsmanagement stellen.

GP 2.7 (DI 2)   Relevante Betroffene identifizieren und einbeziehen

Relevante Betroffene des Produktintegrationsprozesses gemäß Plan identifizieren und einbeziehen.

GP 2.8 (DI 3)   Prozess überwachen und steuern

Produktintegrationsprozess gegen den Plan für die Durchführung des Prozesses überwachen und steuern und angemessene Korrekturmaßnahmen ergreifen.

GP 3.2 (DI 4)   Verbesserungsinformationen sammeln

Arbeitsergebnisse, Messungen, Messdaten und Verbesserungsinformationen aus der Planung und Durchführung des Produktintegrationsprozesses sammeln, um die zukünftige Nutzung und Verbesserung der Prozesse und Prozess-Assets der Organisation zu unterstützen.

Verifikation der Umsetzung

GP 2.9 (VE 1)   Einhaltung objektiv bewerten

Einhaltung des Produktintegrationsprozesses objektiv gegen seine Prozessbeschreibungen und Prozeduren bewerten und Abweichungen bearbeiten.

GP 2.10 (VE 2) Status mit höherem Management einem Review unterziehen

Review der Aktivitäten, des Status und der Ergebnisse des Produktintegrationsprozesses der technischen Umsetzung mit dem höheren Management durchführen und offene Punkte klären.

VERIFIKATION

Die Verifikation (Verification) dient dazu, sicherzustellen, dass ausgewählte Arbeitsergebnisse ihre spezifizierten Anforderungen erfüllen.

Spezifische und generische Ziele

SG 1   Verifikation vorbereiten
Vorbereitung für die Verifikation wird durchgeführt.

SG 2   Partnerreviews durchführen
Partnerreviews auf ausgewählte Arbeitsergebnisse durchführen.

SG 3   Ausgewählte Arbeitsergebnisse verifizieren
Ausgewählte Arbeitsergebnisse werden gegen ihre spezifizierten Anforderungen verifiziert.

GG 3   Einen definierten Prozess institutionalisieren
Der Prozess wird als definierter Prozess institutionalisiert.

Praktiken je Ziel:

SG 1   Verifikation vorbereiten
Vorbereitung für die Verifikation wird durchgeführt.

SP 1.1   Zu verifizierende Arbeitsergebnisse auswählen
Zu verifizierende Arbeitsergebnisse und die jeweils zu verwendenden Verifikationsmethoden auswählen.

SP 1.2   Verifikationsumgebung aufbauen
Die zur Unterstützung der Verifikation benötigte Umgebung aufbauen und pflegen.

SP 1.3   Prozeduren und Kriterien für Verifikation erstellen
Verifikationsprozeduren und -kriterien für ausgewählte Arbeitsergebnisse erstellen und pflegen.

SG 2   Partnerreviews durchführen
Partnerreviews auf ausgewählte Arbeitsergebnisse durchführen.

SP 2.1   Partnerreviews vorbereiten
Partnerreviews auf ausgewählte Arbeitsergebnisse vorbereiten.

SP 2.2   Partnerreviews durchführen

Partnerreviews auf ausgewählte Arbeitsergebnisse durchführen und offene Punkte aus den Partnerreviews identifizieren.

SP 2.3   Daten aus Partnerreviews analysieren

Daten über Vorbereitung, Durchführung und Ergebnisse der Partnerreviews analysieren.

SG 3   Ausgewählte Arbeitsergebnisse verifizieren

Ausgewählte Arbeitsergebnisse werden gegen ihre spezifizierten Anforderungen verifiziert.

SP 3.1   Verifikation durchführen

Verifikation ausgewähltcr Arbeitsergebnisse durchfuhren.

SP 3.2   Verifikationsergebnisse analysieren und Korrekturmaßnahmen identifizieren

Ergebnisse aller Verifikationsaktivitäten analysieren und Korrekturmaßnahmen identifizieren.

GG 3   Einen definierten Prozess institutionalisieren

Der Prozess wird als definierter Prozess institutionalisiert.

Verpflichtung zur Umsetzung

GP 2.1 (CO 1)   Erstellen einer organisationsweiten Strategie

Eine organisationsweite Strategie für die Planung und Umsetzung des Verifikationsprozesses erstellen und pflegen.

Fähigkeit zur Durchführung

GP 3.1 (AB 1)   Einen definierten Prozess aufstellen

Die Beschreibung eines definierten Verifikationsprozesses erstellen und pflegen.

GP 2.2 (AB 2)   Prozess planen

Den Plan für die Umsetzung des Verifikationsprozesses erstellen und pflegen.

GP 2.3 (AB 3)   Ressourcen bereitstellen

Angemessene Ressourcen bereitstellen, um den Verifikationsprozess durchzuführen, die Arbeitsergebnisse zu erstellen und die zugehörigen Dienstleistungen zu erbringen.

GP 2.4 (AB 4)   Verantwortlichkeit zuweisen

Verantwortlichkeit und Entscheidungsbefugnis zuweisen für die Durchführung, die Entwicklung der Arbeitsergebnisse und die Erbringung der Dienstleistungen des Verifikationsprozesses.

GP 2.5 (AB 5)   Personen schulen

Personen, die den Verifikationsprozess umsetzen oder unterstützen, nach Bedarf schulen.

Steuerung der Umsetzung

GP 2.6 (DI 1)   Konfigurationen managen

Benannte Arbeitsergebnisse des Verifikationsprozesses in angemessenem Umfang unter Konfigurationsmanagement stellen.

GP 2.7 (DI 2)   Relevante Betroffene identifizieren und einbeziehen

Relevante Betroffene des Verifikationsprozesses gemäß Plan identifizieren und einbeziehen.

GP 2.8 (DI 3)   Prozess überwachen und steuern

Verifikationsprozess gegen den Plan für die Durchführung des Prozesses überwachen und steuern und angemessene Korrekturmaßnahmen ergreifen.

GP 3.2 (DI 4)   Verbesserungsinformationen sammeln

Arbeitsergebnisse, Messungen, Messdaten und Verbesserungsinformationen aus der Planung und Durchführung des Verifikationsprozesses sammeln, um die zukünftige Nutzung und Verbesserung der Prozesse und Prozess-Assets der Organisation zu unterstützen.

Verifikation der Umsetzung

GP 2.9 (VE 1)   Einhaltung objektiv bewerten

Einhaltung des Verifikationsprozesses objektiv gegen seine Prozessbeschreibungen und Prozeduren bewerten und Abweichungen bearbeiten.

GP 2.10 (VE 2) Status mit höherem Management einem Review unterziehen

Review der Aktivitäten, des Status und der Ergebnisse des Verifikationsprozesses mit dem höheren Management durchführen und offene Punkte klären.

VALIDATION

Die Validation (Validation) dient dazu, zu zeigen, dass ein Produkt oder eine Produktkomponente seinen/ihren geplanten Zweck erfüllt, wenn es/sie in seine/ihre Zielumgebung gebracht wird.

Spezifische und generische Ziele

SG 1   Validation vorbereiten
Vorbereitung für die Validation wird durchgeführt.

SG 2   Produkt oder Produktkomponenten validieren
Produkt oder Produktkomponenten werden validiert, um sicherzustellen, dass sie für die Benutzung in ihrer Zielumgebung geeignet sind.

GG 3   Einen definierten Prozess institutionalisieren
Der Prozess wird als definierter Prozess institutionalisiert.

Praktiken je Ziel:

SG 1   Validation vorbereiten
Vorbereitung für die Validation wird durchgeführt.

SP 1.1   Zu validierende Produkte auswählen
Zu validierende Produkte und die jeweils zu verwendenden Validationsmethoden auswählen.

SP 1.2   Validationsumgebung aufbauen
Die zur Unterstützung der Validation benötigte Umgebung aufbauen und pflegen.

SP 1.3   Prozeduren und Kriterien für Validation erstellen
Validationsprozeduren und -kriterien erstellen und pflegen.

SG 2   Produkt oder Produktkomponenten validieren
Produkt oder Produktkomponenten werden validiert, um sicherzustellen, dass sie für die Benutzung in ihrer Zielumgebung geeignet sind.

SP 2.1   Validation durchführen
Validation ausgewählter Arbeitsergebnisse und Produktkomponenten durchführen.

SP 2.2   Validationsergebnisse analysieren

Ergebnisse aller Validationsaktivitäten analysieren und offene Punkte identifizieren.

GG 3   Einen definierten Prozess institutionalisieren

Der Prozess wird als definierter Prozess institutionalisiert.

Verpflichtung zur Umsetzung

GP 2.1 (CO 1)   Erstellen einer organisationsweiten Strategie

Eine organisationsweite Strategie für die Planung und Umsetzung des Validationsprozesses erstellen und pflegen.

Fähigkeit zur Durchführung

GP 3.1 (AB 1)   Einen definierten Prozess aufstellen

Die Beschreibung eines definierten Validationsprozesses erstellen und pflegen.

GP 2.2 (AB 2)   Prozess planen

Den Plan für die Umsetzung des Validationsprozesses erstellen und pflegen.

GP 2.3 (AB 3)   Ressourcen bereitstellen

Angemessene Ressourcen bereitstellen, um den Validationsprozess durchzuführen, die Arbeitsergebnisse zu erstellen und die zugehörigen Dienstleistungen zu erbringen.

GP 2.4 (AB 4)   Verantwortlichkeit zuweisen

Verantwortlichkeit und Entscheidungsbefugnis zuweisen für die Durchführung, die Entwicklung der Arbeitsergebnisse und die Erbringung der Dienstleistungen des Validationsprozesses.

GP 2.5 (AB 5)   Personen schulen

Personen, die den Validationsprozess umsetzen oder unterstützen, nach Bedarf schulen.

Steuerung der Umsetzung

GP 2.6 (DI 1)   Konfigurationen managen

Benannte Arbeitsergebnisse des Validationsprozesses in angemessenem Umfang unter Konfigurationsmanagement stellen.

GP 2.7 (DI 2)   **Relevante Betroffene identifizieren und einbeziehen**

Relevante Betroffene des Validationsprozesses gemäß Plan identifizieren und einbeziehen.

GP 2.8 (DI 3)   **Prozess überwachen und steuern**

Validationsprozess gegen den Plan für die Durchführung des Prozesses überwachen und steuern und angemessene Korrekturmaßnahmen ergreifen.

GP 3.2 (DI 4)   **Verbesserungsinformationen sammeln**

Arbeitsergebnisse, Messungen, Messdaten und Verbesserungsinformationen aus der Planung und Durchführung des Validationsprozesses sammeln, um die zukünftige Nutzung und Verbesserung der Prozesse und Prozess-Assets der Organisation zu unterstützen.

Verifikation der Umsetzung

GP 2.9 (VE 1)   **Einhaltung objektiv bewerten**

Einhaltung des Validationsprozesses objektiv gegen seine Prozessbeschreibungen und Prozeduren bewerten und Abweichungen bearbeiten.

GP 2.10 (VE 2)   **Status mit höherem Management einem Review unterziehen**

Review der Aktivitäten, des Status und der Ergebnisse des Validationsprozesses der technischen Umsetzung mit dem höheren Management durchführen und offene Punkte klären.

ORGANISATIONSWEITER PROZESSFOKUS

> *Organisationsweiter Prozessfokus (Organizational Process Focus)*
> *dient dazu, die organisationsweite Prozessverbesserung zu planen*
> *und umzusetzen, basierend auf einem genauen Verständnis der*
> *derzeitigen Stärken und Schwächen der Prozesse und Prozess-*
> *Assets der Organisation.*

Spezifische und generische Ziele

SG 1   Gelegenheiten zur Prozessverbesserung bestimmen
Stärken, Schwächen und Gelegenheiten zur Prozessverbesserung für die Prozesse der Organisation werden periodisch und bei Bedarf identifiziert.

SG 2   Prozessverbesserungsaktivitäten planen und umsetzen
Verbesserungen werden geplant und umgesetzt, Prozess-Assets[5] der Organisation werden eingeführt und Erfahrungen mit den Prozessen werden in die Prozess-Assets der Organisation eingearbeitet.

GG 3   Einen definierten Prozess institutionalisieren
Der Prozess wird als definierter Prozess institutionalisiert.

Praktiken je Ziel:

SG 1   Gelegenheiten zur Prozessverbesserung bestimmen
Stärken, Schwächen und Gelegenheiten zur Prozessverbesserung für die Prozesse der Organisation werden periodisch und bei Bedarf identifiziert.

SP 1.1   Prozessbedürfnisse der Organisation aufstellen
Die Beschreibung der Prozessbedürfnisse und Ziele für die Organisation erstellen und pflegen.

SP 1.2   Prozesse der Organisation bewerten
Die Prozesse der Organisation periodisch und bei Bedarf bewerten, um Verständnis ihrer Stärken und Schwächen aufrechtzuerhalten.

---

5.   Siehe Kapitel 4.2.6 für eine Erläuterung des Begriffs »Prozess-Assets« (*Process Assets*).

SP 1.3 Prozessverbesserungen der Organisation identifizieren

Verbesserungen an den Prozessen und Prozess-Assets der Organisation identifizieren.

SG 2 Prozessverbesserungsaktivitäten planen und umsetzen

Verbesserungen werden geplant und umgesetzt, Prozess-Assets der Organisation werden eingeführt und Erfahrungen mit den Prozessen werden in die Prozess-Assets der Organisation eingearbeitet.

SP 2.1 Aktionspläne für die Prozesse erstellen

Aktionspläne für die Prozesse erstellen und pflegen, um Verbesserungen an den Prozessen und Prozess-Assets der Organisation anzugehen.

SP 2.2 Aktionspläne für die Prozesse umsetzen

Aktionspläne für die Prozesse in der gesamten Organisation umsetzen.

SP 2.3 Prozess-Assets der Organisation bereitstellen

Prozess-Assets der Organisation in der gesamten Organisation bereitstellen.

SP 2.4 Erfahrungen mit den Prozessen in die Prozess-Assets der Organisation einarbeiten

Prozessbezogene Arbeitsergebnisse, Messungen und Verbesserungsinformationen aus der Planung und Durchführung der Prozesse in die Prozess-Assets der Organisation einarbeiten.

GG 3 Einen definierten Prozess institutionalisieren

Der Prozess wird als definierter Prozess institutionalisiert.

Verpflichtung zur Umsetzung

GP 2.1 (CO 1) Erstellen einer organisationsweiten Strategie

Eine organisationsweite Strategie für die Planung und Umsetzung des Prozesses für den organisationsweiten Prozessfokus erstellen und pflegen.

Fähigkeit zur Durchführung

GP 3.1 (AB 1) Einen definierten Prozess aufstellen

Die Beschreibung eines definierten Prozesses für den organisationsweiten Prozessfokus erstellen und pflegen.

GP 2.2 (AB 2)   Prozess planen
Den Plan für die Umsetzung des Prozesses des organisationsweiten Prozessfokus erstellen und pflegen.

GP 2.3 (AB 3)   Ressourcen bereitstellen
Angemessene Ressourcen bereitstellen, um den Prozess zum organisationsweiten Prozessfokus durchzuführen, die Arbeitsergebnisse zu erstellen und die zugehörigen Dienstleistungen zu erbringen.

GP 2.4 (AB 4)   Verantwortlichkeit zuweisen
Verantwortlichkeit und Entscheidungsbefugnis zuweisen für die Durchführung, die Entwicklung der Arbeitsergebnisse und die Erbringung der Dienstleistungen des Prozesses zum organisationsweiten Prozessfokus.

GP 2.5 (AB 5)   Personen schulen
Personen, die den Prozess zum organisationsweiten Prozessfokus umsetzen oder unterstützen, nach Bedarf schulen.

Steuerung der Umsetzung

GP 2.6 (DI 1)   Konfigurationen managen
Benannte Arbeitsergebnisse des Prozesses zum organisationsweiten Prozessfokus in angemessenem Umfang unter Konfigurationsmanagement stellen.

GP 2.7 (DI 2)   Relevante Betroffene identifizieren und einbeziehen
Relevante Betroffene des Prozesses zum organisationsweiten Prozessfokus gemäß Plan identifizieren und einbeziehen.

GP 2.8 (DI 3)   Prozess überwachen und steuern
Prozess zum organisationsweiten Prozessfokus gegen den Plan für die Durchführung des Prozesses überwachen und steuern und angemessene Korrekturmaßnahmen ergreifen.

GP 3.2 (DI 4)   Verbesserungsinformationen sammeln
Arbeitsergebnisse, Messungen, Messdaten und Verbesserungsinformationen aus der Planung und Durchführung des Prozesses zum organisationsweiten Prozessfokus sammeln, um die zukünftige Nutzung und Verbesserung der Prozesse und Prozess-Assets der Organisation zu unterstützen.

Verifikation der Umsetzung

GP 2.9 (VE 1)   Einhaltung objektiv bewerten
Einhaltung des Prozesses zum organisationsweiten Prozessfokus objektiv gegen seine Prozessbeschreibungen und Prozeduren bewerten und Abweichungen bearbeiten.

GP 2.10 (VE 2) Status mit höherem Management einem Review unterziehen
Review der Aktivitäten, des Status und der Ergebnisse des Prozesses zum organisationsweiten Prozessfokus mit dem höheren Management durchführen und offene Punkte klären.

ORGANISATIONSWEITE PROZESSDEFINITION

Organisationsweite Prozessdefinition (Organizational Process Definition) dient dazu, eine nutzbare Menge von Prozess-Assets der Organisation zu erstellen und zu pflegen.

Spezifische und generische Ziele

SG 1   Prozess-Assets der Organisation erstellen
Eine Menge von Prozess-Assets der Organisation wird erstellt und gepflegt.

GG 3   Einen definierten Prozess institutionalisieren
Der Prozess wird als definierter Prozess institutionalisiert.

Praktiken je Ziel:

SG 1   Prozess-Assets der Organisation erstellen
Eine Menge von Prozess-Assets der Organisation wird erstellt und gepflegt.

SP 1.1   Standardprozesse erstellen
Eine Menge von Standardprozessen der Organisation erstellen und pflegen.

SP 1.2   Beschreibungen der Lebenszyklusmodelle erstellen
Beschreibungen der Lebenszyklusmodelle, die für die Benutzung in der Organisation zugelassen sind, erstellen und pflegen.

SP 1.3   Kriterien und Richtlinien für die projektspezifische Anpassung erstellen

Kriterien und Richtlinien für die projektspezifische Anpassung der Standardprozesse der Organisation erstellen und pflegen.

SP 1.4   Repository für die Messungen der Organisation erstellen

Ein Repository für die Messungen der Organisation erstellen und pflegen.

SP 1.5   Bibliothek der Prozess-Assets der Organisation erstellen und pflegen

Die Bibliothek der Prozess-Assets der Organisation erstellen und pflegen.

GG 3   Einen definierten Prozess institutionalisieren

Der Prozess wird als definierter Prozess institutionalisiert.

Verpflichtung zur Umsetzung

GP 2.1 (CO 1)   Erstellen einer organisationsweiten Strategie

Eine organisationsweite Strategie für die Planung und Umsetzung des Prozesses für die organisationsweite Prozessdefinition erstellen und pflegen.

Fähigkeit zur Durchführung

GP 3.1 (AB 1)   Einen definierten Prozess aufstellen

Die Beschreibung eines definierten Prozesses für die organisationsweite Prozessdefinition erstellen und pflegen.

GP 2.2 (AB 2)   Prozess planen

Den Plan für die Umsetzung des Prozesses der organisationsweiten Prozessdefinition erstellen und pflegen.

GP 2.3 (AB 3)   Ressourcen bereitstellen

Angemessene Ressourcen bereitstellen, um den Prozess zur organisationsweiten Prozessdefinition durchzuführen, die Arbeitsergebnisse zu erstellen und die zugehörigen Dienstleistungen zu erbringen.

GP 2.4 (AB 4)   Verantwortlichkeit zuweisen

Verantwortlichkeit und Entscheidungsbefugnis zuweisen für die Durchführung, die Entwicklung der Arbeitsergebnisse und die Erbringung der Dienstleistungen des Prozesses zur organisationsweiten Prozessdefinition.

GP 2.5 (AB 5)   Personen schulen
Personen, die den Prozess der organisationsweiten Prozessdefinition umsetzen oder unterstützen, nach Bedarf schulen.

Steuerung der Umsetzung

GP 2.6 (DI 1)   Konfigurationen managen
Benannte Arbeitsergebnisse des Prozesses der organisationsweiten Prozessdefinition in angemessenem Umfang unter Konfigurationsmanagement stellen.

GP 2.7 (DI 2)   Relevante Betroffene identifizieren und einbeziehen
Relevante Betroffene des Prozesses der organisationsweiten Prozessdefinition gemäß Plan identifizieren und einbeziehen.

GP 2.8 (DI 3)   Prozess überwachen und steuern
Prozess der organisationsweiten Prozessdefinition gegen den Plan für die Durchführung des Prozesses überwachen und steuern und angemessene Korrekturmaßnahmen ergreifen.

GP 3.2 (DI 4)   Verbesserungsinformationen sammeln
Arbeitsergebnisse, Messungen, Messdaten und Verbesserungsinformationen aus der Planung und Durchführung des Prozesses zur organisationsweiten Prozessdefinition sammeln, um die zukünftige Nutzung und Verbesserung der Prozesse und Prozess-Assets der Organisation zu unterstützen.

Verifikation der Umsetzung

GP 2.9 (VE 1)   Einhaltung objektiv bewerten
Einhaltung des Prozesses zur organisationsweiten Prozessdefinition objektiv gegen seine Prozessbeschreibungen und Prozeduren bewerten und Abweichungen bearbeiten.

GP 2.10 (VE 2) Status mit höherem Management einem Review unterziehen
Review der Aktivitäten, des Status und der Ergebnisse des Prozesses zur organisationsweiten Prozessdefinition mit dem höheren Management durchführen und offene Punkte klären.

ORGANISATIONSWEITES TRAINING

Organisationsweites Training (Organizational Training) dient dazu, die Fähigkeiten und das Wissen der Mitarbeiter zu entwickeln, so dass sie ihre Rollen effektiv und effizient ausfüllen können.

Spezifische und generische Ziele

SG 1   Fähigkeit zum organisationsweiten Training aufbauen
Die Fähigkeit zum Training wird aufgebaut und aufrechterhalten, um die Managementrollen und technischen Rollen der Organisation zu unterstützen.

SG 2   Benötigtes Training zur Verfügung stellen
Für die einzelnen Personen wird das Training zur Verfügung gestellt, das sie benötigen, um ihre Rollen effektiv auszufüllen.

GG 3   Einen definierten Prozess institutionalisieren
Der Prozess wird als definierter Prozess institutionalisiert.

Praktiken je Ziel:

SG 1   Fähigkeit zum organisationsweiten Training aufbauen
Die Fähigkeit zum Training wird aufgebaut und aufrechterhalten, um die Managementrollen und technischen Rollen der Organisation zu unterstützen.

SP 1.1   Strategischen Trainingsbedarf aufstellen
Strategischen Trainingsbedarf der Organisation erstellen und pflegen.

SP 1.2   Festlegen, welcher Trainingsbedarf in der Verantwortung der Organisation liegt
Festlegen, welcher Trainingsbedarf in der Verantwortung der Organisation liegt und welcher dem einzelnen Projekt oder der unterstützenden Gruppe überlassen wird.

SP 1.3   Taktischen Trainingsplan der Organisation erstellen
Taktischen Trainingsplan der Organisation erstellen und pflegen.

SP 1.4 Fähigkeit zum Training aufbauen

Fähigkeit zum Training aufbauen und aufrechterhalten, um den Trainingsbedarf der Organisation anzugehen.

SG 2 Benötigtes Training zur Verfügung stellen

Für die einzelnen Personen wird das Training zur Verfügung gestellt, das sie benötigen, um ihre Rollen effektiv auszufüllen.

SP 2.1 Training durchführen

Training durchführen gemäß dem taktischen Trainingsplan der Organisation.

SP 2.2 Trainingsaufzeichnungen aufsetzen

Aufzeichnungen über das organisationsweite Training erstellen und pflegen.

SP 2.3 Effektivität des Trainings bewerten

Die Effektivität des Trainingsprogramms der Organisation bewerten.

GG 3 Einen definierten Prozess institutionalisieren

Der Prozess wird als definierter Prozess institutionalisiert.

Verpflichtung zur Umsetzung

GP 2.1 (CO 1) Erstellen einer organisationsweiten Strategie

Eine organisationsweite Strategie für die Planung und Umsetzung des Prozesses für das organisationsweite Training erstellen und pflegen.

Fähigkeit zur Durchführung

GP 3.1 (AB 1) Einen definierten Prozess aufstellen

Die Beschreibung eines definierten Prozesses für das organisationsweite Training erstellen und pflegen.

GP 2.2 (AB 2) Prozess planen

Den Plan für die Umsetzung des organisationsweiten Trainingsprozesses erstellen und pflegen.

GP 2.3 (AB 3) Ressourcen bereitstellen

Angemessene Ressourcen bereitstellen, um den Prozess zum organisationsweiten Training durchzuführen, die Arbeitsergebnisse zu erstellen und die zugehörigen Dienstleistungen zu erbringen.

GP 2.4 (AB 4)   Verantwortlichkeit zuweisen

Verantwortlichkeit und Entscheidungsbefugnis zuweisen für die Durchführung, die Entwicklung der Arbeitsergebnisse und die Erbringung der Dienstleistungen des Prozesses zum organisationsweiten Training.

GP 2.5 (AB 5)   Personen schulen

Personen, die den Prozess zum organisationsweiten Training umsetzen oder unterstützen, nach Bedarf schulen.

Steuerung der Umsetzung

GP 2.6 (DI 1)   Konfigurationen managen

Benannte Arbeitsergebnisse des Prozesses zum organisationsweiten Training in angemessenem Umfang unter Konfigurationsmanagement stellen.

GP 2.7 (DI 2)   Relevante Betroffene identifizieren und einbeziehen

Relevante Betroffene des Prozesses zum organisationsweiten Training gemäß Plan identifizieren und einbeziehen.

GP 2.8 (DI 3)   Prozess überwachen und steuern

Prozess zum organisationsweiten Training gegen den Plan für die Durchführung des Prozesses überwachen und steuern und angemessene Korrekturmaßnahmen ergreifen.

GP 3.2 (DI 4)   Verbesserungsinformationen sammeln

Arbeitsergebnisse, Messungen, Messdaten und Verbesserungsinformationen aus der Planung und Durchführung des Prozesses zum organisationsweiten Training sammeln, um die zukünftige Nutzung und Verbesserung der Prozesse und Prozess-Assets der Organisation zu unterstützen.

Verifikation der Umsetzung

GP 2.9 (VE 1)   Einhaltung objektiv bewerten

Einhaltung des Prozesses zum organisationsweiten Training objektiv gegen seine Prozessbeschreibungen und Prozeduren bewerten und Abweichungen bearbeiten.

GP 2.10 (VE 2) **Status mit höherem Management einem Review unterziehen**

Review der Aktivitäten, des Status und der Ergebnisse des Prozesses zum organisationsweiten Training mit dem höheren Management durchführen und offene Punkte klären.

INTEGRIERTES PROJEKTMANAGEMENT

Integriertes Projektmanagement (Integrated Project Management) dient dazu, das Projekt und die Beteiligung der relevanten Betroffenen nach einem integrierten und definierten Prozess aufzusetzen und zu managen, der durch projektspezifische Anpassung der Menge der Standardprozesse der Organisation erstellt wurde.

Spezifische und generische Ziele

SG 1   Den für das Projekt definierten Prozess nutzen

Das Projekt wird nach einem definierten Prozess durchgeführt, der durch projektspezifische Anpassung der Menge der Standardprozesse der Organisation erstellt wurde.

SG 2   Mit relevanten Betroffenen koordinieren und zusammenarbeiten

Koordination und Zusammenarbeit des Projektes mit den relevanten Betroffenen wird durchgeführt.

GG 3   Einen definierten Prozess institutionalisieren

Der Prozess wird als definierter Prozess institutionalisiert.

Praktiken je Ziel:

SG 1   Den für das Projekt definierten Prozess nutzen

Das Projekt wird nach einem definierten Prozess durchgeführt, der durch projektspezifische Anpassung der Menge der Standardprozesse der Organisation erstellt wurde.

SP 1.1   Definierten Prozess des Projektes aufsetzen

Definierten Prozess des Projektes erstellen und pflegen.

SP 1.2 Prozess-Assets der Organisation zur Planung der Projektaktivitäten nutzen

Prozess-Assets der Organisation sowie die aufbewahrten Messungen für die Schätzung und Planung der Projektaktivitäten nutzen.

SP 1.3 Pläne integrieren

Den Projektplan und andere Pläne, die das Projekt betreffen, integrieren, um den definierten Prozess des Projektes zu beschreiben.

SP 1.4 Das Projekt unter Benutzung der integrierten Pläne managen

Das Projekt unter Benutzung des Projektplanes sowie der anderen Pläne, die das Projekt betreffen, und des für das Projekt definierten Prozesses managen.

SP 1.5 Zu den Prozess-Assets der Organisation beitragen

Arbeitsergebnisse, Messungen und dokumentierte Erfahrungen zu den Prozess-Assets der Organisation beitragen.

SG 2 Mit relevanten Betroffenen koordinieren und zusammenarbeiten

Koordination und Zusammenarbeit des Projektes mit den relevanten Betroffenen wird durchgeführt.

SP 2.1 Beteiligung der Betroffenen managen

Beteiligung der relevanten Betroffenen im Projekt managen.

SP 2.2 Abhängigkeiten managen

Mit den relevanten Betroffenen zusammenarbeiten, um kritische Abhängigkeiten zu identifizieren, zu verhandeln und nachzuverfolgen.

SP 2.3 Offene Punkte bei der Zusammenarbeit klären

Offene Punkte mit den relevanten Beteiligten klären.

GG 3 Einen definierten Prozess institutionalisieren

Der Prozess wird als definierter Prozess institutionalisiert.

Verpflichtung zur Umsetzung

GP 2.1 (CO 1)   Erstellen einer organisationsweiten Strategie

Eine organisationsweite Strategie für die Planung und Umsetzung des Prozesses für das integrierte Projektmanagement erstellen und pflegen.

Fähigkeit zur Durchführung

GP 3.1 (AB 1)   Einen definierten Prozess aufstellen

Die Beschreibung eines definierten Prozesses für das integrierte Projektmanagement erstellen und pflegen.

GP 2.2 (AB 2)   Prozess planen

Den Plan für die Umsetzung des Prozesses des integrierten Projektmanagements erstellen und pflegen.

GP 2.3 (AB 3)   Ressourcen bereitstellen

Angemessene Ressourcen bereitstellen, um den Prozess zum integrierten Projektmanagement durchzuführen, die Arbeitsergebnisse zu erstellen und die zugehörigen Dienstleistungen zu erbringen.

GP 2.4 (AB 4)   Verantwortlichkeit zuweisen

Verantwortlichkeit und Entscheidungsbefugnis zuweisen für die Durchführung, die Entwicklung der Arbeitsergebnisse und die Erbringung der Dienstleistungen des Prozesses zum integrierten Projektmanagement.

GP 2.5 (AB 5)   Personen schulen

Personen, die den Prozess zum integrierten Projektmanagement umsetzen oder unterstützen, nach Bedarf schulen.

Steuerung der Umsetzung

GP 2.6 (DI 1)   Konfigurationen managen

Benannte Arbeitsergebnisse des Prozesses zum integrierten Projektmanagement in angemessenem Umfang unter Konfigurationsmanagement stellen.

GP 2.7 (DI 2)   Relevante Betroffene identifizieren und einbeziehen

Relevante Betroffene des Prozesses zum integrierten Projektmanagement gemäß Plan identifizieren und einbeziehen.

GP 2.8 (DI 3)   **Prozess überwachen und steuern**

Prozess zum integrierten Projektmanagement gegen den Plan für die Durchführung des Prozesses überwachen und steuern und angemessene Korrekturmaßnahmen ergreifen.

GP 3.2 (DI 4)   **Verbesserungsinformationen sammeln**

Arbeitsergebnisse, Messungen, Messdaten und Verbesserungsinformationen aus der Planung und Durchführung des Prozesses zum integrierten Projektmanagement sammeln, um die zukünftige Nutzung und Verbesserung der Prozesse und Prozess-Assets der Organisation zu unterstützen.

Verifikation der Umsetzung

GP 2.9 (VE 1)   **Einhaltung objektiv bewerten**

Einhaltung des Prozesses zum integrierten Projektmanagement objektiv gegen seine Prozessbeschreibungen und Prozeduren bewerten und Abweichungen bearbeiten.

GP 2.10 (VE 2)   **Status mit höherem Management einem Review unterziehen**

Review der Aktivitäten, des Status und der Ergebnisse des Prozesses zum integrierten Projektmanagement mit dem höheren Management durchführen und offene Punkte klären.

RISIKOMANAGEMENT

Das Risikomanagement (Risk Management) dient dazu, potenzielle Probleme zu identifizieren, bevor sie auftreten, um Maßnahmen zur Risikobehandlung nach Bedarf über die Lebensdauer des Produktes oder des Projektes planen und durchführen zu können und dadurch negative Auswirkungen auf die Erreichung der Ziele zu mindern.

Spezifische und generische Ziele

SG 1   **Risikomanagement vorbereiten**

Vorbereitung für das Risikomanagement wird durchgeführt.

SG 2   Identifizieren und analysieren von Risiken

Risiken werden identifiziert und analysiert, um ihre relative Bedeutung festzulegen.

SG 3   Risiken mindern

Risiken werden behandelt und gemindert, soweit angemessen, um negative Auswirkungen auf die Erreichung der Ziele zu reduzieren.

GG 3   Einen definierten Prozess institutionalisieren

Der Prozess wird als definierter Prozess institutionalisiert.

Praktiken je Ziel:

SG 1   Risikomanagement vorbereiten

Vorbereitung für das Risikomanagement wird durchgeführt.

SP 1.1   Risikoquellen und -kategorien festlegen

Risikoquellen und -kategorien festlegen.

SP 1.2   Risikoparameter definieren

Die Parameter definieren, die zur Analyse und Kategorisierung der Risiken und zur Steuerung der Risikomanagementanstrengungen genutzt werden.

SP 1.3   Strategie zum Risikomanagement aufsetzen

Die zum Risikomanagement zu benutzende Strategie erstellen und pflegen.

SG 2   Identifizieren und analysieren von Risiken

Risiken werden identifiziert und analysiert, um ihre relative Bedeutung festzulegen.

SP 2.1   Risiken identifizieren

Risiken identifizieren und dokumentieren.

SP 2.2   Bewerten, kategorisieren und priorisieren der Risiken

Jedes identifizierte Risiko unter Verwendung der definierten Risikokategorien und -parameter bewerten und kategorisieren und seine relative Priorität bestimmen.

SG 3   Risiken mindern

Risiken werden behandelt und gemindert, soweit angemessen, um negative Auswirkungen auf die Erreichung der Ziele zu reduzieren.

SP 3.1   Pläne zur Risikominderung entwickeln

Einen Plan zur Minderung der wichtigsten Projektrisiken entwickeln, wie in der Strategie zum Risikomanagement definiert.

SP 3.2   Pläne zur Risikominderung umsetzen

Den Status jedes Risikos periodisch überwachen und den Plan zur Risikominderung umsetzen, soweit angemessen.

GG 3   Einen definierten Prozess institutionalisieren

Der Prozess wird als definierter Prozess institutionalisiert.

Verpflichtung zur Umsetzung

GP 2.1 (CO 1)   Erstellen einer organisationsweiten Strategie

Eine organisationsweite Strategie für die Planung und Umsetzung des Risikomanagementprozesses erstellen und pflegen.

Fähigkeit zur Durchführung

GP 3.1 (AB 1)   Einen definierten Prozess aufstellen

Die Beschreibung eines definierten Risikomanagementprozesses erstellen und pflegen.

GP 2.2 (AB 2)   Prozess planen

Den Plan für die Umsetzung des Risikomanagementprozesses erstellen und pflegen.

GP 2.3 (AB 3)   Ressourcen bereitstellen

Angemessene Ressourcen bereitstellen, um den Risikomanagementprozess durchzuführen, die Arbeitsergebnisse zu erstellen und die zugehörigen Dienstleistungen zu erbringen.

GP 2.4 (AB 4)   Verantwortlichkeit zuweisen

Verantwortlichkeit und Entscheidungsbefugnis zuweisen für die Durchführung, die Entwicklung der Arbeitsergebnisse und die Erbringung der Dienstleistungen des Risikomanagementprozesses.

GP 2.5 (AB 5)   Personen schulen

Personen, die den Risikomanagementprozess umsetzen oder unterstützen, nach Bedarf schulen.

Steuerung der Umsetzung

GP 2.6 (DI 1)   **Konfigurationen managen**
Benannte Arbeitsergebnisse des Risikomanagementprozesses in angemessenem Umfang unter Konfigurationsmanagement stellen.

GP 2.7 (DI 2)   **Relevante Betroffene identifizieren und einbeziehen**
Relevante Betroffene des Risikomanagementprozesses gemäß Plan identifizieren und einbeziehen.

GP 2.8 (DI 3)   **Prozess überwachen und steuern**
Risikomanagementprozess gegen den Plan für die Durchführung des Prozesses überwachen und steuern und angemessene Korrekturmaßnahmen ergreifen.

GP 3.2 (DI 4)   **Verbesserungsinformationen sammeln**
Arbeitsergebnisse, Messungen, Messdaten und Verbesserungsinformationen aus der Planung und Durchführung des Risikomanagementprozesses sammeln, um die zukünftige Nutzung und Verbesserung der Prozesse und Prozess-Assets der Organisation zu unterstützen.

Verifikation der Umsetzung

GP 2.9 (VE 1)   **Einhaltung objektiv bewerten**
Einhaltung des Risikomanagementprozesses objektiv gegen seine Prozessbeschreibungen und Prozeduren bewerten und Abweichungen bearbeiten.

GP 2.10 (VE 2) **Status mit höherem Management einem Review unterziehen**
Review der Aktivitäten, des Status und der Ergebnisse des Risikomanagementprozesses mit dem höheren Management durchführen und offene Punkte klären.

ENTSCHEIDUNGSANALYSE UND -FINDUNG

Die Entscheidungsanalyse und -findung (Decision Analysis and Resolution) dient dazu, mögliche Entscheidungen nach einem formalen Bewertungsprozess zu analysieren, bei dem identifizierte Alternativen nach festgelegten Kriterien bewertet werden.

Spezifische und generische Ziele

SG 1   Alternativen bewerten
Entscheidungen werden auf Basis einer Bewertung der Alternativen nach festgelegten Kriterien getroffen.

GG 3   Einen definierten Prozess institutionalisieren
Der Prozess wird als definierter Prozess institutionalisiert.

Praktiken je Ziel:

SG 1   Alternativen bewerten
Entscheidungen werden auf Basis einer Bewertung der Alternativen nach festgelegten Kriterien getroffen.

SP 1.1   Richtlinien für die Entscheidungsanalyse aufsetzen
Richtlinien erstellen und pflegen, um festzulegen, welche offenen Punkte einem formalen Bewertungsprozess unterzogen werden.

SP 1.2   Bewertungskriterien aufsetzen
Kriterien zur Bewertung der Alternativen und die relative Reihenfolge dieser Kriterien erstellen und pflegen.

SP 1.3   Lösungsalternativen identifizieren
Lösungsalternativen identifizieren, um die offenen Punkte zu behandeln.

SP 1.4   Bewertungsmethoden auswählen
Die Bewertungsmethoden auswählen.

SP 1.5   Alternativen bewerten
Lösungsalternativen nach den festgelegten Kriterien und Methoden bewerten.

SP 1.6   Lösungen auswählen
Lösungen aus den Alternativen aufgrund der Bewertungskriterien auswählen.

GG 3   Einen definierten Prozess institutionalisieren

Der Prozess wird als definierter Prozess institutionalisiert.

Verpflichtung zur Umsetzung

GP 2.1 (CO 1)   Erstellen einer organisationsweiten Strategie

Eine organisationsweite Strategie für die Planung und Umsetzung des Prozesses für die Entscheidungsanalyse und -findung erstellen und pflegen.

Fähigkeit zur Durchführung

GP 3.1 (AB 1)   Einen definierten Prozess aufstellen

Die Beschreibung eines definierten Prozesses für die Entscheidungsanalyse und -findung erstellen und pflegen.

GP 2.2 (AB 2)   Prozess planen

Den Plan für die Umsetzung des Prozesses der Entscheidungsanalyse und -findung erstellen und pflegen.

GP 2.3 (AB 3)   Ressourcen bereitstellen

Angemessene Ressourcen bereitstellen, um den Prozess zur Entscheidungsanalyse und -findung durchzuführen, die Arbeitsergebnisse zu erstellen und die zugehörigen Dienstleistungen zu erbringen.

GP 2.4 (AB 4)   Verantwortlichkeit zuweisen

Verantwortlichkeit und Entscheidungsbefugnis zuweisen für die Durchführung, die Entwicklung der Arbeitsergebnisse und die Erbringung der Dienstleistungen des Prozesses zur Entscheidungsanalyse und -findung.

GP 2.5 (AB 5)   Personen schulen

Personen, die den Prozess der Entscheidungsanalyse und -findung umsetzen oder unterstützen, nach Bedarf schulen.

Steuerung der Umsetzung

GP 2.6 (DI 1)   Konfigurationen managen

Benannte Arbeitsergebnisse des Prozesses der Entscheidungsanalyse und -findung in angemessenem Umfang unter Konfigurationsmanagement stellen.

GP 2.7 (DI 2)   Relevante Betroffene identifizieren und einbeziehen

Relevante Betroffene des Prozesses der Entscheidungsanalyse und -findung gemäß Plan identifizieren und einbeziehen.

GP 2.8 (DI 3)   Prozess überwachen und steuern

Prozess der Entscheidungsanalyse und -findung gegen den Plan für die Durchführung des Prozesses überwachen und steuern und angemessene Korrekturmaßnahmen ergreifen.

GP 3.2 (DI 4)   Verbesserungsinformationen sammeln

Arbeitsergebnisse, Messungen, Messdaten und Verbesserungsinformationen aus der Planung und Durchführung des Prozesses der Entscheidungsanalyse und -findung sammeln, um die zukünftige Nutzung und Verbesserung der Prozesse und Prozess-Assets der Organisation zu unterstützen.

Verifikation der Umsetzung

GP 2.9 (VE 1)   Einhaltung objektiv bewerten

Einhaltung des Prozesses der Entscheidungsanalyse und -findung objektiv gegen seine Prozessbeschreibungen und Prozeduren bewerten und Abweichungen bearbeiten.

GP 2.10 (VE 2) Status mit höherem Management einem Review unterziehen

Review der Aktivitäten, des Status und der Ergebnisse des Prozesses der Entscheidungsanalyse und -findung mit dem höheren Management durchführen und offene Punkte klären.

A.3   Reifegrad 4: Quantitativ gemanagt

PERFORMANZ DER ORGANISATIONSWEITEN PROZESSE

Die Performanz der organisationsweiten Prozesse (Organizational Process Performance) dient dazu, ein quantitatives Verständnis für die Performanz der Menge der Standardprozesse der Organisation zur Unterstützung der Ziele in Bezug auf Qualität und Prozessperformanz zu erstellen und zu pflegen sowie die Daten zu Prozessperformanz, Richtwerten und Modellen bereitzustellen, mit denen die Projekte der Organisation quantitativ gemanagt werden.

Spezifische und generische Ziele

SG 1   Richtwerte und Modelle zur Performanz aufsetzen
Richtwerte und Modelle, die die erwartete Prozessperformanz der Menge der Standardprozesse der Organisation charakterisieren, werden erstellt und gepflegt.

GG 3   Einen definierten Prozess institutionalisieren
Der Prozess wird als definierter Prozess institutionalisiert.

Praktiken je Ziel:

SG 1   Richtwerte und Modelle zur Performanz aufsetzen
Richtwerte und Modelle, die die erwartete Prozessperformanz der Menge der Standardprozesse der Organisation charakterisieren, werden erstellt und gepflegt.

SP 1.1   Prozesse auswählen
Die Prozesse oder Prozesselemente aus der Menge der Standardprozesse der Organisation auswählen, die bei der Analyse der Prozessperformanz in der Organisation betrachtet werden sollen.

SP 1.2   Messungen zur Prozessperformanz aufsetzen
Definitionen von Messungen erstellen und pflegen, die bei der Analyse der Prozessperformanz in der Organisation betrachtet werden sollen.

SP 1.3   Qualitäts- und Prozessperformanz-Ziele aufsetzen
Quantitative Ziele für die Qualität und Prozessperformanz der Organisation erstellen und pflegen.

SP 1.4   Richtwerte für die Prozessperformanz aufsetzen
Richtwerte für die Prozessperformanz der Organisation erstellen und pflegen.

SP 1.5   Modelle für die Prozessperformanz aufsetzen
Modelle für die Prozessperformanz der Menge der Standardprozesse der Organisation erstellen und pflegen.

GG 3   Einen definierten Prozess institutionalisieren
Der Prozess wird als definierter Prozess institutionalisiert.

Verpflichtung zur Umsetzung

GP 2.1 (CO 1)   Erstellen einer organisationsweiten Strategie
Eine organisationsweite Strategie für die Planung und Umsetzung des Prozesses für die Performanz organisationsweiter Prozesse erstellen und pflegen.

Fähigkeit zur Durchführung

GP 3.1 (AB 1)   Einen definierten Prozess aufstellen
Die Beschreibung eines definierten Prozesses für die Performanz organisationsweiter Prozesse erstellen und pflegen.

GP 2.2 (AB 2)   Prozess planen
Den Plan für die Umsetzung des Prozesses der Performanz der organisationsweiten Prozesse erstellen und pflegen.

GP 2.3 (AB 3)   Ressourcen bereitstellen
Angemessene Ressourcen bereitstellen, um den Prozess zur Performanz der organisationsweiten Prozesse durchzuführen, die Arbeitsergebnisse zu erstellen und die zugehörigen Dienstleistungen zu erbringen.

GP 2.4 (AB 4)   Verantwortlichkeit zuweisen
Verantwortlichkeit und Entscheidungsbefugnis zuweisen für die Durchführung, die Entwicklung der Arbeitsergebnisse und die Erbringung der Dienstleistungen des Prozesses zur Performanz der organisationsweiten Prozesse.

GP 2.5 (AB 5)   Personen schulen

Personen, die den Prozess zur Performanz der organisationsweiten Prozesse umsetzen oder unterstützen, nach Bedarf schulen.

Steuerung der Umsetzung

GP 2.6 (DI 1)   Konfigurationen managen

Benannte Arbeitsergebnisse des Prozesses zur Performanz der organisationsweiten Prozesse in angemessenem Umfang unter Konfigurationsmanagement stellen.

GP 2.7 (DI 2)   Relevante Betroffene identifizieren und einbeziehen

Relevante Betroffene des Prozesses zur Performanz der organisationsweiten Prozesse gemäß Plan identifizieren und einbeziehen.

GP 2.8 (DI 3)   Prozess überwachen und steuern

Prozess zur Performanz der organisationsweiten Prozesse gegen den Plan für die Durchführung des Prozesses überwachen und steuern und angemessene Korrekturmaßnahmen ergreifen.

GP 3.2 (DI 4)   Verbesserungsinformationen sammeln

Arbeitsergebnisse, Messungen, Messdaten und Verbesserungsinformationen aus der Planung und Durchführung des Prozesses zur Performanz der organisationsweiten Prozesse sammeln, um die zukünftige Nutzung und Verbesserung der Prozesse und Prozess-Assets der Organisation zu unterstützen.

Verifikation der Umsetzung

GP 2.9 (VE 1)   Einhaltung objektiv bewerten

Einhaltung des Prozesses zur Performanz der organisationsweiten Prozesse objektiv gegen seine Prozessbeschreibungen und Prozeduren bewerten und Abweichungen bearbeiten.

GP 2.10 (VE 2) Status mit höherem Management einem Review unterziehen

Review der Aktivitäten, des Status und der Ergebnisse des Prozesses zur Performanz der organisationsweiten Prozesse mit dem höheren Management durchführen und offene Punkte klären.

QUANTITATIVES PROJEKTMANAGEMENT

Quantitatives Projektmanagement (Quantitative Project Management) dient dazu, den definierten Prozess des Projektes quantitativ zu managen, um die festgelegten Ziele des Projektes in Bezug auf Qualität und Prozessperformanz zu erreichen.

Spezifische und generische Ziele

SG 1 Projekt quantitativ managen
Das Projekt wird quantitativ gemanagt unter Nutzung der Ziele in Bezug auf Qualität und Prozessperformanz.

SG 2 Performanz von Teilprozessen statistisch managen
Die Performanz ausgewählter Teilprozesse des für das Projekt definierten Prozesses wird statistisch gemanagt.

GG 3 Einen definierten Prozess institutionalisieren
Der Prozess wird als definierter Prozess institutionalisiert.

Praktiken je Ziel:

SG 1 Projekt quantitativ managen
Das Projekt wird quantitativ gemanagt unter Nutzung der Ziele in Bezug auf Qualität und Prozessperformanz.

SP 1.1 Ziele des Projektes aufsetzen
Ziele des Projektes in Bezug auf Qualität und Prozessperformanz erstellen und pflegen.

SP 1.2 Definierten Prozess zusammensetzen
Auf Grundlage historischer Daten über Stabilität und Fähigkeit die Teilprozesse auswählen, die den definierten Prozess des Projektes bilden.

SP 1.3 Teilprozesse auswählen, die statistisch gemanagt werden sollen
Aus den definierten Prozessen des Projektes die Teilprozesse auswählen, die statistisch gemanagt werden sollen.

SP 1.4 Performanz des Projektes managen
Das Projekt überwachen, um festzustellen, ob die Projektziele in Bezug auf Qualität und Prozessperformanz

erfüllt sein werden, und, wo angemessen, Korrekturmaßnahmen identifizieren.

SG 2   Performanz von Teilprozessen statistisch managen
Die Performanz ausgewählter Teilprozesse des für das Projekt
definierten Prozesses wird statistisch gemanagt.

SP 2.1   Messungen und analytische Techniken auswählen
Die Messungen und analytischen Techniken auswäh-
len, die dazu genutzt werden sollen, die ausgewählten
Teilprozesse statistisch zu managen.

**SP 2.2   Statistische Methoden anwenden, um Streuung zu ver-
stehen**
Verständnis der Streuung der ausgewählten Teilprozesse mit Hilfe der ausgewählten Messungen und analytischen Techniken gewinnen und aufrechterhalten.

SP 2.3   Performanz der ausgewählten Teilprozesse überwachen
Performanz der ausgewählten Teilprozesse überwa-
chen, um ihre Fähigkeit zur Erfüllung der Ziele in
Bezug auf Qualität und Prozessperformanz festzustellen, und bei Bedarf Korrekturmaßnahmen identifizieren.

SP 2.4   Daten zum statistischen Management erfassen
Statistische und Qualitätsmanagementdaten erfassen
und im Repository für Messungen der Organisation
ablegen.

GG 3   Einen definierten Prozess institutionalisieren
Der Prozess wird als definierter Prozess institutionalisiert.

Verpflichtung zur Umsetzung

GP 2.1 (CO 1)   Erstellen einer organisationsweiten Strategie
Eine organisationsweite Strategie für die Planung und
Umsetzung des Prozesses für das quantitative Projekt-
management erstellen und pflegen.

Fähigkeit zur Durchführung

GP 3.1 (AB 1)   Einen definierten Prozess aufstellen
Die Beschreibung eines definierten Prozesses für das
quantitative Projektmanagement erstellen und pflegen.

GP 2.2 (AB 2)   Prozess planen
Den Plan für die Umsetzung des Prozesses des quantitativen Projektmanagements erstellen und pflegen.

GP 2.3 (AB 3)   Ressourcen bereitstellen
Angemessene Ressourcen bereitstellen, um den Prozess zum quantitativen Projektmanagement durchzuführen, die Arbeitsergebnisse zu erstellen und die zugehörigen Dienstleistungen zu erbringen.

GP 2.4 (AB 4)   Verantwortlichkeit zuweisen
Verantwortlichkeit und Entscheidungsbefugnis zuweisen für die Durchführung, die Entwicklung der Arbeitsergebnisse und die Erbringung der Dienstleistungen des Prozesses zum quantitativen Projektmanagement.

GP 2.5 (AB 5)   Personen schulen
Personen, die den Prozess des quantitativen Projektmanagements umsetzen oder unterstützen, nach Bedarf schulen.

Steuerung der Umsetzung

GP 2.6 (DI 1)   Konfigurationen managen
Benannte Arbeitsergebnisse des Prozesses des quantitativen Projektmanagements in angemessenem Umfang unter Konfigurationsmanagement stellen.

GP 2.7 (DI 2)   Relevante Betroffene identifizieren und einbeziehen
Relevante Betroffene des Prozesses des quantitativen Projektmanagements gemäß Plan identifizieren und einbeziehen.

GP 2.8 (DI 3)   Prozess überwachen und steuern
Prozess des quantitativen Projektmanagements gegen den Plan für die Durchführung des Prozesses überwachen und steuern und angemessene Korrekturmaßnahmen ergreifen.

GP 3.2 (DI 4)   Verbesserungsinformationen sammeln
Arbeitsergebnisse, Messungen, Messdaten und Verbesserungsinformationen aus der Planung und Durchführung des Prozesses für das quantitative Projektmanagement sammeln, um die zukünftige Nutzung und Verbesserung der Prozesse und Prozess-Assets der Organisation zu unterstützen.

Verifikation der Umsetzung

GP 2.9 (VE 1)   Einhaltung objektiv bewerten

Einhaltung des Prozesses für das quantitative Projektmanagement objektiv gegen seine Prozessbeschreibungen und Prozeduren bewerten und Abweichungen bearbeiten.

GP 2.10 (VE 2) Status mit höherem Management einem Review unterziehen

Review der Aktivitäten, des Status und der Ergebnisse des Prozesses für das quantitative Projektmanagement mit dem höheren Management durchführen und offene Punkte klären.」

A.4   Reifegrad 5: Optimierend

ORGANISATIONSWEITE INNOVATION UND VERBREITUNG

Organisationsweite Innovation und Verbreitung (Organizational Innovation and Deployment) dienen dazu, inkrementelle und innovative Verbesserungen auszuwählen und zu verbreiten, die die Prozesse und Technologien der Organisation messbar verbessern. Die Verbesserungen unterstützen die von den Geschäftszielen abgeleiteten Ziele in Bezug auf Qualität und Prozessleistung.

Spezifische und generische Ziele

SG 1   Verbesserungen auswählen

Verbesserungen an Prozessen und Technologie auswählen, die dazu beitragen, Ziele in Bezug auf Qualität und Prozessleistung zu erfüllen.

SG 2   Verbesserungen verbreiten

Messbare Verbesserungen an Prozessen und Technologien der Organisation werden kontinuierlich und systematisch verbreitet.

GG 3   Einen definierten Prozess institutionalisieren

Der Prozess wird als definierter Prozess institutionalisiert.

Praktiken je Ziel:

SG 1   Verbesserungen auswählen

Verbesserungen an Prozessen und Technologie auswählen, die dazu beitragen, Ziele in Bezug auf Qualität und Prozessleistung zu erfüllen.

SP 1.1   Verbesserungsvorschläge sammeln und analysieren

Vorschläge für Verbesserungen an Prozessen und Technologie sammeln und analysieren.

SP 1.2   Innovationen identifizieren und analysieren

Innovative Verbesserungen, die die Qualität und Prozessperformanz der Organisation erhöhen könnten, identifizieren und analysieren.

SP 1.3   Verbesserungen in Pilotprojekten erproben

Verbesserungen an Prozessen und Technologie in Pilot-projekten erproben, um auszuwählen, welche davon umgesetzt werden.

SP 1.4   Verbesserungen zur Verbreitung auswählen

Vorschläge für die Verbesserung von Prozessen und Technologie zur Verbreitung über die gesamte Organisation auswählen.

SG 2   Verbesserungen verbreiten

Messbare Verbesserungen an Prozessen und Technologien der Organisation werden kontinuierlich und systematisch verbreitet.

SP 2.1   Verbreitung planen

Pläne zur Verbreitung der ausgewählten Verbesserungen an Prozessen und Technologie erstellen und pflegen.

SP 2.2   Verbreitung managen

Verbreitung der ausgewählten Verbesserungen an Prozessen und Technologie managen.

SP 2.3   Effekte der Verbesserung messen

Effekte der verbreiteten Verbesserungen an Prozessen und Technologie messen.

GG 3   Einen definierten Prozess institutionalisieren

Der Prozess wird als definierter Prozess institutionalisiert.

Verpflichtung zur Umsetzung

GP 2.1 (CO 1)   Erstellen einer organisationsweiten Strategie

Eine organisationsweite Strategie für die Planung und Umsetzung des Prozesses für organisationsweite Innovation und Verbreitung erstellen und pflegen.

Fähigkeit zur Durchführung

GP 3.1 (AB 1)   Einen definierten Prozess aufstellen

Die Beschreibung eines definierten Prozesses für die organisationsweite Innovation und Verbreitung erstellen und pflegen.

GP 2.2 (AB 2) Prozess planen

Den Plan für die Umsetzung des Prozesses der organisationsweiten Innovation und Verbreitung erstellen und pflegen.

GP 2.3 (AB 3) Ressourcen bereitstellen

Angemessene Ressourcen bereitstellen, um den Prozess zur organisationsweiten Innovation und Verbreitung durchzuführen, die Arbeitsergebnisse zu erstellen und die zugehörigen Dienstleistungen zu erbringen.

GP 2.4 (AB 4) Verantwortlichkeit zuweisen

Verantwortlichkeit und Entscheidungsbefugnis zuweisen für die Durchführung, die Entwicklung der Arbeitsergebnisse und die Erbringung der Dienstleistungen des Prozesses zur organisationsweiten Innovation und Verbreitung.

GP 2.5 (AB 5) Personen schulen

Personen, die den Prozess der organisationsweiten Innovation und Verbreitung umsetzen oder unterstützen, nach Bedarf schulen.

Steuerung der Umsetzung

GP 2.6 (DI 1) Konfigurationen managen

Benannte Arbeitsergebnisse des Prozesses der organisationsweiten Innovation und Verbreitung in angemessenem Umfang unter Konfigurationsmanagement stellen.

GP 2.7 (DI 2) Relevante Betroffene identifizieren und einbeziehen

Relevante Betroffene des Prozesses der organisationsweiten Innovation und Verbreitung gemäß Plan identifizieren und einbeziehen.

GP 2.8 (DI 3) Prozess überwachen und steuern

Prozess der organisationsweiten Innovation und Verbreitung gegen den Plan für die Durchführung des Prozesses überwachen und steuern und angemessene Korrekturmaßnahmen ergreifen.

GP 3.2 (DI 4) Verbesserungsinformationen sammeln

Arbeitsergebnisse, Messungen, Messdaten und Verbesserungsinformationen aus der Planung und Durchführung des Prozesses der organisationsweiten Innovation und Verbreitung sammeln, um die zukünftige Nutzung und Verbesserung der Prozesse und Prozess-Assets der Organisation zu unterstützen.

Verifikation der Umsetzung

GP 2.9 (VE 1)   Einhaltung objektiv bewerten

Einhaltung des Prozesses der organisationsweiten Innovation und Verbreitung objektiv gegen seine Prozessbeschreibungen und Prozeduren bewerten und Abweichungen bearbeiten.

GP 2.10 (VE 2) Status mit höherem Management einem Review unterziehen

Review der Aktivitäten, des Status und der Ergebnisse des Prozesses der organisationsweiten Innovation und Verbreitung mit dem höheren Management durchführen und offene Punkte klären.

URSACHENANALYSE UND PROBLEMLÖSUNG

Ursachenanalyse und Problemlösung (Causal Analysis and Resolution) dienen dazu, Ursachen von Fehlern und anderen Problemen zu identifizieren und einzugreifen, damit die Probleme in Zukunft nicht wieder auftreten.

Spezifische und generische Ziele

SG 1   Ursachen von Fehlern bestimmen

Ausgangsursachen von Fehlern und anderen Problemen werden systematisch bestimmt.

SG 2   Fehlerursachen bearbeiten

Ausgangsursachen von Fehlern und anderen Problemen werden systematisch bearbeitet, damit sie in Zukunft nicht wieder auftreten.

GG 3   Einen definierten Prozess institutionalisieren

Der Prozess wird als definierter Prozess institutionalisiert.

Praktiken je Ziel:

SG 1   Ursachen von Fehlern bestimmen
Ausgangsursachen von Fehlern und anderen Problemen werden systematisch bestimmt.

SP 1.1   Fehlerdaten zur Analyse auswählen
Fehler und andere Probleme zur Analyse auswählen.

SP 1.2   Ursachen analysieren
Ursachenanalyse für ausgewählte Fehler und andere Probleme durchführen und Maßnahmen vorschlagen.

SG 2   Fehlerursachen bearbeiten
Ausgangsursachen von Fehlern und anderen Problemen werden systematisch bearbeitet, damit sie in Zukunft nicht wieder auftreten.

SP 2.1   Vorgeschlagene Maßnahmen umsetzen
Die ausgewählten Maßnahmen umsetzen, die bei der Ursachenanalyse entwickelt wurden.

SP 2.2   Auswirkung der Änderungen bewerten
Auswirkungen der Änderungen auf die Prozessperformanz bewerten.

SP 2.3   Daten erfassen
Daten zur Ursachenanalyse und Problemlösung erfassen zur Verwendung im gesamten Projekt und der gesamten Organisation.

GG 3   Einen definierten Prozess institutionalisieren
Der Prozess wird als definierter Prozess institutionalisiert.

Verpflichtung zur Umsetzung

GP 2.1 (CO 1)   Erstellen einer organisationsweiten Strategie
Eine organisationsweite Strategie für die Planung und Umsetzung des Prozesses für die Ursachenanalyse und Problemlösung erstellen und pflegen.

Fähigkeit zur Durchführung

GP 3.1 (AB 1)   Einen definierten Prozess aufstellen
Die Beschreibung eines definierten Prozesses für die Ursachenanalyse und Problemlösung erstellen und pflegen.

GP 2.2 (AB 2)   Prozess planen
Den Plan für die Umsetzung des Prozesses der Ursachenanalyse und Problemlösung erstellen und pflegen.

GP 2.3 (AB 3)   Ressourcen bereitstellen
Angemessene Ressourcen bereitstellen, um den Prozess zur Ursachenanalyse und Problemlösung durchzuführen, die Arbeitsergebnisse zu erstellen und die zugehörigen Dienstleistungen zu erbringen.

GP 2.4 (AB 4)   Verantwortlichkeit zuweisen
Verantwortlichkeit und Entscheidungsbefugnis zuweisen für die Durchführung, die Entwicklung der Arbeitsergebnisse und die Erbringung der Dienstleistungen des Prozesses der Ursachenanalyse und Problemlösung.

GP 2.5 (AB 5)   Personen schulen
Personen, die den Prozess der Ursachenanalyse und Problemlösung umsetzen oder unterstützen, nach Bedarf schulen.

Steuerung der Umsetzung

GP 2.6 (DI 1)   Konfigurationen managen
Benannte Arbeitsergebnisse des Prozesses der Ursachenanalyse und Problemlösung in angemessenem Umfang unter Konfigurationsmanagement stellen.

GP 2.7 (DI 2)   Relevante Betroffene identifizieren und einbeziehen
Relevante Betroffene des Prozesses der Ursachenanalyse und Problemlösung gemäß Plan identifizieren und einbeziehen.

GP 2.8 (DI 3)   Prozess überwachen und steuern
Prozess der Ursachenanalyse und Problemlösung gegen den Plan für die Durchführung des Prozesses überwachen und steuern und angemessene Korrekturmaßnahmen ergreifen.

GP 3.2 (DI 4)   Verbesserungsinformationen sammeln
Arbeitsergebnisse, Messungen, Messdaten und Verbesserungsinformationen aus der Planung und Durchführung des Prozesses der Ursachenanalyse und Problemlösung sammeln, um die zukünftige Nutzung und Verbesserung der Prozesse und Prozess-Assets der Organisation zu unterstützen.

Verifikation der Umsetzung

GP 2.9 (VE 1) **Einhaltung objektiv bewerten**

Einhaltung des Prozesses der Ursachenanalyse und Problemlösung objektiv gegen seine Prozessbeschreibungen und Prozeduren bewerten und Abweichungen bearbeiten.

GP 2.10 (VE 2) **Status mit höherem Management einem Review unterziehen**

Review der Aktivitäten, des Status und der Ergebnisse des Prozesses der Ursachenanalyse und Problemlösung mit dem höheren Management durchführen und offene Punkte klären.

B Anhang: Kontinuierliche Darstellung

B.1 Generische Ziele und Praktiken

GG 1 Spezifische Ziele erfüllen

Der Prozess unterstützt und ermöglicht die Erreichung der spezifischen Ziele des Prozessgebietes durch Transformation identifizierbarer Eingabearbeitsergebnisse, um identifizierbare Ausgabearbeitsergebnisse zu erstellen.

GP 1.1 Basispraktiken umsetzen

Umsetzen der Basispraktiken des Prozessgebietes, um Arbeitsergebnisse zu erstellen und Dienstleistungen zu erbringen und damit die spezifischen Ziele des Prozessgebietes zu erreichen.

GG 2 Einen gemanagten Prozess institutionalisieren

Der Prozess wird als gemanagter Prozess institutionalisiert.

GP 2.1 Erstellen einer organisationsweiten Strategie

Eine organisationsweite Strategie für die Planung und Umsetzung des Prozesses erstellen und pflegen.

GP 2.2 Prozess planen

Den Plan für die Umsetzung des Prozesses erstellen und pflegen.

GP 2.3 Ressourcen bereitstellen

Angemessene Ressourcen bereitstellen, um den Prozess durchzuführen, die Arbeitsergebnisse zu erstellen und die zugehörigen Dienstleistungen zu erbringen.

GP 2.4 Verantwortlichkeit zuweisen

Verantwortlichkeit und Entscheidungsbefugnis zuweisen für die Durchführung, die Entwicklung der Arbeitsergebnisse und die Erbringung der Dienstleistungen des Prozesses.

GP 2.5	**Personen schulen**
	Personen, die den Prozess umsetzen oder unterstützen, nach Bedarf schulen.

GP 2.6	**Konfigurationen managen**
	Benannte Arbeitsergebnisse des Prozesses in angemessenem Umfang unter Konfigurationsmanagement stellen.

GP 2.7	**Relevante Betroffene identifizieren und einbeziehen**
	Relevante Betroffene des Prozesses gemäß Plan identifizieren und einbeziehen.

GP 2.8	**Prozess überwachen und steuern**
	Prozess gegen den Plan für die Durchführung des Prozesses überwachen und steuern und angemessene Korrekturmaßnahmen ergreifen.

GP 2.9	**Einhaltung objektiv bewerten**
	Einhaltung des Prozesses objektiv gegen seine Prozessbeschreibungen und Prozeduren bewerten und Abweichungen bearbeiten.

GP 2.10	**Status mit höherem Management einem Review unterziehen**
	Review der Aktivitäten, des Status und der Ergebnisse des Prozesses mit dem höheren Management durchführen und offene Punkte klären.

GG 3   Einen definierten Prozess institutionalisieren

Der Prozess wird als definierter Prozess institutionalisiert.

GP 3.1	**Einen definierten Prozess aufstellen**
	Die Beschreibung eines definierten Prozesses erstellen und pflegen.

GP 3.2	**Verbesserungsinformationen sammeln**
	Arbeitsergebnisse, Messungen, Messdaten und Verbesserungsinformationen aus der Planung und Durchführung des Prozesses sammeln, um die zukünftige Nutzung und Verbesserung der Prozesse und Prozess-Assets der Organisation zu unterstützen.

GG 4 Einen quantitativ gemanagten Prozess institutionalisieren

Der Prozess wird als quantitativ gemanagter Prozess institutionalisiert.

GP 4.1   Quantitative Prozessziele erstellen

Quantitative Prozessziele erstellen und pflegen, die sich basierend auf Kundenbedürfnissen und Geschäftszielen auf die Qualität und die Prozessperformanz beziehen.

GP 4.2   Performanz der Teilprozesse stabilisieren

Performanz von einem oder mehreren Teilprozessen stabilisieren, um die Fähigkeit des Prozesses zu bestimmen, erstellte quantitative Qualitäts- und Prozessperformanzziele zu erreichen.

GG 5 Einen optimierenden Prozess institutionalisieren

Der Prozess wird als optimierender Prozess institutionalisiert.

GP 5.1   Kontinuierliche Prozessverbesserung sicherstellen

Kontinuierliche Verbesserung des Prozesses bei der Erfüllung der relevanten Geschäftsziele der Organisation sicherstellen.

GP 5.2   Ausgangsursache von Problemen beheben

Die Ausgangsursache von Fehlern und anderen Prozessproblemen identifizieren und beheben.

B.2 Spezifische Ziele und Praktiken in der kontinuierlichen Darstellung

Die kontinuierliche Darstellung enthält (nahezu) die gleichen Inhalte wie die stufenförmige Darstellung in Anhang A.1 bis A.4 in anderer Gliederung. Die Tabellen B–1 bis B–4 zeigen die Struktur des CMMI in der kontinuierlichen Darstellung für die verschiedenen Kategorien.

Um für ein Prozessgebiet Fähigkeitsgrad n (mit $n>0$) zu erhalten, muss man alle spezifischen Ziele des Prozessgebietes erreichen und zusätzlich noch das generische Ziel GG n, bezogen auf dieses Prozessgebiet. Hat man diese Ziele für kein $n>0$ erreicht, so hat man automatisch Fähigkeitsgrad 0 für dieses Prozessgebiet. Fortgeschrittene Praktiken (vgl. Kap. 3.5.3) sind jeweils in kursiver Schrift in der Liste aufgenommen.

Prozessgebiete	Spezifische	Ziele und	Praktiken
Organisationsweiter Prozessfokus (OPF)	SG 1: SP 1.1-1, SP 1.2-1, SP 1.3-1	SG 2: SP 2.1-1, SP 2.2-1, SP 2.3-1, SP 2.4-1	
Organisationsweite Prozessdefinition (OPD)	SG 1: SP 1.1-1, SP 1.2-1, SP 1.3-1, SP 1.4-1, SP 1.5-1		
Organisationsweites Training (OT)	SG 1: SP 1.1-1, SP 1.2-1, SP 1.3-1, SP 1.4-1	SG 2: SP 2.1-1, SP 2.2-1, SP 2.3-1	
Performanz der organisationsweiten Prozesse (OPP)	SG 1: SP 1.1-1, SP 1.2-1, SP 1.3-1, SP 1.4-1, SP 1.5-1		
Organisationsweite Innovation und Verbreitung (OID)	SG 1: SP 1.1-1, SP 1.2-1, SP 1.3-1, SP 1.4-1	SG 2: SP 2.1-1, SP 2.2-1, SP 2.3-1	

Prozessgebiete	Spezifische	Ziele und	Praktiken
Projektplanung (PP)	SG 1: SP 1.1-1, SP 1.2-1, SP 1.3-1, SP 1.4-1	SG 2: SP 2.1-1, SP 2.2-1, SP 2.3-1, SP 2.4-1, SP 2.5-1, SP 2.6-1, SP 2.7-1	SG 3: SP 3.1-1, SP 3.2-1, SP 3.3-1
Projektverfolgung und -steuerung (PMC)	SG 1: SP 1.1-1, SP 1.2-1, SP 1.3-1, SP 1.4-1, SP 1.5-1, SP 1.6-1, SP 1.7-1	SG 2: SP 2.1-1, SP 2.2-1, SP 2.3-1	
Management von Lieferantenvereinbarungen (SAM)	SG 1: SP 1.1-1, SP 1.2-1, SP 1.3-1	SG 2: SP 2.1-1, SP 2.2-1, SP 2.3-1, SP 2.4-1	
Integriertes Projektmanagement (IPM)	SG 1: SP 1.1-1, SP 1.2-1, SP 1.3-1, SP 1.4-1, SP 1.5-1	SG 2: SP 2.1-1, SP 2.2-1, SP 2.3-1	
Risikomanagement (RSKM)	SG 1: SP 1.1-1, SP 1.2-1, SP 1.3-1	SG 2: SP 2.1-1, SP 2.2-1	SG 3: SP 3.1-1, SP 3.2-1
Quantitatives Projektmanagement (QPM)	SG 1: SP 1.1-1, SP 1.2-1, SP 1.3-1, SP 1.4-1	SG 2: SP 2.1-1, SP 2.2-1, SP 2.3-1, SP 2.4-1	

Tab. B–2

Ziele und Praktiken in der kontinuierlichen Darstellung für die Kategorie Projektmanagement

Tab. B–3
Ziele und Praktiken in der kontinuierlichen Darstellung für die Kategorie Ingenieurdisziplinen (kursiv: fortgeschrittene Praktiken)

Prozessgebiete	Spezifische	Ziele und	Praktiken
Anforderungsmanagement (REQM)	SG 1: SP 1.1-1, *SP 1.2-2,* SP 1.3-1, *SP 1.4-2,* SP 1.5-1		
Anforderungsentwicklung (RD)	SG 1: SP 1.1-1, *SP 1.1-2,* SP 1.2-1	SG 2: SP 2.1-1, SP 2.2-1, SP 2.3-1	SG 3: SP 3.1-1, SP 3.2-1, SP 3.3-1, *SP 3.4-3,* SP 3.5-1, *SP 3.5-2*
Technische Umsetzung (TS)	SG 1: SP 1.1-1, *SP 1.1-2,* *SP 1.2-2,* SP 1.3-1	SG 2: SP 2.1-1, *SP 2.2-3,* SP 2.3-1, *SP 2.3-3,* *SP 2.4-3*	SG 3: SP 3.1-1, SP 3.2-1
Produktintegration (PI)	SG 1: SP 1.1-1, *SP 1.2-2,* *SP 1.3-3*	SG 2: SP 2.1-1, SP 2.2-1	SG 3: SP 3.1-1, SP 3.2-1, SP 3.3-1, SP 3.4-1
Verifikation (VER)	SG 1: SP 1.1-1, *SP 1.2-2,* *SP 1.3-3*	SG 2: SP 2.1-1, SP 2.2-1, *SP 2.3-2*	SG 3: SP 3.1-1, *SP 3.2-2*
Validation (VAL))	SG 1: SP 1.1-1, *SP 1.2-2,* *SP 1.3-3*	SG 2: SP 2.1-1, SP 2.2-1	

Prozessgebiete	Spezifische	Ziele und	Praktiken
Konfigurationsmanagement (KM)	SG 1: SP 1.1-1, SP 1.2-1, SP 1.3-1	SG 2: SP 2.1-1, SP 2.2-1	SG 3: SP 3.1-1, SP 3.2-1
Qualitätssicherung von Prozessen und Produkten (PPQA)	SG 1: SP 1.1-1, SP 1.2-1	SG 2: SP 2.1-1, SP 2.2-1	
Messung und Analyse (MA)	SG 1: SP 1.1-1, SP 1.2-1, SP 1.3-1, SP 1.4-1	SG 2: SP 2.1-1, SP 2.2-1, SP 2.3-1, SP 2.4-1	
Entscheidungsanalyse und -findung (DAR)	SG 1: SP 1.1-1, SP 1.2-1, SP 1.3-1, SP 1.4-1, SP 1.5-1, SP 1.6-1	SG 2: SP 2.1-1, SP 2.2-1	SG 3: SP 3.1-1, SP 3.2-1, SP 3.3-1, SP 3.4-1
Ursachenanalyse und Problemlösung (CAR)	SG 1: SP 1.1-1, SP 1.2-1	SG 2: SP 2.1-1, SP 2.2-1, SP 2.3-1	

Tab. B–4
Ziele und Praktiken in der kontinuierlichen Darstellung für die Kategorie Unterstützung

C   Anhang: Übersetzungsglossar

C.1   Glossar
englisch – deutsch

englisch	deutsch
(to) achieve (goal)	(Ziel) erreichen
(to) address	(Abweichung) bearbeiten; beziehen auf
advanced practice	fortgeschrittene Praktik
appraisal	Begutachtung
(to) appraise	begutachten
assessment	Assessment
baseline	Baseline (Konfigurationsmanagement); Richtwert (im Prozessgebiet »Performanz der organisationsweiten Prozesse«)
capability	Fähigkeit
capability level	Fähigkeitsgrad
commitment	Festlegung; Selbstverpflichtung, Verpflichtung
constraint	Einschränkung
continuous representation	kontinuierliche Darstellung
defined	definiert (Bezeichnung des Reifegrades 3)
(to) deploy; deployment	bereitstellen, verbreiten; Verbreitung
(to) designate	benennen
(to) determine	festlegen
discipline amplification	anwendungsgebietspezifische Ergänzungen
(to) establish	erstellen; (Umgebung o.Ä.) aufsetzen
(to) evaluate	bewerten

englisch	deutsch
initial	initial (Bezeichnung des Reifegrades 1)
(to) institutionalize	institutionalisieren
issue	offener Punkt
(to) maintain	pflegen; aufrechterhalten
managed	gemanagt (Bezeichnung des Reifegrades 2)
maturity level	Reifegrad
needs	Bedürfnisse, Bedarf
obtain	herbeiführen; (Daten) erhalten
optimizing	optimierend (Bezeichnung des Reifegrades 5)
organizational	organisationsweit
organizational process assets	Prozess-Assets* der Organisation
(to) perform	umsetzen
policy	Strategie
practice	Praktik
process area	Prozessgebiet
process assets	Prozess-Assets
quantitatively managed	quantitativ gemanagt (Bezeichnung des Reifegrades 4)
(to) record	aufzeichnen; (Daten) erfassen
requirement	Anforderung
root cause	Ausgangsursache
staged representation	stufenförmige Darstellung
stakeholder	Betroffener
subprocess	Teilprozess
supplier sourcing	Beschaffung über Lieferanten
support group	unterstützende Gruppe
tailoring	projektspezifische Anpassung
traceability	Nachverfolgbarkeit
(to) track	verfolgen
work products	Arbeitsergebnisse

*   Siehe Kapitel 4.2.6 für eine Erläuterung dieses Begriffs

C.2   Bezeichnungen der Prozessgebiete englisch – deutsch

englisch	deutsch	Abkürzung
Causal Analysis and Resolution	Ursachenanalyse und Problemlösung	CAR
Configuration Management	Konfigurationsmanagement	CM
Decision Analysis and Resolution	Entscheidungsanalyse und -findung	DAR
Integrated Project Management	Integriertes Projektmanagement	IPM
Integrated Supplier Management (SS)	Integriertes Lieferantenmanagement	ISM
Integrated Teaming (IPPD)	Integrierte Teambildung	IT
Measurement and Analysis	Messung und Analyse	MA
Organizational Environment for Integration (IPPD)	Organisationsweite Umgebung für die Integration	OEI
Organizational Innovation and Deployment	Organisationsweite Innovation und Verbreitung	OID
Organizational Process Definition	Organisationsweite Prozessdefinition	OPD
Organizational Process Focus	Organisationsweiter Prozessfokus	OPF
Organizational Process Performance	Performanz der organisationsweiten Prozesse	OPP
Organizational Training	Organisationsweites Training	OT
Process and Product Quality Assurance	Qualitätssicherung von Prozessen und Produkten	PPQA
Product Integration	Produktintegration	PI
Project Monitoring and Control	Projektverfolgung und -steuerung	PMC
Project Planning	Projektplanung	PP
Quantitative Project Management	Quantitatives Projektmanagement	QPM
Requirements Development	Anforderungsentwicklung	RD
Requirements Management	Anforderungsmanagement	REQM
Risk Management	Risikomanagement	RSKM
Supplier Agreement Management	Management von Lieferantenvereinbarungen	SAM
Technical Solution	Technische Umsetzung	TS
Validation	Validation	VAL
Verification	Verifikation	VER

Die beiden mit (IPPD) markierten Prozessgebiete sind nicht im CMMI-SE/SW, sondern nur im CMMI-IPPD enthalten. Das mit (SS) markierte Prozessgebiet gehört zum Umfang von CMMI-SS.

C.3   Bezeichnungen der Prozessgebiete deutsch – englisch

deutsch	englisch	Abkürzung
Anforderungsentwicklung	Requirements Development	RD
Anforderungsmanagement	Requirements Management	REQM
Entscheidungsanalyse und -findung	Decision Analysis and Resolution	DAR
Integrierte Teambildung	Integrated Teaming (IPPD)	IT
Organisationsweite Umgebung für die Integration	Organizational Environment for Integration (IPPD)	OEI
Integriertes Lieferanten- management	Integrated Supplier Management (SS)	ISM
Integriertes Projektmanagement	Integrated Project Management	IPM
Konfigurationsmanagement	Configuration Management	CM
Management von Lieferanten- vereinbarungen	Supplier Agreement Management	SAM
Messung und Analyse	Measurement and Analysis	MA
Organisationsweite Innovation und Verbreitung	Organizational Innovation and Deployment	OID
Organisationsweite Integrationsumgebung	Organizational Environment for Integration (IPPD)	OEI
Organisationsweite Prozess- definition	Organizational Process Definition	OPD
Organisationsweiter Prozessfokus	Organizational Process Focus	OPF
Organisationsweites Training	Organizational Training	OT
Performanz der organisations- weiten Prozesse	Organizational Process Performance	OPP
Produktintegration	Product Integration	PI
Projektplanung	Project Planning	PP
Projektverfolgung und -steuerung	Project Monitoring and Control	PMC
Qualitätssicherung von Prozessen und Produkten	Process and Product Quality Assurance	PPQA
Quantitatives Projektmanagement	Quantitative Project Management	QPM
Risikomanagement	Risk Management	RSKM
Technische Umsetzung	Technical Solution	TS
Ursachenanalyse und Problem- lösung	Causal Analysis and Resolution	CAR
Validation	Validation	VAL
Verifikation	Verification	VER

D   Anhang: Varianten des CMMI

Die folgende Tabelle enthält alle vom SEI herausgegebenen Varianten des CMMI (Stand: 3. August 2002). Die genannten Varianten können alle unter [URL: CMMI] als PDF- oder WinWord-Dateien herunter geladen werden.

Es ist zu erwarten, dass ähnlich dem CMM auch beim CMMI eine Reihe anderer Organisationen CMMI-Varianten herausgeben werden.

Stufenförmige Darstellung	Kontinuierliche Darstellung
CMMI for Systems Engineering and Software Engineering (CMMI-SE/SW, V1.1)	CMMI for Systems Engineering and Software Engineering (CMMI-SE/SW, V1.1)
Staged Representation	Continuous Representation
CMU/SEI-2002-TR-002 ESC-TR-2002-002	CMU/SEI-2002-TR-001 ESC-TR-2002-001
CMMI for Systems Engineering and Software Engineering and Integrated Product and Process Development (CMMI-SE/SW/IPPD, V1.1)	CMMI for Systems Engineering and Software Engineering and Integrated Product and Process Development (CMMI-SE/SW/IPPD, V1.1)
Staged Representation	Continuous Representation
CMU/SEI-2002-TR-00n ESC-TR-2002-004	CMU/SEI-2002-TR-00n ESC-TR-2002-003
CMMI for Systems Engineering and Software Engineering, Integrated Product and Process Development, and Supplier Sourcing (CMMI-SE/SW/IPPD/SS, V1.1)	CMMI for Systems Engineering and Software Engineering, Integrated Product and Process Development, and Supplier Sourcing (CMMI-SE/SW/IPPD/SS, V1.1)
Staged Representation	Continuous Representation
CMU/SEI-2002-TR-00n ESC-TR-2002-012	CMU/SEI-2002-TR-00n ESC-TR-2002-011

Tab. D–1
Capability Maturity Model Integration (CMMI SM), Version 1.1

Abkürzungsverzeichnis

AB	Ability to Perform Kategorie der generischen Praktiken
ARC	Appraisal Requirements for CMMI Vom SEI definierte Anforderungen an Begutachtungsmethoden für CMMI
CAF	Common Appraisal Framework Vom SEI definierte Anforderungen an Begutachtungsmethoden für CMM
CAQ	CMMI Appraisal Questionnaire Fragebogen für CMMI-Begutachtungen
CAR	Causal Analysis and Resolution Prozessgebiet des CMMI
CBA-IPI	CMM-Based Appraisal for Internal Process Improvement Standardmethode für CMM-Begutachtungen für die eigene Prozessverbesserung
CM	Configuration Management Prozessgebiet des CMMI
CMM	Capability Maturity Model
CMMI	Capability Maturity Model Integration
CMU	Carnegie Mellon University Am SEI der CMU wurde das CMMI entwickelt
CO	Commitment to Perform Kategorie der generischen Praktiken
COTS	Commercial off-the-shelf Standardprodukt
DAR	Decision Analysis and Resolution Prozessgebiet des CMMI
DI	Directing Implementation Kategorie der generischen Praktiken
DoD	Department of Defense US-amerikanisches Verteidigungsministerium; Auftraggeber für die Entwicklung von CMM und CMMI

GG	Generic Goal
	Generisches Ziel
GP	Generic Practice
	Generische Praktik
IDEAL	Initiating – Diagnosing – Establishing – Acting – Learning
	Vom SEI definierte Methode zur CMM-Einführung
IPM	Integrated Project Management
	Prozessgebiet des CMMI
IPPD	Integrated Process and Product Development
	Anwendungsgebiet des CMMI
ISM	Integrated Supplier Management
	Prozessgebiet des CMMI-SS
IT	Integrated Teaming
	Prozessgebiet des CMMI-IPPD
KPA	Key Process Area
	Bezeichnung für Themengebiet im CMM
KVP	Kontinuierlicher Verbesserungsprozess
MA	Measurement and Analysis
	Prozessgebiet des CMMI
OEI	Organizational Environment for Integration
	Prozessgebiet des CMMI-IPPD
OID	Organizational Innovation and Deployment
	Prozessgebiet des CMMI
OPD	Organizational Process Definition
	Prozessgebiet des CMMI
OPF	Organizational Process Focus
	Prozessgebiet des CMMI
OPP	Organizational Process Performance
	Prozessgebiet des CMMI
OT	Organizational Training
	Prozessgebiet des CMMI
PA	Process Area
	Bezeichnung für Themengebiet im CMMI
PI	Product Integration
	Prozessgebiet des CMMI
PMC	Project Monitoring and Control
	Prozessgebiet des CMMI
PP	Project Planning
	Prozessgebiet des CMMI
PPQA	Process and Product Quality Assurance
	Prozessgebiet des CMMI
QPM	Quantitative Project Management
	Prozessgebiet des CMMI

RD	Requirements Development Prozessgebiet des CMMI
REQM	Requirements Management Prozessgebiet des CMMI
RSKM	Risk Management Prozessgebiet des CMMI
SAM	Supplier Agreement Management Prozessgebiet des CMMI
SCAMPI	Standard CMMI Appraisal Method for Process Improvement Standardmethode für CMMI-Begutachtungen
SCE	Software Capability Evaluation Standardmethode für CMM-Begutachtungen durch den Auftraggeber
SE	Systems Engineering Anwendungsgebiet des CMMI
SEI	Software Engineering Institute Institut an der Carnegie Mellon University, an dem das CMMI entwickelt wurde
SG	Specific Goal Spezifisches Ziel
SP	Specific Practice Spezifische Praktik
SPICE	Software Process Improvement and Capability dEtermination Projekt zur Entwicklung eines ISO-Standards (ISO 15504) für Begutachtungsmethoden
SQA	Software Quality Assurance Software-Qualitätssicherung; Prozessgebiet (KPA) im CMM
SS	Supplier Sourcing Anwendungsgebiet des CMMI
SW	Software Anwendungsgebiet des CMMI
TQM	Total Quality Management Ganzheitliches Qualitätsmanagement
TS	Technical Solution Prozessgebiet des CMMI
VAL	Validation Prozessgebiet des CMMI
VE	Verification Kategorie der generischen Praktiken
VER	Verification Prozessgebiet des CMMI

Referenzen

Literaturverzeichnis

[ARC01] Carnegie Mellon University, Software Engineering Institute: *Appraisal Requirements for CMMI, Version 1.1 (ARC V1.1).* CMU/SEI-2001-TR-034, ESC-TR-2001-034, 2001. Verfügbar unter http://www.sei.cmu.edu

[Bach94] Bach, James: *The Immaturity of the CMM.* American Programmer, September 1994, S. 13-18.

[Bach95] Bach, James: *Enough About Processes: What We Need are Heroes.* IEEE Software, März 1995, S. 96-98.

[Balz96] Balzert, Helmut: *Lehrbuch der Software-Technik: Software-Entwicklung.* Spektrum Akademischer Verlag, Heidelberg, Berlin, Oxford, 1996.

[BaRo88] Basili, Victor R.; Rombach, H. Dieter: *The TAME Project. Towards Improvement-Oriented Software Environments.* IEEE Transactions on Software Engineering, Nr. 6, Juni 1988, S. 758-773.

[Brid91] Bridges, William: *Managing Transitions. Making the Most of Change.* Addison-Wesley, 1991.

[BrRi94] Brassard, Michael; Ritter, Diane: *Der Memory Jogger II. Ein Taschenführer mit Werkzeugen für kontinuierliche Verbesserung und erfolgreiche Planung.* GOAL/QPC, Methuen, USA, 1994.

[Bruh98] Bruhn, Manfred: *Wirtschaftlichkeit des Qualitätsmanagements.* Springer-Verlag, Berlin, Heidelberg, New York, 1998.

[Capu98] Caputo, Kim: *CMM Implementation Guide.* Addison-Wesley Longman, 1998.

[CGP*02] Carter, Lynn; Graettinger, Caroline; Patrick, Mac; Wemyss, Gian; Zasadni, Shelly: *The Road to CMMI: Results of the First Technology Transition Workshop*. Software Engineering Institute, Report CMU/SEI-2002-TR-007, Februar 2002. Verfügbar unter `http://www.sei.cmu.edu`

[ClWe00] Clouse, Aaron; Wells, Curt: *Transitioning from EIA/IS 731 to CMMI*. CrossTalk, Juli 2000, S. 15-20. Verfügbar unter `http://www.stsc.hill.af.mil`

[CMM94] Carnegie Mellon University, Software Engineering Institute: *The Capability Maturity Model: Guidelines for Improving the Software Process*. Addison-Wesley Longman, 1994.

[Cold02] Coldewey, Jens: *Agile Entwicklung Web-basierter Systeme. Einführung und Überblick*. Wirtschaftsinformatik, Heft 3, 2002, S. 237-248.

[Cros80] Crosby, Philip B.: *Quality Is Free. The Art of Making Quality Certain*. Mentor, Penguin Group, 1980.

[CuHM95a] Curtis, Bill; Hefley, William E.; Miller, Sally: *Overview of the People Capability Maturity Model*. Software Engineering Institute, Report CMU/SEI-95-MM-01, September 1995. Verfügbar unter `http://www.sei.cmu.edu`

[CuHM95b] Curtis, Bill; Hefley, William E.; Miller, Sally: *People Capability Maturity Model*. Software Engineering Institute, Report CMU/SEI-95-MM-02, September 1995. Verfügbar unter `http://www.sei.cmu.edu`

[DrWi00] Dröschel, Wolfgang; Wiemers, Manuela: *Das V-Modell '97. Der Standard für die Entwicklung von IT-Systemen mit Anleitung für den Praxiseinsatz*. Oldenbourg Verlag, München, Wien, 2000.

[Dunn90] Dunn, Robert H.: *Software Quality. Concepts and Plans*. Prentice Hall, Englewood Cliffs, 1990.

[Faga86] Fagan, Michael E.: *Advances in Software Inspections*. IEEE Transactions of Software Engineering. Juli 1986, S. 744-751.

[Fink92] Finkelstein, Anthony: *A Software Process Immaturity Model*. ACM SIGSOFT Software Engineering Notes Vol. 17, No 4, Oktober 1992, S. 22-23.

[Flor00] Florczyk, Norbert: *Das Cargo Projekt Unternehmensmodell (CPU) – Softwareentwicklung für ein Großprojekt*. Informationstechnologie bei den Bahnen, Edition ETR, Hestra-Verlag, 2000, S. 128-131.

[Glaz01] Glazer, Hillel: *Dispelling the Process Myth: Having a Process Does Not Mean Sacrificing Agility or Creativity.* CrossTalk, November 2001, S. 27-30. Verfügbar unter `http://www.stsc.hill.af.mil`

[Gris00] Gristock, Stephen: *Using Mini-Assessments To Drive Process Improvement.* European SEPG Conference 2000, Vortrag C406a.

[Grou00] *Ein Leuchtturm weist den Weg zum Wissen. Teil 1.* Groupware Magazin 5/2000, S. 34-36.

[HCR*94] Herbsleb, James; Carleton, Anita; Rozum, James; Siegel, Jane; Zubrow, David: *Benefits of CMM-Based Software Process Improvement: Initial Results.* Software Engineering Institute, Technical Report CMU/SEI-94-TR-013, 1994. Verfügbar unter `http://www.sei.cmu.edu`

[Hump97] Humphrey, Watts S.: *Introduction to the Personal Software Process (PSP).* Addison Wesley Longman, SEI Series in Software Engineering, 1997.

[Hump00] Humphrey, Watts S.: *The Team Software Process (TSP).* Software Engineering Institute, Technical Report CMU/SEI-2000-TR-023, 2000. Verfügbar unter `http://www.sei.cmu.edu`

[HZG*97] Herbsleb, James; Zubrow, David; Goldenson, Dennis; Hayes, Will; Paulk, Mark: *Software Quality and the Capability Maturity Model.* Communications of the ACM, Juni 1997, Nr. 6, S. 30-40.

[ITSM00] *IT Service Management. Die IT Infrastructure Library. Pocket Guide.* 3. Auflage, Perseo Consult, Basel, 2000.

[JoBr00] Johnson, Donna L.; Brodman, Judith G.: *Applying CMM Project Planning Practices to Diverse Environments.* IEEE Software, Juli/August 2000, S. 40-47.

[KaNo96] Kaplan, R. S.; Norton, D. P.: *Using the Balanced Scorecard as a Strategic Management System.* In: Harvard Business Review 75, 1996, S. 75-87.

[Kell02] Keller, Wolfgang: *Enterprise Application Integration. Erfahrungen aus der Praxis.* dpunkt.verlag, 2002.

[KeLu01] Keller, Günter; Ludowig, Gereon: *Licht ins Dunkel bringen. Qualitätsmanagement in der Software-Entwicklung mit dem Capability Maturity Model.* QZ Qualität und Zuverlässigkeit, November 2001, S. 1437-1441.

[KeTr81] Kepner, Charles H.; Tregoe, Benjamin B.: *The New Rational Manager.* Princeton Research Press, Princeton, 1981.

[Kneu98] Kneuper, Ralf: *Organisatorische Gestaltung des Einsatzes von Vorgehensmodellen.* In: Kneuper, Ralf; Müller-Luschnat, Günther; Oberweis, Andreas (Hrsg.): Vorgehensmodelle für die betriebliche Anwendungsentwicklung. Verlag B.G. Teubner, 1998, S. 228-248.

[Kneu99] Kneuper, Ralf: *CMM-Assessments zur Prozeßverbesserung bei der Softwareentwicklung – Ein Praxisbericht.* In: Oberweis, Andreas; Sneed, Harry (Hrsg.): Software-Management 99. B.G. Teubner Stuttgart, Leipzig, 1999.

[KnMO98] Kneuper, Ralf; Müller-Luschnat, Günther; Oberweis, Andreas (Hrsg.): *Vorgehensmodelle für die betriebliche Anwendungsentwicklung.* Verlag B.G. Teubner, 1998.

[KnSi01] Kneuper, Ralf; Sigmund, Martin: *Management-Commitment bei der Einführung von Projekt- und Qualitätsmanagement am Beispiel CMM.* In: Richter, Reinhard (Hrsg.): Management und Controlling von IT-Projekten. 4. Fachtagung Glashütten 2001. dpunkt.verlag, Heidelberg, 2001.

[KnSo95] Kneuper, Ralf; Sollmann, Frank: *Normen zum Qualitätsmanagement bei der Softwareentwicklung.* Informatik Spektrum, S. 314-323, 1995.

[KnWi01] Kneuper, Ralf; Wiemers, Manuela (Hrsg.): *Leichte Vorgehensmodelle. 8. Workshop der GI-Fachgruppe 5.1.1 Vorgehensmodelle für die betriebliche Anwendungsentwicklung, Glashütten/Ts., März 2001.* Shaker Verlag, 2001.

[Kras97] Krasner, Herb: *Clarifying the SEI's role in certifying assessors or assessments – they don't.* Software Process Newsletter, No. 10, 1997, S. 8-9. Verfügbar unter `http://www.iese.fhg.de/SPN/process/spn.html`

[Kruc99] Kruchten, Phillippe: *The Rational Unified Process – An Introduction.* Addison-Wesley Longman, 1999.

[Lait02] Laitenberger, Oliver: *A Survey of Software Inspection Technologies*. In: Chang, S.K. (Hrsg.): Handbook of Software Engineering & Knowledge Engineering, Vol. 2 Emerging Technologies. World Scientific Publishing, Singapur, 2002. S. 517-555.

[LiRW02] Lippert, Martin; Roock, Stefan; Wolf, Henning: *Software entwickeln mit eXtreme Programming. Erfahrungen aus der Praxis*. dpunkt.verlag, 2002.

[MaBo95] Masters, Steve; Bothwell, Carol: *CMM Appraisal Framework, V1.0*. Software Engineering Institute, Carnegie Mellon University, Techn. Report CMU/SEI-95-TR-001, 1995. Verfügbar unter http://www.sei.cmu.edu/

[McFe96] McFeeley, B.: *IDEAL: A User's Guide for Software Process Improvement*. Software Engineering Institute, Carnegie Mellon University, Handbook CMU/SEI-96-HB-001, Februar 1996. Verfügbar unter http://www.sei.cmu.edu/

[MeLe00] Mehner, Thomas; Lebsanft, Karl: *CMM in turbulent times – Is CMM a Contradiction to Innovation?* European SEPG Conference 2000, Vortrag C404a.

[MeSt99] Mellis, Werner; Stelzer, Dirk: *Das Rätsel des prozeßorientierten Softwarequalitätsmanagements*. Wirtschaftsinformatik, Februar 1999, S. 31-39.

[MeWi96] Mehrmann, Elisabeth; Wirtz, Thomas: *Effizientes Projektmanagement*. Econ Taschenbuch Verlag, 2., aktualisierte Auflage, 1996.

[MiBo02] Michels, Donald R.; Bollinger, Bonnie: *Transitioning from SA-CMM to CMMI in the Special Operations Forces Systems Program Office*. CrossTalk, Februar 2002, S. 12-14. Verfügbar unter http://www.stsc.hill.af.mil

[Minn02] Minnich, Ilene: *CMMI Appraisal Methodologies: Choosing What Is Right for You*. CrossTalk, Februar 2002, S. 7-8. Verfügbar unter http://www.stsc.hill.af.mil

[OcSa00] O'Connell, Emilie; Saiedian, Hossein: *Can You Trust Software Capability Evaluations?* IEEE Computer, Februar 2000, S. 28-35.

[Paul01a] Paulk, Mark C.: *»Internet-Speed Processes« From a CMM Perspective*. Vortrag European SEPG Conference Juni 2001. Verfügbar unter http://www.sei.cmu.edu/

[Paul01b] Paulk, Mark C.: *Extreme Programming from a CMM Perspective.* IEEE Software, November/Dezember 2001, S. 1-8. Verfügbar unter `http://www.sei.cmu.edu/`

[Phil02] Phillips, Mike: *CMMI Version 1.1: What Has Changed?* CrossTalk, Februar 2002, S. 4-6. Verfügbar unter `http://www.stsc.hill.af.mil`

[Pick99] Pickerill, Jay: *What is this »thing« called management commitment?* In: Kneuper, Ralf; Verlage, Martin (Hrsg.): Vorgehensmodelle, Prozessverbesserung und Qualitätsmanagement, S. 3-8, Fraunhofer IRB Verlag, 1999.

[Pier00] Pierce, Bill: *Is CMMI Ready for Prime Time?* CrossTalk, Juli 2000, S. 21-24. Verfügbar unter `http://www.stsc.hill.af.mil`

[RiMi91] Rinne, Horst; Mittag, Hans-Joachim: *Statistische Methoden der Qualitätssicherung.* 2., bearbeitete Auflage, Hanser Verlag, München, Wien, 1991.

[RuSo01] Rupp, Chris; Sophist Group: *Requirements-Engineering und -Management.* Hanser Verlag, München, Wien, 2001.

[SCAM01] Members of the Assessment Method Integrated Team: *Standard CMMI Appraisal Method for Process Improvement (SCAMPI), Version 1.1: Method Definition Document.* Software Engineering Institute, Carnegie Mellon University, Handbook CMU/SEI-2001-HB-001, Dezember 2001. Verfügbar unter `http://www.sei.cmu.edu`

[Seng90] Senge, Peter M.: *The Fifth Discipline – The Art & Practice of The Learning Organisation.* Century Business, 1990.

[Shru00] Shrum, Sandy: *Choosing a CMMI Model Representation.* CrossTalk, Juli 2000, S. 6-7. Verfügbar unter `http://www.stsc.hill.af.mil`

[StEn96] Stienen, Hans; Engelmann, Franz: *Die BOOTSTRAP-Methode zur Bewertung und Verbesserung der Software-Entwicklung.* Wirtschaftsinformatik, Heft 6, 1996, S. 609-624.

[STSC02] USAF Software Technology Support Center (STSC): *CMMI-SE/SW V. 1.1 to SW-CMM V 1.1 Mapping.* 2002. Verfügbar unter `http://www.stsc.hill.af.mil/`

[Vu01] Vu, John D.: *Process Improvement Journey (From level 1 to Level 5).* Vortrag European SEPG Conference Juni 2001.

[Walt86] Walton, Mary: *The Deming Management Method*. Perigee, New York, 1986.

[Wieg98] Wiegers, Karl E.: *Software Process Improvement: Eight Traps to Avoid*. CrossTalk, September 1998, S. 9-12. Verfügbar unter http://www.stsc.hill.af.mil

[WiSt00] Wiegers, Karl E.; Sturzenberger, Doris C.: *A Modular Software Process Mini-Assessment Method*. IEEE Software, Januar/Februar 2000, S. 62-69.

[WNHS94] Whitney, Roselyn; Nawrocki, Elise; Hayes, Will; Siegel, Jane: *Interim Profile: Development and Trial of a Method to Rapidly Measure Software Engineering Maturity Status*. Carnegie Mellon University, Software Engineering Institute, Technical Report CMU/SEI-94-TR-4, 1994. Verfügbar unter http://www.sei.cmu.edu

[ZHSG94] Zubrow, David; Hayes, William; Siegel, Jane; Goldenson, Dennis: *Maturity Questionnaire*. Carnegie Mellon University, Software Engineering Institute, Special Report CMU/SEI-94-SR-7, 1994. Verfügbar unter http://www.sei.cmu.edu

URLs

[URL: Appraisal-FAQ]
http://www.sei.cmu.edu/managing/cmmi-faq.html
CMMI Appraisal Track Frequently Asked Questions (FAQ) abgerufen am 22.08.2002.

[URL: Assessmentleiter]
http://www.sei.cmu.edu/
collaborating/partners/lead-assessor.html,
abgerufen am 22.08.2002.

[URL: Bootstrap]
http://www.bootstrap-institute.com/, abgerufen am 22.08.2002.

[URL: CMMI]
http://www.sei.cmu.edu/cmmi/, abgerufen am 22.08.2002.

[URL: CMMI-FAQ]
http://www.sei.cmu.edu/cmmi/adoption/cmmi-faq.html
CMMI Frequently Asked Questions (FAQ) Februar 2002, abgerufen am 22.08.2002.

[URL: CMM-Sunset]
http://www.sei.edu/cmmi/adoption/sunset.html
How Will Sunsetting of the Software CMM Be Conducted? Januar
2002, abgerufen am 22.08.2002.

[URL: EDS]
http://www.eds.de/services/611.html, abgerufen am 03.07.2002.

[URL: ITIL]
http://www.itil.org.uk/
ITIL and IT Service Management, abgerufen am 10.07.2002.

[URL: MaturityProfile]
http://www.sei.cmu.edu/sema/profile.html
SEMA – Maturity Profile, abgerufen am 23.08.2002.

[URL: PSP]
http://www.sei.cmu.edu/tsp/psp.html
The Personal Software Process, abgerufen am 23.08.2002.

[URL: QM-Links]
http://www.kneuper.de/qm-vm-sw.htm
*Qualitätsmanagement, Qualitätssicherung und Vorgehensmodelle
zur Softwareentwicklung*, abgerufen am 23.08.2002.

[URL: SEI]
http://www.sei.cmu.edu/
Software Engineering Institute, abgerufen am 23.08.2002.

[URL: SEIR]
http://seir.sei.cmu.edu/
Software Engineering Information Repository (SEIR), abgerufen
am 23.08.2002.

[URL: SPICE]
http://www-sqi.cit.gu.edu.au/spice, abgerufen am 17.09.2002.

[URL: TransitionPartner]
http://www.sei.cmu.edu/collaborating/partners/
abgerufen am 22.08.2002.

[URL: TSP]
http://www.sei.cmu.edu/tsp/tsp.html
The Team Software Process, abgerufen am 23.08.2002.

[URL: VGM]
http://www.vorgehensmodelle.de
*Gesellschaft für Informatik, Fachgruppe »Vorgehensmodelle für
die betriebliche Anwendungsentwicklung«*, abgerufen am 23.08.2002.

Index